S. FISCHER

Michael Pauen

Macht und soziale Intelligenz

Warum moderne Gesellschaften zu scheitern drohen

S. FISCHER

MIX
Papier aus verantwortungsvollen Quellen
FSC® C083411
FSC
www.fsc.org

Erschienen bei S. FISCHER

Satz: Dörlemann Satz, Lemförde
Druck und Bindung: CPI books GmbH, Leck
Printed in Germany
ISBN 978-3-10-397332-7

Inhalt

Einführung

Das Ultimatumspiel

Sind wir Menschen wirklich Egoisten? Die Frage ist seit jeher umstritten. Philosophen, Religionsstifter und Psychologen haben sich darüber jahrhundertelang den Kopf zerbrochen. Zu einer Einigung haben sie es nicht gebracht. Doch es gibt ein einfaches Spiel, das mehr über uns verrät als endlose Debatten. Das Spiel heißt Ultimatumspiel, und es ist in den achtziger Jahren von Werner Güth, einem Kölner Wirtschaftswissenschaftler, eingeführt und seitdem vielfach wiederholt worden. Es gibt zwei Teilnehmer: Der Anbieter erhält eine bestimmte Summe, sagen wir 10 Euro, die er mit dem zweiten Spieler, dem Empfänger, teilen soll. Wie der Anbieter sie teilt, ist seine Sache. Der Empfänger kann den Betrag annehmen oder ablehnen. Nimmt er ihn an, dann erhalten beide ihren Anteil; lehnt der Empfänger den Betrag ab, gehen beide leer aus. Danach ist das Spiel zu Ende; eine zweite Runde gibt es nicht.

Wären Menschen tatsächlich reine Egoisten, dann wäre die Sache klar. Der Anbieter würde so wenig abgeben, wie eben möglich, denn dann käme er am besten weg. Der Empfänger würde jeden Betrag akzeptieren. Auch ein kleiner Betrag wäre schließlich besser als gar nichts. Affen, mit denen man das Experiment gemacht hat, verhalten sich in der Tat so: Die Anbieter behalten so viel wie eben möglich, und die Empfänger nehmen, was sie bekommen – nur wenn sie leer ausgehen, weisen sie das Geschäft zurück.

Menschen verhalten sich ganz anders. Als Anbieter überlassen sie ihren Mitspielern zwischen 40 und 50 % der Summe – als Empfänger verlangen sie mindestens 20 % – sonst weisen sie das Angebot zurück. Offensichtlich orientieren Menschen sich damit an Fairnessprinzipien, und sie verzichten dabei – als Anbieter und als Empfänger – auf mögliche persönliche Vorteile: Reiner Egoismus sieht anders aus. Immerhin käme der Anbieter in der Regel auch durch, wenn er eine geringere Summe abgeben würde. Und der Empfänger ist bereit, auf einen Gewinn zu verzichten, wenn das Angebot unfair ist. Offenbar will er den Anbieter, der in diesem Falle ebenfalls leer ausgeht, veranlassen, beim nächsten Mal ein besseres Angebot zu machen – auch wenn der Empfänger selbst dann keinen Vorteil daraus ziehen wird: Das Spiel ist, wie gesagt, nach einer Runde zu Ende. Affen interessieren sich offenbar nicht für Fairness – die Empfänger weisen unfaire Angebote im Allgemeinen nicht zurück. Doch selbst wenn sie es tun, lernen die Anbieter nicht, sondern bleiben bei ihrer Linie.

Das Experiment liefert einen ersten Hinweis auf ein Phänomen, das im Folgenden eine zentrale Rolle spielen wird: Menschen unterscheiden sich von Affen vor allem durch ihre höhere soziale Intelligenz. Soziale Intelligenz ist die Fähigkeit, die Beziehungen in einer Gruppe so zu regeln, dass das Zusammenleben gut funktioniert und möglichst wenig Konflikte entstehen. Fairness ist eine wesentliche Voraussetzung dazu: Wer seinen Partner übers Ohr haut, braucht sich nicht zu wundern, wenn er beim nächsten Mal alleine dasteht. Doch faires Handeln ist gar nicht so einfach: Man muss eine Vorstellung davon haben, was dem anderen zusteht, man muss sich selbst so unter Kontrolle haben, dass man dem anderen tatsächlich übrig lässt, was ihm zusteht. Schließlich sollte man einen Blick dafür haben, ob andere sich an die Regeln halten – und notfalls eingreifen, wenn sie das nicht tun. Mit anderen Worten: Es ist schon ein gewisses Maß an sozialer Intelligenz erforderlich, wenn sich Fairness wirklich in einer Gruppe durchsetzen soll.

Unterschiede in sozialer Intelligenz können drastische Konsequenzen haben – erkennbar ist dies an den großen Unterschieden zwischen Affenhorden und frühen menschlichen Gesellschaften. Affenhorden sind in der Regel streng hierarchisch aufgebaut. Ein Alphamännchen steht an der Spitze und hat den ersten Zugriff auf Nahrung und Sex. Die Kooperation zwischen den Mitgliedern der Horde dagegen hält sich in engen Grenzen. Steinzeitliche Horden von Jägern und Sammlern dagegen sind nach allem, was wir wissen, halbwegs egalitär. Anführer, wenn es sie denn gibt, verfügen nur über eine begrenzte Macht. Überschreiten sie ihre Grenzen, dann müssen sie mit dem Widerstand der anderen Gruppenmitglieder rechnen. Zudem herrscht hier ein hohes Maß an Kooperation. Die Mitglieder steinzeitlicher Horden gehen nicht nur zusammen auf die Jagd oder geben ihre Kenntnisse weiter; sie teilen auch ihre Beute und ihre Werkzeuge miteinander.

Menschen gewinnen damit eine ganze Reihe von wichtigen Vorteilen: Wer seine schnell verderbliche Beute teilt, statt sie verkommen zu lassen, kann damit rechnen, bei der nächsten Gelegenheit etwas von der Beute anderer Gruppenmitglieder abzubekommen. Angesichts der Launenhaftigkeit des Jagdglücks hat das beträchtliche Vorteile. Doch egalitäre, kooperative Gesellschaften sind viel komplexer als strenge Hierarchien. Wenn man seine Beute mit anderen teilt, muss man immer ein wenig im Blick behalten, wer zur Gemeinschaft beiträgt und wer nicht. Genau diesem Zweck dient die Orientierung an Fairnessprinzipien, wie Menschen sie im Ultimatumspiel zeigen. Doch auch einige übel beleumundete Emotionen wie Neid und Missgunst spielen offenbar eine wichtige Rolle für unsere soziale Intelligenz – sie dürften uns dazu motivieren, die Unterschiede und Ungerechtigkeiten in menschlichen Gesellschaften nicht überhandnehmen zu lassen. In frühen Phasen unserer Geschichte geschah dies sehr langsam, danach aber hat sich dieser Entwicklungsprozess immer weiter beschleunigt.

Machtstrukturen

Erkennbar wird damit die zentrale These dieser Arbeit: Machtstrukturen basieren nicht primär auf Gewalt, sondern auf sozialer Intelligenz. Und sie dienen dazu, das Verhalten der Gruppenmitglieder zu koordinieren, Konflikte zu vermeiden und Kooperationen zu ermöglichen. Nicht aus moralischen oder ideologischen Gründen, sondern weil es schlicht für alle besser ist. Um einander zu verprügeln, braucht man schließlich keine stabilen sozialen Beziehungen, und auch die Anforderungen an die Intelligenz der Kontrahenten sind eher moderat: Was man wirklich benötigt, sind Muskeln, ein paar Fäuste und vielleicht zwei stabile Knüppel. Doch gewaltsame Konflikte haben ihren Preis: Im günstigsten Fall verschwendet man Zeit und Energie, in weniger günstigen Fällen gibt es ernsthafte Verletzungen, oder man riskiert gar sein Leben. Und auch für Kooperationen sind solche Auseinandersetzungen eher hinderlich.

Machtstrukturen, so werde ich im Folgenden zeigen, versuchen, das soziale Zusammenleben so zu regeln, dass derartige Auseinandersetzungen vermieden werden. Damit schaffen sie gleichzeitig bessere Bedingungen dafür, dass eine Gruppe ihren eigentlichen Zweck erfüllen kann, nämlich dass sie die Zusammenarbeit ihrer Mitglieder erleichtert. In beiden Fällen, bei der Kooperation ebenso wie bei der Vermeidung von Konflikten, spielt soziale Intelligenz die zentrale Rolle.

Soziale Intelligenz und die mit ihr möglichen Formen der Kooperation und Konfliktregulation machen es auch möglich, dass Menschen voneinander lernen und damit ihre Gesellschaft und ihre Kultur weiterentwickeln. Menschliche Gesellschaften wurden damit immer komplexer und meist auch größer. Es brauchte daher ein höheres Maß an sozialer Intelligenz, wenn Konflikte und Koordinationsprobleme nicht zunehmen sollten.

Offenbar kann hier eine Art Rüstungswettlauf in Gang kommen: Soziale Intelligenz kann die Kooperation verbessern und damit die Entwicklung einer Gesellschaft vorantreiben. Die Gesellschaft wird größer und komplexer, doch das erfordert mehr soziale Intelligenz. Gelingt eine solche Steigerung der sozialen Intelligenz nicht, dann können sich die Konflikte wieder verstärken, und die Kooperation nimmt ab. Wir werden sehen, dass wir gerade heute mit diesem Problem zu tun haben.

Konflikte und ökonomische Entwicklungen

Menschliche Gesellschaften existieren nicht im luftleeren Raum; ihre Entwicklung wird von einer Vielzahl äußerer Bedingungen geprägt. Besondere Bedeutung haben dabei zwei Faktoren. Zum einen haben äußere Konflikte einen wichtigen Einfluss auf Gruppenstrukturen. Unter äußerem Druck rücken Gruppen zusammen, begraben interne Konflikte und unterstützen schwächere Mitglieder: Äußerer Druck spielt z. B. bei der Entstehung der Demokratie in Griechenland eine wichtige Rolle, aber auch bei der Entwicklung von Wohlfahrtssystemen nach den großen Kriegen des 20. Jahrhunderts. Sind die Konflikte vorbei, dann passiert das Gegenteil: Die Mitglieder rücken auseinander, und die Zahl der inneren Konflikte nimmt zu.

Dabei kommt der zweite Faktor ins Spiel: die ökonomische Entwicklung, insbesondere die Entwicklung der ökonomischen Ungleichheit. Die Jäger und Sammler der Steinzeit besaßen in der Regel gerade so viel, wie sie zum Leben benötigten – mehr konnten sie auf ihren Wanderungen auch gar nicht mitnehmen. Für ökonomische Unterschiede war auch deshalb einfach kein Raum. Doch mit der Einführung von Ackerbau und Viehzucht sowie dem Beginn der Sesshaftigkeit in der Neolithischen Revolution vor ca. 12 000 Jahren ändert sich das: Der Getreideanbau produziert Überschüsse, die sich zudem länger lagern lassen, auch weil man nicht mehr umherzieht. Ökonomische Ungleichheit entsteht, und die lässt sich leicht in politische Ungleichheit umsetzen: Wer mehr besitzt, vergrößert auch seinen politischen Einfluss.

Ökonomische und politische Macht konzentrieren sich nach der Neolithischen Revolution in bestimmten Schichten. Und das geschieht von nun an mit einer gewissen Regelmäßigkeit: In Zeiten der Stabilität werden die Reichen nicht nur immer reicher, vielmehr gewinnen sie damit auch mehr politische Macht. Da diese Zusammenballung von Reichtum und Macht das Gruppenleben in vielfacher Weise behindert, werden immer wieder neue Versuche unternommen, die Entstehung von Ungleichheit zu verhindern.

Gesellschaftliche Institutionen

Doch wie lässt sich soziale Intelligenz steigern? Die Entwicklung der sozialen Intelligenz jedes einzelnen Individuums ist vor allem ein Werk der Evolution, doch auf die Evolution können wir uns kaum verlassen. Sie braucht viel zu lange, zudem arbeitet sie mit sehr zweifelhaften Methoden: Wer nicht angepasst ist, muss damit rechnen umzukommen. Doch soziale Intelligenz lässt sich auch auf eine andere Weise weiterentwickeln, nämlich so, wie wir auch andere wissenschaftliche, kulturelle oder technische Fähigkeiten vervollkommnen: Indem wir unsere Erfahrung nutzen, das Gelernte von Generation zu Generation weitergeben und damit Regeln und Institutionen entwickeln, die auf unseren Stärken aufbauen und unsere Schwächen zu kompensieren versuchen.

Am Beginn dieser Entwicklung stehen dabei vor allem Strategien, die den Zusammenhalt der Gruppenmitglieder untereinander, aber auch ihre Bindung an die Gruppe verstärken. Dazu gehören z. B. gemeinsame Mythen und Rituale, Trachten oder ein für die Gruppe charakteristischer Körperschmuck. Auch religiöse Überzeugungen, die die Gruppe selbst, ihre Führer oder ihre Gesetze auf höhere

Mächte zurückführen, tragen entscheidend zum Zusammenhalt einer Gruppe bei. Einen weiteren Schritt markiert dann die Entwicklung rechtlicher Prinzipien und demokratischer Institutionen in der griechischen und römischen Antike. In neuerer Zeit kommen das staatliche Gewaltmonopol und die Gewaltenteilung hinzu.

Die These

Kurz zusammengefasst – und damit massiv vereinfacht – lautet die zentrale These dieses Buches, dass Machtstrukturen der Koordination und Konfliktvermeidung dienen und dass sie dies vor allem mit Mitteln der sozialen Intelligenz erreichen. Anders als von vielen klassischen Theoretikern wie Thomas Hobbes oder Max Weber behauptet, basiert Macht also nicht auf Gewalt. Ganz im Gegenteil: Sie basiert auf psychologischen, genauer sozialpsychologischen Fähigkeiten, und sie dient nicht zuletzt der Zurückdrängung von Gewalt. Machtstrukturen stehen dabei immer unter dem Einfluss äußerer Faktoren. Während äußere Konflikte dazu führen, dass Gruppenmitglieder zusammenrücken und besser zusammenarbeiten, führen ökonomische Fortschritte häufig zu größeren sozialen Unterschieden und belasten damit den Zusammenhalt. Zudem können ökonomische Entwicklungen dafür sorgen, dass Gruppen größer und komplexer werden. Sie stellen damit höhere Anforderungen an die Koordination und drohen die soziale Intelligenz zu überfordern. Menschliche Gesellschaften können diesen Anforderungen jedoch gerecht werden, indem sie Institutionen und Regeln entwickeln, die das Zusammenleben erleichtern. Zu diesen

Institutionen gehören z. B. Religionen, Rechtssysteme, aber auch die Demokratie. Sie können dazu führen, dass sich neue Spielräume zur Weiterentwicklung der eigenen Kultur und damit auch zur Ausweitung des Handlungsspielraums breiter Bevölkerungsschichten ergeben. Wird eine Gesellschaft diesen Anforderungen nicht gerecht, dann können Konflikte ausbrechen, was im Extremfall zum Zerfall einer Gesellschaft führen kann.

Stimmt diese Analyse in ihren Grundzügen, dann kann sie nicht nur einen Schlüssel zum Verständnis von Machtstrukturen und ihren Entwicklungen liefern. Wenn Macht ein sozialpsychologisches Phänomen ist, dann sollte ein besseres Verständnis der zugrunde liegenden psychologischen Mechanismen auch Möglichkeiten schaffen, Fehlentwicklungen zu erkennen und gegebenenfalls zu korrigieren.

Dies gilt insbesondere für die rechtspopulistischen Bewegungen, die in den letzten Jahren in praktisch allen westlichen Ländern auf dem Vormarsch sind. Ich werde versuchen zu zeigen, dass auch hier sozialpsychologische Faktoren eine zentrale Rolle spielen: Die Ängste und Ressentiments, die diese Bewegungen motivieren, lassen sich verstehen als Symptom einer Überforderung der sozialen Intelligenz: aufseiten der Rechtspopulisten selbst, die von der Komplexität, aber auch von den Unsicherheiten einer globalisierten, hochindividualisierten Gesellschaft überfordert sind, aber auch aufseiten der liberalen Mehrheitsgesellschaft, der es bislang nicht gelungen ist, die Funktionsfähigkeit unserer sozialen und politischen Strukturen unter diesen Bedingungen sicherzustellen.

Aufbau

Das vorliegende Buch gliedert sich in zwei Teile: Im ersten Teil wird eine sozialpsychologische Theorie der Macht entworfen, im zweiten Teil wird diese Theorie in historischen Fallstudien überprüft und dann zur Analyse der gegenwärtigen Situation verwendet. Im ersten Kapitel des systematischen Teils sollen zunächst zentrale Begriffe wie »Macht« und »soziale Intelligenz« geklärt werden. Im zweiten Kapitel werden dann die psychologischen Mechanismen untersucht, die der Entstehung von Machtstrukturen zugrunde liegen. Dabei geht es nicht nur um sozialpsychologische Erkenntnisse über die Funktion menschlicher Gruppen. Auch der Einfluss äußerer Konflikte auf den inneren Zusammenhalt von Gruppen soll hier thematisiert werden. Wichtig sind auch Erkenntnisse über den Zusammenhang von sozialer Intelligenz und Macht, die sich aus einem Vergleich unterschiedlicher Machtstrukturen bei sozial lebenden Tieren gewinnen lassen. Schließlich wird sich das dritte Kapitel mit dem Einfluss ökonomischer Faktoren, insbesondere der ökonomischen Ungleichheit, auf Machtstrukturen befassen. Neben systematischen Untersuchungen kommen hier auch Fallstudien z. B. zur sogenannten Neolithischen Revolution zu Wort. Dort zeigt sich, wie die Einführung von Privateigentum, Ackerbau und Viehzucht dafür sorgt, dass an die Stelle der egalitären Strukturen früher menschlicher Gesellschaften wieder klare gesellschaftliche Hierarchien treten.

Der zweite Teil beginnt mit Kapitel vier. Dort werde ich die zuvor gewonnenen Erkenntnisse über den Einfluss psychologischer und ökonomischer Faktoren zur Analyse einiger besonders wichtiger Phasen der Entwicklung menschlicher

Machtstrukturen verwenden. So spielen z. B. die psychologischen Wirkungen äußerer Konflikte eine wichtige Rolle bei der Entwicklung der Demokratie in Griechenland. Bauern und Bürger können hier demokratische Rechte einfordern, weil sie für die Kriegsführung in immer wieder neu aufflammenden Konflikten gebraucht werden. Erleichtert wird die demokratische Entwicklung aber auch durch das vergleichsweise geringe Maß der ökonomischen Ungleichheit in Griechenland.

Tatsächlich haben es egalitäre Machtstrukturen schwer, wenn die ökonomischen Ungleichgewichte zu groß werden. Fatal ist dies, weil die ökonomische Ungleichheit von Menschen schwer zu kontrollieren ist: Substantielle Einbrüche gibt es in der Regel nur bei großen Kriegen oder Katastrophen wie dem Zusammenbruch des Römischen Reiches.

In Kapitel fünf sollen dann die bislang gesammelten psychologischen, ökonomischen und historischen Erkenntnisse verwendet werden, um zu einem besseren Verständnis wichtiger Entwicklungen der jüngeren Vergangenheit zu gelangen. Beginnen werde ich dabei mit der Nachkriegszeit des 20. Jahrhunderts, die paradigmatisch ist für die tiefgreifenden sozialpsychologischen Folgen großer Katastrophen.

Als Reaktion auf die Schrecken und Zerstörungen der Kriege, aber auch auf die fortwährende Bedrohung durch die atomare Vernichtung werden aufwendige Wohlfahrtssysteme eingerichtet, die den sozialen Zusammenhalt zunächst massiv verbessern, die ökonomische Ungleichheit reduzieren und soziale Konflikte entschärfen. Doch mit dem Verblassen der Erinnerung an die Schrecken des Krieges und dem Wegfall der äußeren Bedrohung durch den Warschauer Pakt werden diese Wohlfahrtssysteme nach dem Ende des Kalten Krieges zurückgefahren, die Ungleichheit steigt wieder an und der soziale Zusammenhalt verringert sich. Dies alleine vergrößert schon die Komplexität der westlichen Gesellschaften nach dem Ende des Kalten Krieges; zusätzlich verstärkt wird sie durch die zunehmende Individualisierung, die die einzelnen gesellschaftlichen Gruppen immer weiter voneinander entfernt; schließlich erhöht die Globalisierung die Unsicherheiten für unterprivilegierte Gruppen und benachteiligt sie auch ökonomisch.

Sowohl die psychologischen wie auch die historischen Erkenntnisse, von denen bislang die Rede war, sprechen dafür, dass diese Bedingungen zu einer ernsthaften Gefährdung demokratischer Machtstrukturen führen können. Angesichts der überwältigenden Erfolge rechtspopulistischer Bewegungen in den letzten Jahren, so werde ich in Kapitel sechs zeigen, handelt es sich hierbei nicht nur um theoretische Spekulationen. Weil diese Bewegungen Strukturen und wichtige Konventionen demokratischer Systeme in Frage stellen, besteht hier offenbar eine echte Gefahr.

Die Entstehung des Rechtspopulismus lässt sich allerdings nicht allein auf objektive ökonomische und soziale Veränderungen zurückführen. Eine wichtige Rolle spielen hier die psychologischen Besonderheiten der rechtspopulistischen Wählerklientel. Sie reagiert auf Veränderungen und Unsicherheiten besonders stark mit Ängsten, zudem hat sie eine starke Neigung zu Ressentiments und autoritärem Denken. Es sind genau diese Dispositionen, die sich die Anführer rechtspopulistischer Bewegungen zunutze machen und damit unterprivilegierte Gruppen zur Wahl von Parteien verleiten, die mit ihren neoliberalen Programmen die ökonomische Situation ihrer eigenen Wähler weiter zu verschlimmern drohen.

Dieser Verstoß gegen die eigenen Interessen ist verhängnisvoll für demokratische Institutionen: Diese basieren auf der Annahme, dass Bevölkerungsgruppen eine dauerhafte Verletzung ihrer Interessen dadurch verhindern, dass sie ihre Bedürfnisse in den demokratischen Institutionen, vor allem also durch die Wahl geeigneter Interessenvertreter verhindern. Wenn rechtspopulistische Wähler aber Parteien wählen, die ihre sozialen Interessen verletzen, dann funktioniert dieser Mechanismus nicht mehr: Der Staat scheint sich dauerhaft gegen sie zu stellen – die Ressentiments gegen die offenbar nutzlosen demokratischen Institutionen werden so weiter verstärkt.

Was die Rechtspopulisten selbst angeht, so zeigt sich an der Verletzung eigener Interessen auch, dass der Aufstieg dieser Bewegungen mit einer Überforderung sozialer Intelligenz zu tun hat. Dafür spricht zudem, dass die Anhänger dieser Bewegung mit ihrer Aversion gegen demokratische Spielregeln und ihren Ressentiments gegenüber Minderheiten Zusammenhalt und Funktion der Gesellschaft gefährden, auf die sie doch eigentlich angewiesen sind.

Ein besseres Verständnis der sozialpsychologischen Mechanismen, die dem Rechtspopulismus zugrunde liegen, erklärt im Übrigen auch, warum es wenig hilfreich ist, den Forderungen dieser Bewegungen entgegenzukommen. Man würde damit nur die Ängste und Ressentiments als berechtigt anerkennen und damit den rechtspopulistischen Bewegungen noch mehr Zulauf verschaffen. Doch das bedeutet nicht, dass wir dieser Entwicklung hilflos zuschauen müssten. Die Analyse zeigt vielmehr, dass wir an den ökonomischen und sozialen Veränderungen ansetzen müssen, denen diese Bewegungen ihren Ursprung verdanken: dem Verlust des sozialen Zusammenhalts, der damit verbundenen Ausgrenzung, aber auch den Unsicherheiten und Ängsten, die dadurch ausgelöst werden. Auch die Mehrheitsgesellschaft muss ihre soziale Intelligenz steigern, will sie ihr eigenes Scheitern verhindern. Anhand konkreter Beispiele werde ich zeigen, dass die angesprochenen Strategien tatsächlich wirksam sind.

Die Erfolge des Rechtspopulismus und die Gefährdung demokratischer Strukturen und Werte sind kein Schicksal, dem wir einfach ausgeliefert sind. Vielmehr handelt es sich um Indizien für tiefer liegende Fehlentwicklungen sozialer und ökonomischer Strukturen. Die Chancen, sie zu beheben, sind umso größer, je besser man die sozialpsychologischen und ökonomischen Mechanismen versteht, auf denen Machtstrukturen basieren.

Genau das ist das Thema dieses Buches.

ERSTER TEIL

EINE SOZIALPSYCHOLOGISCHE THEORIE DER MACHT

I. Kapitel
Grundlagen

Soziale Intelligenz

Es wird in diesem Buch also um Macht und soziale Intelligenz gehen. Doch was ist Macht? Und was ist soziale Intelligenz? Beginnen wir mit Letzterem. Statt mich an der mittlerweile schon unübersehbaren Zahl von Versuchen zu beteiligen, Intelligenz zu definieren, werde ich einfach Auskunft darüber geben, was in diesem Buch mit Intelligenz und insbesondere mit *sozialer Intelligenz* gemeint sein soll.

Unter Intelligenz soll hier die Fähigkeit verstanden werden, Probleme mit geistigen Mitteln zu lösen, und zwar möglichst schnell und flexibel. Wer den Gordischen Knoten kurzerhand mit Gewalt durchschlägt, der mag damit bei seinen Gefolgsleuten als Krieger punkten – mit Intelligenz hat eine solche Brachiallösung wenig zu tun. Wirkliche Intelligenz hätte der tapfere Krieger bewiesen, wenn er durch Überlegung einen Weg gefunden hätte, den Knoten zu entwirren. Und wenn ihm dies schnell gelungen wäre und er sich auch bei anderen Gelegenheiten als Problemlöser bewährt hätte, dann würden wir ihm sogar eine besonders hohe Intelligenz attestieren.

Für soziale Intelligenz gilt dies analog. Soziale Intelligenz beweist, wer soziale Probleme mit geistigen Mitteln schnell und flexibel zu lösen versteht. Doch was sind soziale Probleme? Nun, die wichtigsten Probleme betreffen wohl das Zusammenleben und die Zusammenarbeit in einer Gruppe. Eine Person, die soziale Intelligenz besitzt, vermag diese Probleme zu lösen und trägt damit zum Funktionieren des Verbands bei. Sie stärkt dessen Stabilität, stützt die Regeln und sorgt dafür, dass Konflikte, vor allem gewaltsame Konflikte, gelöst oder gar vermieden werden. Schließlich sollte sie dafür sorgen, dass die Gruppe die wichtigsten Bedürfnisse ihrer Mitglieder befriedigt – nur unter dieser Bedingung kann sie selbst sich auf die Gruppe verlassen. Soziale Intelligenz betrifft immer auch die eigenen Probleme. Einer Person, die soziale Intelligenz besitzt, gelingt es also auch, ihre eigenen sozialen Schwierigkeiten zu überwinden: Sie findet z. B. die richtigen Ansprechpartner, ist imstande, sich mit ihnen zu einigen, und vermag ihre Interessen innerhalb der Gruppe geltend zu machen, ohne dabei die Bedürfnisse anderer aus dem Blick zu verlieren. Das wäre einfach deshalb nicht intelligent, weil damit nur neue Probleme aufgeworfen würden.

Soziale Intelligenz ist wie Intelligenz allgemein zunächst einmal eine Fähigkeit von einzelnen Lebewesen und insbesondere von einzelnen Menschen, die jeweils individuell mehr oder minder gut dazu in der Lage sein mögen, die Koordination einer Gruppe zu verbessern und Auseinandersetzungen zu vermeiden. Ich spreche in diesem Zusammenhang von *individueller sozialer Intelligenz.* Doch wie gut die Mitglieder einer Gruppe miteinander kooperieren, hängt nicht nur von den einzelnen Individuen ab. Wichtig sind auch die Formen des Umgangs miteinander, die Regeln und die Institutionen der Gruppe. Ich werde in diesem Zusammenhang von *institutioneller sozialer Intelligenz* sprechen.

Sie ist vor allem deshalb wichtig, weil wir Institutionen

und Regeln verändern können. An der individuellen Intelligenz ist wenig zu machen. Selbst wenn man sie durch Training und Erziehung zu steigern vermag: Diese Einflüsse dürften nicht dazu ausreichen, gravierende Probleme in unserem Zusammenleben zu lösen – zumal man Umerziehungsmethoden unseligen Angedenkens verwenden müsste, damit bei so einem Projekt überhaupt etwas herauskäme. Doch die Art und Weise, wie wir zusammenleben, hängt auch von unseren Regeln, unserer Kultur des Zusammenlebens und von den Institutionen ab, die dieses Zusammenleben bestimmen, also von unserer institutionellen sozialen Intelligenz. Und an der lässt sich etwas ändern. Das geht umso besser – so jedenfalls eine Behauptung, für die ich in diesem Buch argumentieren werde –, je mehr wir über die andere, individuelle Form von sozialer Intelligenz wissen.

Macht

Von Intelligenz im oben skizzierten Sinne ist seit wenig mehr als einem Jahrhundert die Rede,[1] über Macht haben sich schon antike Autoren den Kopf zerbrochen.[2] Besonders einflussreich sind bis heute die Überlegungen von Niccolò Machiavelli (1469–1527), Thomas Hobbes (1588–1679) oder Max Weber (1864–1920). Sie alle stehen für eine sehr weitverbreitete Theorie der Macht, die sogenannte *Konflikttheorie*. Wie der Name schon andeutet, unterstellt diese Theorie, dass Macht auf Konflikt und Gewalt basiert. Macht gewinnt man dieser Theorie zufolge, indem man Gewalt ausübt oder zumindest androht, und man unterwirft sich der Macht, weil man entweder gewaltsam gezwungen wird oder aber mit Gewalt rechnen muss, sofern man Widerstand leistet. Psychologische Einflüsse spielen in dieser Theorie praktisch keine Rolle.

Zweifellos gibt es einen Zusammenhang von Macht und Gewalt. Vor allem bei der Etablierung von Machtstrukturen, aber auch bei der Eroberung von Machpositionen spielt Gewalt häufig eine wichtige Rolle; ich werde hierauf im zweiten Kapitel zurückkommen. Doch selbst in solchen Situationen ist diese Rolle begrenzt: Ein Usurpator wie Wilhelm der Eroberer mag seine Gegner mit Gewalt aus dem Weg räumen – die Loyalität seiner eigenen Truppen und Gefolgsleute kann er nicht mit Gewalt sichern: Offensichtlich müssen hier psychologische Momente wie Loyalität und Vertrauen, vermutlich auch Gewohnheit eine Rolle spielen. Noch gravierender ist, dass die Konflikttheorie der Macht nur schwer erklären kann, warum Gewalt insbesondere in stabilen Machtstrukturen kaum eine Rolle spielt. So sind Gewalt und Gewaltdrohung aus dem Alltag moderner Staaten weitgehend verschwunden,[3] obwohl das Ausmaß an Macht und Kontrolle, das hier ausgeübt wird, wesentlich größer ist als z. B. in den staatlichen Gebilden des Mittelalters oder der frühen Neuzeit. Auch dies spricht dafür, dass Machtstrukturen nicht primär auf Gewalt gründen können.

Dies dürfte einer der Gründe dafür sein, dass in den vergangenen Jahrzehnten ein ganz anderer Ansatz an Bedeutung gewonnen hat: Die sogenannte *Konsenstheorie* der Macht. Ihr zufolge basiert Macht nicht auf Gewalt, sondern auf der Zustimmung der Beherrschten. Die bekannteste Vertreterin dieses Verständnisses von Macht dürfte Hannah Arendt sein; prinzipiell vergleichbare Ansätze sind von Talcott Parsons[4] und Mark Haugaard[5] vertreten worden.

Arendt betrachtet Macht als ein konstitutives Element der Existenz von Gruppen. Macht wird der Gruppe nicht gewaltsam aufgezwungen, vielmehr ergibt sie sich aus dem Konsens, der eine Gruppe insbesondere im Akt ihrer Gründung trägt. Macht und Gewalt sind in Arendts Augen unvereinbar, ja Gewalt vernichtet die durch Konsens begründete wahre Macht.[6]

Schwierigkeiten bereitet Theorien dieses Typs nicht nur die Beobachtung, dass die Suche nach einem übegreifenden Konsens insbesondere im Alltag nichtdemokratischer Staaten allenfalls eine untergeordnete Rolle spielt. Unklar ist zudem, warum sich die Bürger auf einen Konsens – wenn es ihn denn jemals gegeben hat – einlassen sollten. Immerhin geben sie damit die Kontrolle über ihr eigenes Leben zumindest teilweise auf, ohne irgendeine Gewähr gegen den Missbrauch der Macht zu haben.

Auch die Konsenstheorie der Macht lässt also wichtige Lücken. Ich möchte zeigen, dass diese Lücken durch sozialpsychologische Erkenntnisse geschlossen werden können. Menschen sind aus vielen Gründen auf das Leben in einer funktionierenden Gruppe angewiesen. Dies gilt insbesondere für unsere Kindheit. Doch die Allermeisten wären auch als Erwachsene völlig überfordert, müssten sie ganz auf sich allein gestellt überleben – vor allem dann, wenn sie nicht insgeheim doch noch die Segnungen der modernen Zivilisation in Gestalt moderner Expeditionsausrüstungen und halbwegs friedlicher Lebensumstände auch in entlegenen Gebieten in Anspruch nehmen könnten.

Tatsächlich *müssen* wir nicht nur in einer Gruppe leben, wir *können* dies auch. Sozialpsychologie und soziale Neurowissenschaften haben mittlerweile eine große Zahl von Belegen dafür vorgelegt, wie wir quasi von Natur aus auf ein Leben in einem Verband eingestellt sind. Dies bedeutet auch, dass wir in vielen Fällen individuelle Interessen zurückstellen, ja uns scheinbar völlig irrational verhalten, nur um stabile soziale Beziehungen zu ermöglichen. Wenn es gleichzeitig zutrifft, dass stabile Machtstrukturen unerlässlich für das Funktionieren einer Gruppe sind, dann liegt die Vermutung nahe, dass Menschen eine natürliche Anlage für das Leben in solchen Machtstrukturen haben. Ich möchte hier schon einmal darauf hinweisen, dass solche Anlagen unser Verhalten nicht determinieren, sondern nur einen mehr oder minder starken Einfluss ausüben. In keinem Fall lässt sich aus solchen natürlichen Anlagen eine Rechtfertigung spezifischer Machtstrukturen ableiten. Unterdrückung wird nicht weniger verwerflich dadurch, dass wir als Einsiedler keine gute Figur machen würden.

Wie weiter unten noch im Einzelnen zu zeigen sein wird, gibt es mittlerweile eine ganze Reihe von Belegen für solche Anlagen. Diese finden sich nicht nur bei Menschen, sondern auch bei sozial lebenden Tieren. Zusammengenommen liefern diese Belege wichtige Aufschlüsse über die Zwecke von Machtstrukturen ebenso wie über die psychologischen Mechanismen, die ihrer Entstehung zugrunde liegen.

Ein empirisch gestütztes Verständnis von Macht

Hieraus ergibt sich ein empirisch gestütztes Verständnis von Macht, genauer von Machtstrukturen. Es bestätigt in Grundzügen den oben skizzierten Klärungsvorschlag. Machtstrukturen dienen also der Koordination des Verhaltens der Gruppenmitglieder und insbesondere der Lösung und Vermeidung von Konflikten. Basis dieser Strukturen ist in der Regel weder die Anwendung von Gewalt noch die Drohung mit ihr, sondern soziale Intelligenz: Sie befähigt uns, mit anderen zu kooperieren und dabei Konflikte weitgehend zu vermeiden. Diesem Verständnis zufolge basiert Macht also nicht auf Gewalt – ganz im Gegenteil: Macht ist der Gewalt entgegengesetzt, weil sie gewaltsame Konflikte durch psychologische Mechanismen ersetzt.

Es wird sich herausstellen, dass viele dieser Mechanismen bereits bei sozial lebenden Tieren wirksam sind. So vermeidet z. B. eine strikte Rangordnung Kämpfe um die Beute oder andere Ressourcen, indem sie festlegt, welches Tier den ersten Zugriff hat. Die meisten dieser Mechanismen arbeiten auch beim Menschen noch; allerdings wirken sie unbewusst und sind daher schwer dingfest zu machen. Und da sie oft zu einem Verhalten führen, das zumindest auf den ersten Blick irrational erscheinen mag, findet man sie auch nicht, indem man nach vernünftigen Gründen sucht. So reagieren Menschen z. B. mit schmerzähnlichen Symptomen, wenn sie aus einer Gruppe ausgeschlossen werden, und zwar auch dann noch, wenn sie mit der Gruppe um Himmels willen nichts zu tun haben wollen.[7] Vernünftig ist das nicht – offenbar ist hier einfach noch ein psychologischer Mechanismus wirksam, der so früh in der Evolution entstanden ist, dass er von unseren bewussten Gründen nur schwer unter Kontrolle zu bringen ist.

Dies mag einer der Gründe dafür sein, dass diese Mechanismen der Forschung lange entgangen sind. Die disziplinären Barrieren zwischen der Sozialpsychologie einerseits und den Geistes- und Sozialwissenschaften andererseits dürften erklären, warum viele psychologische Erkenntnisse bis heute nicht in die Theoriebildung von Philosophie, Politik- und Sozialwissenschaften eingeflossen sind – auch wenn es mittlerweile eigene Zeitschriften gibt, die sich der Verbindung zwischen Sozialwissenschaften und Psychologie widmen.[8] Ich möchte demgegenüber zeigen, dass diese Erkenntnisse nicht nur zu einem tieferen Verständnis von Macht führen können, sondern auch bessere Voraussetzungen für eine Lösung der Probleme schaffen, die solche Machtstrukturen bis heute aufwerfen: Wenn wir verstehen, wie Macht entsteht, dann dürften sich auch unsere Möglichkeiten verbessern, die negativen Seiten der Macht zu bewältigen.

Konflikttheorien

Schauen wir uns zunächst aber die beiden klassischen Ansätze etwas genauer an. Konflikttheorien der Macht wie die von Max Weber betrachten Macht als die Fähigkeit, Widerstände zu überwinden – in der Regel durch die Ausübung oder zumindest die Androhung von Gewalt. Deutlich erkennbar ist dies an Max Webers berühmter Definition der Macht. Sie lautet:

> Macht bedeutet jede Chance, innerhalb einer sozialen Beziehung den eigenen Willen auch gegen Widerstreben durchzusetzen, gleichviel worauf diese Chance beruht.[9]

Auch positive Anreize können hier eine Rolle spielen, also Vergünstigungen, mit denen ein Machthaber sicherstellt, dass er seinen Willen durchsetzen kann.

Zumindest auf den ersten Blick ist dieses Verständnis bestens nachvollziehbar, unterstellt es doch nur, dass Menschen in der Regel ihren rationalen Interessen folgen: Wir unterwerfen uns also den Herrschaftsansprüchen anderer, um Nachteilen zu entgehen und Vergünstigungen zu gewinnen. Im Prinzip wird Macht hier als Analogon von Kraft verstanden: So wie eine Billardkugel eine andere Billardkugel in Bewegung setzt, indem sie Kraft auf diese ausübt, lässt eine Person jemand anderen ihrem eigenen Willen folgen, indem sie Macht auf diesen ausübt. Die direkte Ausübung von Gewalt ist dazu nicht notwendig. Wir müssen nur *wissen*, dass diese Möglichkeit besteht. Vernünftig wie wir sind, nehmen wir uns davor in Acht: Insofern spielen psychologische Gesichtspunkte schon hier eine Rolle. Aber die Gewalt steht immer im Hintergrund, um dem Machtanspruch Nachdruck zu verleihen – Weber definiert daher Machtstrukturen durch ihre Gewaltsamkeit: »Jeder Staat«, so behauptet er, Trotzki zitierend, »wird auf Gewalt gegründet.«[10]

In paradigmatischer Form war dieses an Kraft und Kausalität orientierte Verständnis von Macht schon von Thomas Hobbes vertreten worden. Macht ist in Hobbes' Augen ganz allgemein die Fähigkeit, irgendein Gut zu erlangen. Doch da Menschen in ständiger Konkurrenz zueinander stehen, kann von wirklicher Macht nur so lange die Rede sein, wie die eigene Macht größer ist als die potentieller Konkurrenten: Meine Macht wird durch eine größere Macht vernichtet und durch eine gleich große Macht neutralisiert.

Die Analogie von Macht und Kraft wird hier besonders

deutlich: Menschen verhalten sich in Machtverhältnissen wie physikalische Körper – psychologische Faktoren sind hier bestenfalls sekundär. Tatsächlich stellt Hobbes einen direkten Vergleich zwischen Macht und Kausalität her: »Die Macht eines Handelnden und die wirkende Ursache sind dasselbe«.[11]

Da die Macht den Schlüssel zur Erlangung sämtlicher Güter darstellt, haben Menschen eine unstillbare Gier nach Macht. Im Naturzustand führt dies zu einem permanenten Kampf aller gegen alle. Beenden lässt sich dieser Kampf nur dann, wenn eine Partei ein so großes Übergewicht gewinnt, dass jeder Widerstand zwecklos erscheint. Hieraus erwächst die auf Gewalt gründende staatliche Autorität. Jede Schwäche aufseiten des Staates würde durch den jederzeit lauernden Willen der Untertanen zum Widerstand ausgenützt – nur überlegene Gewalt kann ihn brechen. Insofern ist es aus Sicht aller Beteiligten vernünftig, dem Staat eine solche Übermacht zuzugestehen, andernfalls würde der Kampf aller auf ewig andauern.

Hobbes' Verständnis von Macht und staatlicher Herrschaft mag zu Zeiten des Bürgerkrieges, der die Gegenwart des Autors prägte, gut nachvollziehbar gewesen sein. Als generelles Modell greift es jedoch entschieden zu kurz, weil es die psychologische, vor allem die sozialpsychologische Dimension von Machtverhältnissen ignoriert. Schon längst setzt der Staat nicht mehr auf die physische Übermacht gegenüber seinen Bürgern. Hobbes' und Webers kausalistisches Verständnis von Macht, das fast ausschließlich auf das Gewaltpotential des Staates setzt, greift daher offensichtlich zu kurz.

Konsenstheorien

Trotz aller Schwierigkeiten, sozialpsychologische Prozesse dingfest zu machen, ist die Bedeutung dieser Vorgänge den Theoretikern der Macht natürlich nicht entgangen. Tatsächlich gibt es neben den Konflikttheorien der Macht eine zweite wichtige Theorieströmung. Sie führt Macht auf einen sozialen Konsens zurück. Ansätze dazu finden sich bereits im Mittelalter, beispielsweise bei Wilhelm von Ockham,[12] an Bedeutung gewinnt diese Tradition aber erst in der Mitte des 20. Jahrhunderts, nachdem sich bereits Vierkandt, Tarde oder Gramsci mit den sozialen Voraussetzungen von Macht befasst hatten.[13]

Hannah Arendt

Die wohl wichtigste Konsenstheorie der Macht stammt aber von Hannah Arendt. Im erklärten Gegensatz zu den Konflikttheorien verzichtet Arendt nicht nur darauf, Macht aus Gewalt abzuleiten; in ihren Augen stehen beide vielmehr im Widerspruch zueinander: Macht schließt Gewalt aus, Gewalt zerstört Macht. Arendts zentrale Annahme lautet, dass Macht aus dem Konsens entsteht, in dem sich eine Gruppe zusammenfindet.

> Über Macht verfügt niemals ein Einzelner; sie ist im Besitz einer Gruppe und bleibt nur solange existent, als die Gruppe zusammenhält.[14]

Nur wenn es einen solchen Konsens gibt, kann sich eine Gruppe bilden, und solange die Gruppe fortexistiert, bleibt auch die auf Konsens gegründete Macht erhalten:

> Die einzige rein materielle, unerläßliche Vorbedingung der Machterzeugung ist das menschliche Zusammen selbst. Nur in einem Miteinander, das nahe genug ist, um die Möglichkeit des Handelns ständig offen zu halten, kann Macht entstehen, und die Stadtgründungen, die durch die antiken Stadtstaaten beispielhaft wurden für die gesamte Geschichte politischer Organisation im Abendland, sind daher historisch in der Tat die eigentliche Voraussetzung für die Machtentfaltung der europäischen Völker. Was eine Gruppe von Menschen als Gruppe zusammenhält, … ist Macht, die wiederum ihrerseits dadurch intakt gehalten wird, daß die Gruppe sich nicht zerstreut.[15]

Anders als bei Hobbes und Weber ist Macht hier also nicht die Fähigkeit einer Person oder einer Minderheit, der Mehrheit gewaltsam ihren Willen aufzuzwingen, Macht ist vielmehr so etwas wie der Wille der Gruppe selbst. Kein Zufall, dass Arendt die Stadtstaaten der griechischen Antike als Musterbeispiele solcher machtbegründenden Gruppenbildungen betrachtet:

> Die eigentliche Würde der Politik, die bis tief in die Neuzeit gehalten und selbst heute noch nicht ganz verblaßt ist, weist auf Erfahrungen zurück, die damals in der Frühzeit abendländischer Geschichte [i. e. im Athen des Perikles; M. P.], auf kleinstem Raum und innerhalb weniger Jahrzehnte sich unvergessen der europäischen Menschheit eingeprägt haben.[16]

Arendts Grundidee scheint dabei zu sein, dass die Gründung einer Gruppe bereits ein Mindestmaß an Konsens voraussetzt, andernfalls würden die Gründungsmitglieder sich gleich wieder in alle Winde zerstreuen. Der Konsens wird der Gruppe nicht aufgezwungen, sondern entsteht aus ihrer Mitte; er verleiht ihr die Handlungsmacht, die aus einer Ansammlung von Menschen überhaupt erst eine Gruppe entstehen lässt.

Das gilt nicht nur für Staaten: Auch ein Fußballverein muss ein Mindestmaß an Konsens aufbringen, um ein Fußballspiel zu organisieren: Man muss sich einigen, wo man spielt, wer mitspielt und welche Regeln gelten. Schafft man das nicht, zählt man nicht mehr als Fußballverein. Eine mächtige Vorsitzende wird den Willensbildungsprozess des Vereins stärker beeinflussen können als eine machtlose, aber auch sie ist auf den prinzipiellen Konsens der Mitglieder angewiesen, sonst vermag sie ihre Entscheidungen nicht in die Tat umzusetzen, und die Gruppe wird früher oder später zerfallen.

Zweifellos hat Arendt eine gewisse Tendenz zu Idealisierung – z. B. wenn sie die Sklavenhaltung in den antiken Stadtstaaten damit begründet, dass sie den Sklavenhaltern die Teilnahme an demokratischen Willensbildungsprozessen erlauben sollte.[17] Das ändert aber nichts daran, dass Arendt eine zentrale Voraussetzung für die Entstehung von Machtstrukturen erkannt hat: nämlich die psychologische Dynamik von Gruppen. Das gilt im Übrigen nicht nur für antike Demokratien, sondern ebenso für moderne Militärdiktaturen. Natürlich regiert ein Diktator mit Gewaltdrohungen. Aber um ein ganzes Volk in Schach halten zu können, benötigt er eine Armee und einen Verwaltungsapparat, deren Funktionieren nicht wieder durch weitere Gewaltdrohungen zu erklären ist. Tatsächlich muss es hier ein Mindestmaß an Bindung und Loyalität geben, das über die bloße Reaktion auf Drohungen hinausgeht. Nur so ist auch der bereits mehrfach erwähnte Befund zu erklären, dass die Kontrolle, die moderne Staaten ausüben, weit über das Machtpotential mittelalterlicher Körperschaften hinausgeht, obwohl das Gewalt- und Drohpotential eher zurückgegangen ist. Am Eingang moderner Städte gibt es kein Stadttor mehr, das man notfalls verschließen oder hochziehen kann, es gibt auch keine Wachen, die ihre Waffen präsentieren – dennoch ist das Risiko, einem Verbrechen zum Opfer zu fallen, heute ungleich geringer als im Mittelalter.

Arendt hat also vollkommen recht, dass die *Entstehung* einer Gruppe ohne ein Mindestmaß von Konsens nicht zu erklären ist; auch im Zusammenhang mit einschneidenden Ereignissen wie der deutschen Wiedervereinigung mag dieser Begriff angemessen sein. Aber kann man bei einer Person, die in bestehende staatliche Strukturen hereingeboren wird, davon sprechen, dass sie sich an einem Konsens beteiligt?

Religionen mögen solche bekenntnishaften Akte in Übergangsritualen wie z. B. der Konfirmation oder der Firmung verlangen, aber moderne Staaten verzichten im Allgemeinen auf derartige Bekenntnisse. Der Konsens wird einfach vorausgesetzt, und solange man nicht protestiert oder die Staatsbürgerschaft aufkündigt, bleibt der staatliche Verband bestehen.

Offen bleibt zudem, wie der von Arendt unterstellte Konsens zustande kommen soll, zumal die Bedingungen der Staatengründung in der Regel nicht so günstig sind wie im antiken Griechenland. Immerhin ist der Aufbau von Herrschaftsstrukturen mit einem Verlust individueller Autonomie verbunden. In einem Fußballverein mag das zu verschmerzen sein, aber ein Staat erfasst die gesamte Existenz – bis zum möglichen Verlust des Lebens durch Strafe oder im Krieg. Warum also soll man sich dem Konsens zum Aufbau von Herrschaftsstrukturen anschließen?

Halten wir fest, dass Arendt mit dem Verweis auf den Konsens eine wichtige Lücke schließt, die die Konflikttheorien der Macht offenlassen – allerdings nur um den Preis, dass die Lücke an anderer Stelle wieder aufreißt: Arendt scheint die Rolle des Konsenses in bestehenden Gesellschaften zu überschätzen; zudem vermag sie nicht zu erklären, was die Bürger bei der Gründung einer Gruppe dazu bewegt, mit ihrem Konsens auf ihre jeweils individuellen Freiheitsspielräume zu verzichten.

Parsons

Arendt steht mit ihrer Konsenstheorie der Macht schon längst nicht mehr allein. Einen Versuch, den Ursprung von Macht aus der sozialen Dynamik abzuleiten, hat auch der amerikanische Soziologe Talcott Parsons in der Mitte des letzten Jahrhunderts unternommen.[18] Zentral für seine Theorie ist dabei der Vergleich von Macht und Geld: So wie Geld das entscheidende Medium ökonomischer Beziehungen ist, so ist Macht das Medium politischer Beziehungen. In beiden Fällen geht es um den Zugang zu bestimmten Gütern und um die Wahrnehmung von Verpflichtungen.

In ökonomischen Beziehungen handelt es sich bei den Gütern um Waren, die Verpflichtungen betreffen die Erbringung bestimmter Leistungen. Machtverhältnisse dagegen regeln z. B. die Verteilung staatlicher Wohlfahrtsleistungen, aber auch den Zugang zu Land und Bodenschätzen. Die Verpflichtungen betreffen die Erbringung von Steuern und die Einhaltung von Gesetzen, aber auch Dienstverpflichtungen wie z. B. den Wehrdienst. Sowohl Geld wie Macht haben zudem symbolischen Charakter: Geld, so wie es heute in Umlauf ist, besitzt praktisch keinen Eigenwert, sondern stellt lediglich ein Versprechen auf die Erbringung ökonomischer Leistungen durch andere dar, die dafür ihrerseits das gleiche Versprechen erhalten. Der Wert des Geldes hängt dabei entscheidend von dem Vertrauen der Handelspartner in die Erfüllung dieser Versprechen ab. Sinkt das Vertrauen, dann sinkt ihre Leistungsbereitschaft und damit auch der Wert des Geldes.

Parsons geht davon aus, dass dieses Versprechen durch den Staat, konkreter durch die Notenbank garantiert wird. Tatsächlich war die amerikanische Notenbank zur Zeit der Publikation von Parsons Aufsatz, also zu Beginn der 1960er Jahre, verpflichtet, 35 Dollar gegen eine Feinunze Gold einzutauschen. Die Verpflichtung wurde 1971 abgeschafft, ohne dass das Geldsystem substantiellen Schaden erlitten hätte. Gedeckt wird das Leistungsversprechen nach neueren Auffassungen eben nicht durch die Notenbank, sondern durch die Leistungskraft einer Volkswirtschaft, genauer: durch das *Vertrauen* in diese Leistungskraft – also wiederum durch einen psychologischen Faktor. Die Notenbank hat nur die Aufgabe, eine Ausweitung der Geldmenge zu verhindern, die die Leistungskraft der Volkswirtschaft überfordern und damit das Vertrauen untergraben würde.

Parsons glaubt, dass Macht, genauer gesagt: staatliche Macht, ganz ähnlich funktioniert. Sie stellt ebenfalls ein Versprechen dar, in diesem Falle vor allem auf die Einhaltung von rechtlichen Verpflichtungen. Was im Bereich des Geldes das Vertrauen ist, ist nach Parsons hier die Legitimität des Machtanspruchs. Auch Macht hat symbolischen Charakter, der üblicherweise die Funktion und damit die Einhaltung der wechselseitigen Verpflichtungen von Bürgern und Staat sicherstellt. Doch auch hier gibt es eine Garantie, die durch das staatliche Gewaltmonopol geleistet wird: Wenn die Bürger ihren Verpflichtungen nicht nachkommen, dann kann der Staat zur Not auch physischen Zwang anwenden, um die Einhaltung der Verpflichtungen sicherzustellen.

Es ist indessen nicht ganz klar, wie weit die Parallele von Macht und Geld wirklich trägt. So sind die Partner in einem Geldgeschäft in der Regel zwei Bürger, während Macht in dem von Parsons beschriebenen Sinne zunächst ein Verhältnis zwischen Staat und Bürger ist. Unklar ist auch, ob das Gegenstück zum Vertrauen in Geldgeschäften wirklich die *Legitimität* der Macht ist. Gegen Parsons könnte man argumentieren, dass auch bei Machtstrukturen das Vertrauen in die Sicherheit und Zuverlässigkeit dieser Strukturen entscheidend ist. Der Staat würde eingreifen, sobald das Vertrauen gefährdet ist, z. B. weil Bürger Gesetze brechen oder ihren Verpflichtungen nicht mehr nachkommen.

Auf der anderen Seite zeigt der Vergleich sehr gut, dass in der Politik wie in der Ökonomie unmittelbare Anreize – wie Gold und Gewalt – an Bedeutung verloren haben und stattdessen mittelbare psychologische Prozesse relevant geworden sind. Dabei bleibt auch Parsons letztlich die Antwort schuldig, wie diese psychologischen Mechanismen funktionieren: Warum lassen wir uns heute von unserem Vertrauen bzw. von der Legitimität der Institutionen leiten, wo unsere

Vorfahren viel handgreiflichere Motive verlangt haben, nämlich echtes Gold und zumindest die Androhung physischer Gewalt? Ich werde im folgenden zweiten Teil dieses Buches versuchen, eine Antwort auf diese Frage zu liefern.

Fazit

Die bislang vorgestellten Ansätze gehen davon aus, dass wir bei der Erklärung von Machtstrukturen auf bewusste, rationale Motive zurückgreifen müssen. So ist es für mich offenbar vernünftig, der Forderung einer übermächtigen Gewalt zu folgen, um nicht zum Opfer dieser Gewalt zu werden. Zudem ist anzunehmen, dass ich die Drohung bewusst wahrnehme und mir auch die daraus folgenden Überlegungen im Prinzip bewusst sind. Genauso scheint Arendt zu unterstellen, dass sich die Bürger bei der Gründung eines Staates bewusst darauf einigen, von nun an bestimmte Regeln zu respektieren und miteinander zu kooperieren. Ähnliches gilt für Parsons' Vorstellung einer Garantie des Geldwertes durch die Zentralbank: Ich akzeptiere bloßes Papiergeld nur deshalb, weil mir bewusst ist, dass ich das bedruckte Stück Papier bei der Zentralbank jederzeit gegen Gold eintauschen könnte. Und ich folge meinen Verpflichtungen gegenüber dem Staat, weil ich weiß, dass er mich aufgrund seines Gewaltmonopols notfalls zwingen kann.

Doch Zwang kommt nur noch sehr selten zur Anwendung, die Zugehörigkeit zu einem Staat oder einer Gesellschaft entsteht meist unbewusst und quasi automatisch, also gerade *nicht* durch einen Akt des ausdrücklichen Konsenses. Schließlich erscheint es ziemlich abwegig anzunehmen, dass wir unseren Verpflichtungen folgen, weil wir Angst haben, andernfalls von der Polizei ins Gefängnis gesteckt zu werden. Vieles machen wir aus reiner Gewohnheit, anderes aus Einsicht – im schlimmsten Fall, weil wir sonst Ärger befürchten, aber selbst da geht es in der Regel nicht um Gewalt. Und wie gesagt – unser Finanzsystem hat die Abschaffung der Umtauschverpflichtung gut überstanden.

Es sind nicht zuletzt diese Beobachtungen, die einen Blick auf sozialpsychologische Studien sinnvoll erscheinen lassen. Sie können genaueren Aufschluss liefern über Prozesse, die unser Sozialverhalten steuern, ohne dass uns dies in jedem Falle bewusst würde. Solche Studien betreffen menschliche Gesellschaften, aber auch das Sozialverhalten von Tieren, das in vielen Fällen wichtige Aufschlüsse auch über die Entstehung menschlicher Gesellschaften liefert.

II. Kapitel
Sozialpsychologie der Macht

Die Gründe dafür, dass ein Buch zum Phänomen der Macht sozialpsychologische Erkenntnisse berücksichtigen sollte, sind nach den obigen Überlegungen schnell genannt: Macht ist offenbar ein soziales Phänomen, und zwar eines mit sehr weitreichenden Auswirkungen. Letztlich setzt unsere gesamte kulturelle und ökonomische Entwicklung voraus, dass unsere sozialen Beziehungen funktionieren. Tatsächlich gewinnt die menschliche Sozialität als Thema der Psychologie, aber auch der Verhaltensforschung immer mehr an Bedeutung, weil zunehmend klarwird, in welch hohem Maße unsere Entwicklung, unsere Gesundheit, ja unsere bloße Existenz von funktionierenden sozialen Beziehungen abhängt.

Gerade weil dieser Zusammenhang so bedeutsam ist, können Sozialpsychologie und Verhaltensforschung hier auch mit wichtigen und z. T. überraschenden Ergebnissen aufwarten. Das gilt vor allem deshalb, weil viele der zentralen Mechanismen, die unser Sozialverhalten bestimmen, ganz oder teilweise unbewusst ablaufen. Das dürfte wohl einer der Gründe dafür sein, dass viele dieser Mechanismen lange unterschätzt oder ignoriert wurden, obwohl es schon eine jahrhundertelange Tradition der Auseinandersetzung mit unseren sozialen Fähigkeiten gibt. Wenn unser Verhalten von unbewussten Faktoren beeinflusst wird, dann können wir noch so angestrengt nach innen blicken – die wahren

Ursachen werden wir dort nicht finden. Vielmehr besteht die Gefahr, dass wir damit auf eine völlig falsche Fährte geraten; wir neigen nämlich dazu, notfalls praktisch automatisch ein paar gute Gründe zu erfinden, um uns und anderen unser Verhalten plausibel zu machen.[1]

Notwendig ist daher einerseits eine systematische Erforschung unseres äußerlich sichtbaren Verhaltens, aber auch ein Blick ins Gehirn dürfte hier und dort hilfreich sein: Neurobiologische Studien können vor allem bei der Entschlüsselung der entscheidenden Mechanismen helfen. Und noch ein weiterer Punkt ist von Wichtigkeit. Gerade weil das Leben in einer Gemeinschaft eine so grundlegende Bedeutung besitzt, hat es sich nicht erst bei Menschen entwickelt. Viele unserer sozialen Fähigkeiten teilen wir mit sozial lebenden Tieren. Es mag blamabel klingen, aber unter bestimmten Bedingungen verhalten wir uns so wie die Fische in einem Schwarm,[2] doch auch das Verhalten einer Affenhorde ist uns nicht immer völlig fremd. Aus diesen Gründen sind auch Erkenntnisse aus der Verhaltensforschung an Tieren von Belang, zumal es hier umfangreiche Untersuchungen zur Entstehung und Bedeutung stabiler Machtstrukturen gibt.

Das folgende zweite Kapitel dieses Buches hat drei Abschnitte: Der erste Abschnitt wird sich mit allgemeinen Erkenntnissen aus der Sozialpsychologie zur Funktion und Bedeutung unserer sozialen Fähigkeiten befassen. Im zweiten Abschnitt wird es um die Verhaltensbiologie der Macht gehen. Im Mittelpunkt stehen dabei die Entwicklung von Machtstrukturen bei Tieren sowie die Rolle von Gewalt und sozialer Intelligenz. Im dritten Abschnitt werde ich dann die Fortsetzung dieser Entwicklung in frühen menschlichen Gesellschaften verfolgen; auch dabei wird wieder das Verhältnis von Gewalt und sozialer Intelligenz eine wichtige Rolle spielen.

1. Sozialpsychologische Erkenntnisse

Die folgenden Überlegungen basieren auf der Annahme, dass Menschen auf das Leben in einer Gruppe angewiesen sind. Die Annahme wird von einer Vielzahl von Befunden gestützt:[3] Schon allein unsere lang andauernde Kindheit hätten wir ohne die Unterstützung unserer Eltern niemals überlebt. Doch auch unsere Eltern waren ihrerseits auf stabile Gruppenstrukturen angewiesen, solange sie einen großen Teil ihrer Zeit und Energie ihren Kindern widmen mussten.

Dabei geht es nicht allein darum, unsere physischen Bedürfnisse zu befriedigen. Auch unsere geistige Entwicklung ist auf stabile soziale Verhältnisse und die Interaktion mit anderen angewiesen. Kinder, die in instabilen Beziehungen oder gar in sozialer Isolation aufwachsen, leiden unter schweren intellektuellen und emotionalen Beeinträchtigungen.[4] Bei Erwachsenen sieht es nicht viel anders aus: Sind sie glücklich verheiratet, dann sind sie geistig und körperlich gesünder, zudem ist ihre Lebenserwartung höher.[5] Bei Geschiedenen ist das Risiko einer psychiatrischen Erkrankung gar bis zu 22-mal höher als bei Verheirateten[6] – und das, obwohl Geschiedene ja keineswegs Einsiedler sein müssen. Wie bereits erwähnt, leiden Menschen zudem massiv unter dem Ausschluss aus einer Gruppe – und zwar selbst dann, wenn sie mit der Gruppe gar nichts zu tun haben wollen. Offenbar ist der zugrunde liegende Mechanismus so früh in der Evolution entstanden, dass wir ihn bewusst nur schwer kontrollieren können.[7]

Wenn dies so ist, sollten insbesondere unsere kognitiven Fähigkeiten die Bildung und den Zusammenhalt von Gruppen fördern und uns die Kooperation erleichtern. Und das ist in der Tat der Fall.[8] Ich werde hier eine Reihe von Belegen vorbringen, die diese Annahme stützen: Unsere kognitiven Fähigkeiten sind in der Tat bestens auf das Leben in einer Gruppe vorbereitet – wir besitzen ein hohes Maß an sozialer Intelligenz.

Wie groß die Bedeutung sozialer Fähigkeiten für die menschliche Entwicklung war, lässt sich schon daran ersehen, dass soziale Faktoren einen entscheidenden Anteil an der Gehirnentwicklung hatten. Verfechter der »Social Brain Hypothesis« wie Robin Dunbar meinen sogar, soziale Faktoren seien *das* entscheidende Antriebsmoment in der Entwicklung des Gehirns von Primaten gewesen.[9] Unser soziales Zusammenleben sei so wichtig, dass es den erheblichen Aufwand rechtfertigt, den der Körper mit unserem Gehirn treibt: Obwohl unser Gehirn nur 2 % der Körpermasse ausmacht, verbraucht es nämlich 20 % der Energie.[10] Die Gehirnentwicklung erklärt sich also nicht durch die Vorteile, die unsere höhere Intelligenz bei der Suche nach Nahrung oder der Entwicklung und dem Gebrauch von Werkzeugen bietet. Entscheidend sind laut Dunbar vielmehr die Vorteile im Zusammenleben mit anderen, die mit höherer Intelligenz, konkreter: mit höherer sozialer Intelligenz verbunden sind.

Dunbars Theorie wird gestützt durch Erkenntnisse der Arbeitsgruppe von Mike Tomasello. Sie hat in vielen Studien gezeigt, dass sich gerade unsere sozialen Fähigkeiten grundlegend von denen anderer Primaten unterscheiden. Tomasellos zentrale These lautet, dass Menschen vor allem in ihrer sozialen Intelligenz Affen überlegen sind. Anders als Affen sind wir imstande, gemeinsame Ziele zu entwickeln und zu verfolgen, zudem gelingt es uns besser, die Absichten, Gefühle und Gedanken anderer zu erkennen.[11] Diese Fähigkeiten helfen uns, einander zu unterstützen, um so gemeinsam ein Ziel zu erreichen, an dem jeder Einzelne, auf sich gestellt, scheitern würde.

Wichtiger noch war diese Fähigkeit, nachdem Menschen sesshaft wurden, eine eigene Kultur entwickelten und die Arbeit immer weiter untereinander aufteilten. Damit entstanden neue und komplexere Abhängigkeiten, die nur zu bewältigen waren, wenn man in einem gewissen Maße fähig war, sich in die Lage anderer Menschen zu versetzen – auch wenn diese ein ganz anderes Ziel verfolgten als man selbst. Tomasello glaubt auch, dass unsere besonderen sozialen Fähigkeiten eine maßgebliche Voraussetzung der Sprachentwicklung waren – diese These ist allerdings umstritten. Klar ist jedoch, dass unsere sozialen Fähigkeiten, unsere Sprache und unsere Kultur einander stützen: Unsere Kultur erleichtert die Sprachentwicklung, doch Sprache ist gleichzeitig eine wichtige Voraussetzung unserer Kultur. Genauso stellt das Leben in Gruppen offenbar eine zwingende Voraussetzung für die Entwicklung sprachlicher Fähigkeiten dar, gleichzeitig hebt die Verständigung durch Sprache unser soziales Leben auf eine neue Ebene. Dies gilt nicht zuletzt deshalb, weil Sprache uns neue Formen der Aufbewahrung, Vermittlung und Weiterentwicklung von Wissen ermöglicht und daher mit großer Wahrscheinlichkeit ebenfalls einen wichtigen Anteil an der Entwicklung der menschlichen Intelligenz hat.

Das »Bedürfnis dazuzugehören«

Kommen wir zunächst zu den Belegen dafür, dass unser Denken und Verhalten tatsächlich das Leben in Gruppen fördern. Sie entsprechen damit – in einer Formulierung Roy Baumeisters – einem grundlegenden menschlichen »Bedürfnis, dazuzugehören«.[12]

Einer der interessantesten Belege stammt aus Studien von Henri Tajfel und Mitarbeitern. Die Studien zeigen, dass Menschen unter praktisch beliebigen Bedingungen Gruppenstrukturen bilden und die Mitglieder der eigenen Gruppe gegenüber denen einer anderen Gruppe bevorzugen. So teilten z. B. Tajfel und Kollegen[13] Versuchspersonen einer von zwei Gruppen zu, deren Namen völlig willkürlich gewählt waren. Anschließend sollte man Geldbeträge an Mitglieder der eigenen und der fremden Gruppe verteilen. Dabei blieben die Gruppenmitglieder ebenso anonym wie man selbst – man kannte von ihnen nur eine Nummer. Zudem waren auch keinerlei Folgen der eigenen Entscheidungen zu erwarten – weder Dankbarkeit noch Ablehnung.

Tajfel wollte damit eigentlich nur eine Ausgangsbedingung schaffen, in der die Versuchspersonen noch keine Gruppen bilden. Danach wollte er feststellen, was man an diesen Bedingungen verändern muss, damit Gruppen entstehen können.[14]

Zur Überraschung der Experimentatoren traten die Effekte aber schon unter diesen Minimalbedingungen auf: Die Versuchspersonen gaben den Mitgliedern der eigenen »Gruppe« signifikant mehr als denen der anderen »Gruppe« – obwohl hier alles fehlte, was normalerweise eine Gruppe ausmacht: Die Versuchspersonen wussten nicht, mit wem sie es zu tun hatten, die Gruppe war niemals zusammengekommen, und sie besaß auch keinerlei gemeinsame Ziele. Erwähnenswert ist zudem, dass es den Versuchspersonen offenbar nicht auf die absolute Höhe des Gewinns ankam, vielmehr achteten sie darauf, dass die eigene Gruppe mehr erhielt als die andere. Sie gaben also dem Mitglied der eigenen Gruppe lieber nur zwei Euro, wenn die andere Gruppe nur einen erhielt, als dass sie der anderen Gruppe vier Euro gönnten, wenn für die eigene Gruppe dabei drei Euro abfielen.[15]

Hatte der Effekt vielleicht damit zu tun, dass man sich den Mitgliedern der eigenen Gruppe besonders nahe fühlte oder sie als ähnlich betrachtete? Nein – man bevorzugte die Mitglieder der eigenen Gruppe auch dann, wenn die Gruppe durch bloßen Zufall zustande gekommen war. Ihre Zusammensetzung war völlig willkürlich; von einer besonderen Nähe oder Ähnlichkeit der Mitglieder konnte daher beim besten Willen keine Rede sein.[16] Der Effekt ist auch nicht auf die Verteilung von Geld beschränkt: Andere Studien zeigen, dass man die Mitglieder der eigenen Gruppe lieber mag, sie für angenehmer hält und ihnen auch bessere berufliche Leistungen zubilligt als den »anderen« – wie gesagt: Ohne zu wissen, um wen es sich handelt, und ohne sich von den vermeintlichen Vorzügen der eigenen Gruppe in irgendeiner Weise überzeugt zu haben.

Betrachtet man nur die einzelnen Versuchspersonen, so ist deren Verhalten völlig unvernünftig: Wie kann man jemanden als besonders liebenswert, angenehm oder leistungsfähig beurteilen, den man nur als Nummer kennt? Genauso gut könnte man das örtliche Telefonbuch aufschlagen und Urteile über die Inhaber der einzelnen Telefonnummern abgeben. Die Logik dieses Verhaltens wird erst sichtbar, wenn man berücksichtigt, dass Menschen auf stabile Gruppenbeziehungen angewiesen sind. Und genau diesem Bedürfnis entspricht das skizzierte Verhalten: Durch die Bevorzugung der eigenen Gruppe werden deren Bindungen gestärkt. Es stärkt den Zusammenhalt einer Gruppe, wenn sich deren Mitglieder gut leiden können und sich gegenseitig unterstützen: Die Versuche von Tajfel und seinen Nachfolgern zeigen, dass wir genau dies tun.

Einen ganz ähnlichen Befund liefert die Forschung zum Ostrazismus. Das Wort Ostrazismus ist abgeleitet vom sogenannten Scherbengericht in Athen, bei dem über die Verbannung von Bürgern entschieden wurde – der Name wurde dabei auf eine Scherbe (Ostrakon) geritzt. Wie wir unten noch sehen werden, wollte man damit unter anderem potentielle Diktatoren von der politischen Macht fernhalten. Heute steht Ostrazismus ganz generell für den Ausschluss aus einer Gruppe.

Ein solcher Ausschluss war früher mit hohen Risiken verbunden – man verlor schließlich den lebenswichtigen Schutz und die Unterstützung der Gruppe. Es ist daher nicht weiter verwunderlich, dass Menschen darauf sehr negativ reagieren: Das Selbstbewusstsein und das Gefühl, Kontrolle über das eigene Leben zu haben, werden beeinträchtigt, die Sinnhaftigkeit des eigenen Lebens wird in Frage gestellt, schmerzähnliche Symptome treten auf, die kognitiven Leistungen werden beeinträchtigt, ja, es kann sogar zu Selbstmordversuchen kommen.[17]

Weil ein derartiger Ausschluss eine massive Ablehnung der eigenen Person darstellt und überdies schwerwiegende Konsequenzen haben kann, lassen sich diese Reaktionen bestens nachvollziehen. Überraschend ist allerdings, dass wir auch dann so reagieren, wenn wir mit der Gruppe, die uns ausschließt, gar nichts zu tun haben wollen. So fühlten sich Versuchspersonen, die den rassistischen Ku-Klux-Klan prinzipiell ablehnen, verletzt, als sie durch Mitglieder ebendieses Ku-Klux-Klans von einem Spiel ausgeschlossen wurden. Die Reaktion der Versuchspersonen war praktisch genauso wie beim Ausschluss durch eine Gruppe, die sie *nicht* ablehnten.[18] Die Autoren der Studie vermuten, dass es sich hier um einen sehr basalen psychologischen Mechanismus handelt, der früh in der Evolution entstanden ist. Eine Art Erbe also aus lange vergangenen Phasen der Entwicklungsgeschichte. Und dieses Erbe funktioniert weitgehend unabhängig von unseren höheren kognitiven Prozessen – also von eben den Prozessen, die nötig sind, um den rassistischen Charakter des Ku-Klux-Klans zu erkennen.

Es gibt noch weitere Belege dafür, wie unser evolutionäres Erbe unser Sozialverhalten mitbestimmt. Ein Beispiel ist das Schwarmverhalten, wie es z. B. bei Fischen und Vögeln zu beobachten ist. Bei den Bewegungen eines solchen Schwarmes können beeindruckende Muster entstehen. Doch die Regeln, die dem Verhalten von Schwärmen zugrunde liegen, sind ganz simpel – nicht zuletzt deshalb sind sie so nützlich für den gesamten Schwarm. Die einzelnen Mitglieder des Schwarms müssen einfach nur darauf achten, dass sie immer einen gewissen Abstand zu ihren Nachbarn einhalten, sie dürfen sich nicht zu weit entfernen, ihnen aber auch nicht zu nahe kommen – der Rest geht quasi von alleine.

Wenn dann ein paar Fische z. B. am Rande des Schwarms einen Feind entdecken, leiten sie mit ihrer Fluchtreaktion gleich den ganzen Schwarm von dem potentiellen Angreifer weg. Dazu müssen diese Fische allerdings ein charakteristisches Bewegungsverhalten erkennen lassen: Sie müssen sich schnell und entschieden in eine bestimmte Richtung bewegen.[19] Dieser Mechanismus ist ebenso einfach wie nützlich: Gruppenmitglieder, die eine wichtige Entdeckung gemacht, also einen Feind oder eine Nahrungsquelle gefunden haben, zeigen generell ein relativ auffälliges, zielgerichtetes Verhalten.[20] Die anderen Gruppenmitglieder erkennen dieses Verhalten und folgen ihm im Allgemeinen. Damit kommt die Information über einen Feind, über die zunächst nur eine Minderheit verfügt, allen zugute.

Sofern es um Fischschwärme geht, ist dieses Verhalten nicht wirklich überraschend – überraschend ist eher, dass dieser Mechanismus auch bei Menschen funktioniert. Auch bei uns kann eine kleine Minderheit eine ganze Gruppe zu einem bestimmten, charakteristischen Bewegungsverhalten veranlassen. Wenn diese Minderheit z. B. ständig im Kreis geht, wird nach einiger Zeit die gesamte Gruppe sich im Kreis bewegen, und zwar ohne dass die Initiatoren dieser Bewegung bekannt sind, ja, ohne dass sie selbst einander kennen. Auch menschliche Gruppen können auf diese Weise schneller ein bestimmtes Ziel erreichen, indem sie instinktiv einer informierten Minderheit folgen, die das Ziel kennt.[21] Offensichtlich ist aber auch, dass dieses gemeinsame Erbe von Mensch und Fisch schwerwiegende Probleme aufwirft: Es ist nicht immer eine gute Idee, irgendwelchen selbsternannten Führern oder Propheten hinterherzulaufen; auch Massenpaniken können auf diese Weise entstehen.

In jedem Falle zeigen diese Beispiele, wie stark soziale Fähigkeiten, die z. T. schon früh in der Evolution entstanden sind, immer noch unser Verhalten beeinflussen. Die Konsequenzen mögen in einigen Fällen fatal sein, doch ohne diese Fähigkeiten hätte die Menschheit wohl nie die kulturellen und geistigen Leistungen erbracht, auf die wir heute so stolz sind. Dieser Einfluss wird uns allerdings häufig gar nicht bewusst.

Hinzu kommt, dass unser Sozialverhalten nicht etwa ein sorgfältig aufeinander abgestimmtes, stimmiges System von Verhaltensweisen ist, die alle einem gemeinsamen Ziel dienen. Ganz im Gegenteil. Es handelt sich vielmehr um eine Art Werkzeugkasten, und die einzelnen Werkzeuge sind von der Evolution zu ganz unterschiedlichen Zeiten zu ganz unterschiedlichen Zwecken entwickelt worden. Das bedeutet nicht nur, dass wir viele dieser Fähigkeiten mit sehr viel einfacheren Lebewesen teilen, es bedeutet auch, dass einige dieser Fähigkeiten zwar Fischen und Vögeln wichtige Vorteile geboten haben mögen, für den modernen Menschen in komplexen sozialen Zusammenhängen aber unter Umständen sehr bedenkliche Konsequenzen haben: Für einen Fisch mag es sinnvoll sein, seinem Nachbarn zu folgen, in einer modernen Großstadt dürfte dies im Allgemeinen eine weniger gute Idee sein. Doch obwohl wir längst andere, wesentlich treffsicherere Mittel der Orientierung und Handlungssteuerung entwickelt haben, wirken die alten Mechanismen immer noch.

Einige klassische Experimente zum Gruppenverhalten

In welchem Maße dies gilt, und welche Konsequenzen dies im Einzelfall hat, ist in vielen sozialpsychologischen Studien erforscht worden. Diese Studien bestätigen gleichzeitig die beiden oben genannten Beobachtungen: Der Einfluss unserer sozialen Fähigkeiten reicht weit über unsere Erwartungen hinaus, und er entgeht häufig unserer Aufmerksamkeit.

Dies gilt insbesondere für unsere Neigung zur Konformität, also unsere Tendenz, uns an das Verhalten, die Ziele und die herrschenden Meinungen unserer Gruppe anzupassen. Auch dieses Verhalten ist aus der Perspektive einer Gruppe sinnvoll. Sie würde sich schnell auflösen, wenn ihre Mitglieder sich nicht aufeinander einstellen würden. Doch gleichzeitig widerspricht diese Anpassung an vielen Stellen dem Bild, das wir von uns selbst haben: als autonome Individuen, die nur das tun, wozu sie sich nach reiflicher Überlegung selbst entschlossen haben.

Das Robbers Cave Experiment von Muzafer Sherif

Beginnen wir mit einigen grundlegenden sozialpsychologischen Studien zur Funktion von Gruppenbindungen. Eine der ersten Studien ist das *Robbers Cave Experiment* von Muzafer Sherif und Carolyn Wood Sherif.[22] Die Erkenntnisse dieser Studie werden sich im Folgenden noch als sehr wichtig für das Verständnis zentraler Entwicklungen in der jüngeren Vergangenheit erweisen.

Muzafer Sherif, der selbst mit zwölf Jahren fast bei einem ethnischen Konflikt ums Leben gekommen wäre,[23] interessierte sich Zeit seines Lebens für die Dynamik, die bei Konflikten und Kooperationen zwischen Gruppen entsteht. Eines seiner wichtigsten Experimente fand statt in Form von zwei Pfadfinderlagern im Robbers Cave State Park in Oklahoma, an denen 24 zwölfjährige Jungen aus Mittelklassefamilien teilnahmen. Die Jungen kannten einander vor dem Experiment nicht; auch die Existenz eines anderen Lagers in der unmittelbaren Umgebung war ihnen zunächst nicht bekannt.

Die erste Phase des Experimentes diente der Gruppenbildung: Die Jungen jeweils einer Gruppe lernten einander in gemeinsamen Unternehmungen kennen, sie schlossen Freundschaften miteinander, bildeten halbwegs stabile Gruppenstrukturen aus und bestimmten Namen, Lieder und Symbole für ihre Gruppe. Es dauerte nicht lange, bis jede Gruppe erkannte, dass es in ihrer Nähe noch ein weiteres Lager gab, was umgehend für Spannungen zwischen den Gruppen sorgte.

In der zweiten Phase wurden diese Spannungen planmäßig durch die Experimentatoren verschärft: Unterstellt wurde dabei, dass Konkurrenz den Konflikt *zwischen* den Gruppen anheizen, gleichzeitig aber auch den Zusammenhalt *innerhalb* jeweils einer Gruppe stärken würde. Die Experimentatoren veranstalteten zu diesem Zweck eine ganze Reihe von Wettkämpfen wie Tauziehen, Fußball oder Baseball, bei denen es einen Preis zu gewinnen gab. Auch sonst ließ man die Gruppen um knappe Güter wetteifern, so dass in der Regel eine Seite zu kurz kam.

Wie erwartet, führte die Konkurrenz dazu, dass beide Lager zunehmend aggressiver aufeinander reagierten. Sie beschimpften einander, es kam zu tätlichen Auseinandersetzungen und zu gegenseitigen Überfällen. Gleichzeitig verbesserte sich der Zusammenhalt *innerhalb* jeder einzelnen Gruppe – auch das hatten die Experimentatoren erwartet. Besonders wichtig für das Verständnis moderner westlicher Gesellschaften: Wenn eine Gruppe unter äußerem Druck stand, dann verstärkte sich die innere Solidarität unter den Mitgliedern, und demokratische Verfahren gewannen an Bedeutung. Das macht Sinn: Man war in solchen Auseinandersetzungen auf jedes Mitglied angewiesen, also durfte keiner zurückgelassen oder übergangen werden. Daher wurden auch die schwächeren Gruppenmitglieder in höherem Maße unterstützt, gleichzeitig gewannen die Anführer der Gruppen an Autorität.

Als man die Versuchspersonen um eine Bewertung aller Teilnehmer bat, schnitten die Mitglieder der jeweils eigenen Gruppe äußerst positiv ab, während die konkurrierende Gruppe denkbar schlecht wegkam.[24] Kaum nötig zu erwähnen, dass Freundschaften praktisch ausschließlich innerhalb der Lager geschlossen wurden; Freundschaften über Gruppengrenzen hinweg dagegen waren praktisch tabu.

All dies änderte sich, als es den Experimentatoren in der dritten Phase gelang, die Spannungen zwischen den Lagern wieder zu verringern. Ausgangspunkt war dabei die Annahme, dass miteinander verfeindete Gruppen wieder zusammenwachsen, wenn sie gemeinsame Ziele haben, die sie nur durch Kooperation erreichen können. Konkret ging es in einem Fall darum, die (von den Experimentatoren blockierte) Wasserversorgung beider Camps wieder in Gang zu bringen, bei einer anderen Gelegenheit musste ein »defekter« Lastwagen angeschleppt werden, der die Verpflegung holen sollte, aber – aufgrund eines Eingriffs der Experimentatoren – nicht startete. Beide Ziele konnten nur erreicht werden, weil beide Lager mit anpackten.

Die Maßnahmen zeigten Wirkung: In der Folge verringerten sich die Aggressionen *zwischen* den Gruppen; später entstanden sogar Freundschaften über die Gruppengrenzen hinweg, und die Mitglieder des jeweils anderen Lagers wurden zusehends positiver bewertet. Doch auch die Beziehungen innerhalb jeder einzelnen Gruppe veränderten sich. Hatte der äußere Konflikt zu einer Verstärkung der inneren

Solidarität geführt, so nimmt umgekehrt der innere Zusammenhalt ab, sobald der äußere Konflikt beigelegt ist – auch dies wird sich im Folgenden noch als sehr wichtig erweisen. Konkret werden die Mitglieder der eigenen Gruppe nun ein ganzes Stück schlechter bewertet als während des Konfliktes in der Phase zwei,[25] außerdem sinkt die Zahl der Freunde aus dem jeweils eigenen Lager.

Sherifs Experiment liefert wichtige Erkenntnisse über die Beziehungen zwischen Gruppen wie auch über deren innere Dynamik, insbesondere im Falle von Konflikten. Es bildet damit die Basis für die *Realistische Theorie des Gruppenkonflikts*,[26] auf die ich weiter unten in Kapitel fünf noch eingehen werde. Sherifs Untersuchung demonstriert insbesondere, wie stark der innere Zusammenhalt einer Gruppe von äußeren Konflikten beeinflusst wird. Dies geht weit über die allgemein bekannte Tatsache hinaus, dass Gruppen eine Art Burgfrieden schließen, wenn sie unter äußeren Druck geraten. Sherifs Experiment zeigt nicht nur, wie stark die Beziehungen zwischen den Gruppenmitgliedern, die Einführung von demokratischen Verfahren und die gegenseitige Wertschätzung von äußeren Konflikten beeinflusst werden; es demonstriert auch, wie die Fürsorge für unterprivilegierte Gruppenmitglieder und die Position von Anführern bei abnehmendem äußeren Druck schwächer werden.

Im Falle von äußeren Konflikten tragen alle diese Reaktionen dazu bei, den Zusammenhalt einer Gruppe zu stärken – also dann, wenn es um die Existenz der Gruppe geht. Offenbar ist unsere soziale Intelligenz bestens auf solche Konfliktfälle vorbereitet, und das ist nicht weiter verwunderlich: Gruppen, die sich in solchen Situationen innere Auseinandersetzungen leisteten, dürften ihre Überlebenschancen in der Entwicklungsgeschichte der Menschheit drastisch vermindert haben. Sie gehören daher wohl nicht zu unseren Vorfahren.

Wie bereits angedeutet, liefern Sherifs Experiment und die aus diesem Experiment entwickelte Theorie wichtige Aufschlüsse für die politischen Entwicklungen der jüngeren Vergangenheit. Auch dort spielt die Verstärkung des inneren Zusammenhalts als Reaktion auf äußeren Druck eine entscheidende Rolle. Der äußere Druck ergibt sich dabei nicht nur aus den Nachwirkungen der Schrecken der großen Kriege des 20. Jahrhunderts, sondern auch aus der anhaltenden Blockkonfrontation zwischen Ost und West in der Nachkriegszeit. Dieser Druck führt zu einer massiven Verstärkung des inneren Zusammenhaltes, der sich u. a. in der Einrichtung aufwendiger Wohlfahrtsprogramme und kompensatorischer Steuersysteme zeigt. Mit dem Verblassen der Erinnerung an die Schrecken der Kriege, dem Nachlassen der Blockkonfrontation und schließlich dem Zusammenbruch des Warschauer Paktes nimmt nicht nur der äußere Druck ab, vielmehr geht auch der innere Zusammenhalt merklich zurück – ein Prozess, der bis heute anhält. Die Erfolge rechtspopulistischer Parteien in der jüngeren Vergangenheit lassen sich zumindest teilweise durch diese Entwicklung erklären.

Milgram

Die soziale Dynamik in dem Experiment von Sherif hatte sich anfänglich quasi von selbst, praktisch ohne äußeren Einfluss entwickelt – doch was würde passieren, wenn eine anerkannte Autorität Versuchspersonen zu einer Handlung auffordert? Und zwar zu einer Handlung, zu der unter normalen Bedingungen praktisch niemand bereit wäre, z. B. weil damit das Leben einer völlig unschuldigen Person aufs Spiel gesetzt würde?

Genau das war die Frage, die der amerikanische Psychologe Stanley Milgram in seinen mittlerweile berühmten Experimenten zu beantworten suchte.[27] Tatsächlich kann sich praktisch niemand vorstellen, so etwas zu tun. Ich kann mir nicht vorstellen, so etwas zu tun, und Sie können es auch nicht. Und Psychologie-Studenten aus Yale schätzten, dass nur ein Prozent der Bevölkerung bereit wäre, jemanden mit potentiell tödlichen Schocks von 450 Volt zu traktieren. Ähnlich antworteten normale Erwachsene und Psychiater. Doch die Experimente von Milgram geben ein völlig anderes Bild. Sie zeigen damit noch einmal ganz drastisch, wie schlecht wir über unser eigenes Sozialverhalten Bescheid wissen: Faktisch waren nicht *ein* Prozent, sondern mehr als *sechzig* Prozent der Versuchsteilnehmer bereit, das Leben anderer mit solchen potentiell tödlichen Stromstößen zu gefährden!

Milgram inszenierte seinen Versuch als ein Lernexperiment. Die Versuchspersonen sollten einem angeblichen Schüler Wortpaare beibringen. Gab er falsche Antworten, dann sollte er von der Versuchsperson Stromschläge bekommen. Der Schüler war in Wirklichkeit ein Schauspieler in den Diensten des Versuchsleiters, und er tat nur so, als erhielte er Stromschläge. Diese begannen sehr schwach mit 15 Volt, steigerten sich aber mit der Zahl falscher Antworten auf bis zu 450 Volt. Obwohl die Knöpfe des Schockgenerators eindeutige Warnhinweise trugen (»Gefahr: Schwerer Schock«) und der angebliche Schüler auf seine Herzprobleme hinwies, laute Schmerzensschreie ausstieß und den Abbruch des Versuchs verlangte, gingen mehr als 60 % der Versuchspersonen bis zur letzten Stufe von 450 Volt. Zwar gerieten sie bei den stärkeren Stromstößen offenbar in schwere Konflikte, doch die Mehrheit ließ sich von dem Versuchsleiter im Namen der Wissenschaft dazu bringen, bis zum bitteren Ende durchzuhalten und dem angeblichen Schüler nicht nur schwere Schmerzen zu bereiten, sondern sogar dessen Leben aufs Spiel zu setzen. Der soziale Einfluss vonseiten einer wissenschaftlichen Autorität ist offenbar wesentlich stärker als die Überzeugungen und moralischen Prinzipien der Versuchspersonen, und er geht dabei drastisch über das Maß hinaus, das wir uns vorstellen können.

Asch

Die bisherigen Versuche haben gezeigt, wie tiefgreifend unsere Mitmenschen unser Verhalten beeinflussen können. Doch dieses Verhalten wird von einer Vielzahl von Faktoren bestimmt, zudem gibt es in den meisten Situationen keine eindeutigen Maßstäbe dafür, was richtig und was falsch ist. Man könnte daher argumentieren, dass die Versuchspersonen in den Experimenten von Sherif und Milgram nur deshalb so leicht zu beeinflussen waren, weil es keine klaren Maßstäbe dafür gab, was sie hätten tun sollen – auch das Milgram-Experiment fängt ja ganz harmlos an. In Fällen dagegen, wo es klare Maßstäbe für richtig und falsch gibt, seien wir längst nicht mehr so leicht zu beeinflussen – so zumindest könnte man unsere Urteilsfähigkeit verteidigen.

Schauen wir uns die Sache genauer an. Einfache Wahrnehmungsaufgaben, die eine eindeutige Lösung haben, bieten

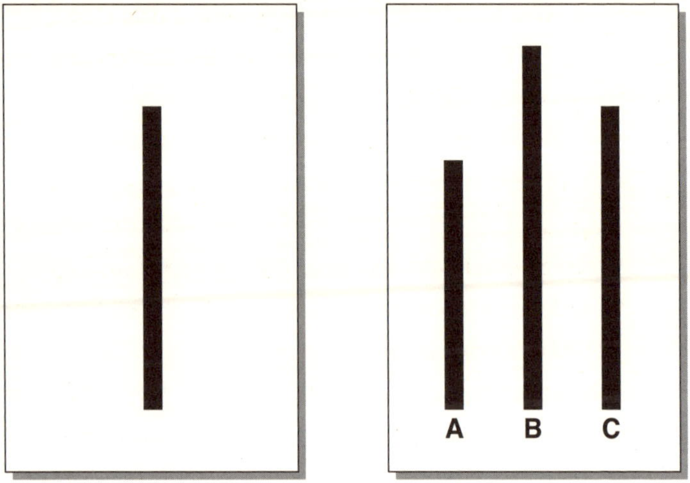

Abb. 1: Die Linien von Asch
Das Experiment von Solomon Asch. Die Versuchspersonen sollten angeben, welche der Linien auf der rechten Seite genauso lang ist wie die Vergleichslinie links.
Quelle: Von Fred the Oyster, CC BY-SA 4.0, https://commons.wikimedia.org/w/index.php?curid=36619962

eine hervorragende Möglichkeit, diesen Einwand zu überprüfen: Es mag sein, dass wir Befehlen gehorchen, die wir besser verweigert hätten. Aber wir würden niemals behaupten, zwei offensichtlich ungleiche Kreise oder Linien seien gleich, nur weil uns das jemand einreden will.

Genau dieser Frage war Milgrams Doktorvater, der polnisch-amerikanische Sozialpsychologe Solomon Asch, bereits in den 1950er Jahren nachgegangen: Können soziale Einflüsse unsere Antworten auf sehr einfach zu lösende Wahrnehmungsaufgaben beeinflussen? In Aschs ursprünglichen Experimenten sollten die Versuchspersonen nur die Länge einfacher Linien miteinander vergleichen: Zuerst bekamen sie eine Karte mit einer Referenzlinie, danach eine

Karte mit drei Vergleichslinien. Von denen war eine Linie genauso lang wie die Referenzlinie; von den beiden anderen war eine wesentlich länger, die andere wesentlich kürzer. Die Aufgabe bestand darin, die beiden gleich langen Linien zu bestimmen, und sie war so simpel, dass es praktisch keine Fehler gab, solange die Versuchspersonen allein antworteten.

In einer zweiten Bedingung mussten die Versuchspersonen die Aufgabe jedoch in einer Gruppe von etwa 8 Personen lösen. Natürlich gab es auch hier wieder einen Trick: Den Probanden wurde erzählt, die anderen Gruppenmitglieder seien ebenfalls Versuchspersonen, tatsächlich aber handelte es sich um Mitarbeiter des Versuchsleiters. Und das war nicht alles. In einigen Runden des Experiments gaben sämtliche Mitarbeiter dieselbe ganz offensichtlich falsche Antwort. Die Versuchsperson kam als letzte dran, also nachdem alle anderen schon geantwortet hatten. Der Effekt war massiv: Während die Fehlerquote ohne Beeinflussung wie gesagt bei weniger als 1 % lag, schnellte sie nun auf knapp 37 % hoch.[28] Dieser Effekt blieb auch dann erhalten, als man die Längenunterschiede zwischen den Linien noch größer machte, als sie ohnehin schon waren. Immerhin musste die Gruppe eine Mindestgröße haben – unterhalb von vier Personen nahm der Effekt stark ab.[29] Dasselbe passierte, wenn auch nur ein einziger Mitarbeiter ausscherte und die richtige Antwort gab.

Die Befunde sind umso erstaunlicher, als ja – anders als bei Milgram – niemand den echten Versuchspersonen eine bestimmte Antwort vorschrieb. Dennoch fühlten sich die Versuchspersonen offenbar unter Druck. Das zeigen nicht nur die Aussagen, die sie in einer Befragung nach dem Versuch machten, sondern auch ein Nachfolgeexperiment, in dem man seine Antwort auf einen Zettel schreiben konnte, ohne dass die anderen Mitglieder der Gruppe davon erfuhren – auch in diesem Falle nahm der Effekt dramatisch ab; nur in sehr wenigen Fällen ließen sich die Versuchsteilnehmer dann noch von der Gruppe beeinflussen.[30]

Alle diese Ergebnisse scheinen dafür zu sprechen, dass die Versuchsteilnehmer in einen bewussten Konflikt gerieten: Auf der einen Seite erkannten sie die richtige Antwort, auf der anderen Seite fühlten sie sich unter Druck, sich der Mehrheit anzuschließen, die eine offenbar falsche Antwort gab. Mittlerweile gibt es jedoch neuere Befunde, die diese Interpretation in Zweifel ziehen. Neurowissenschaftliche Studien deuten nämlich darauf hin, dass das Urteil der Mehrheit schon die bloße Wahrnehmung der Versuchspersonen beeinflusst. In diesem Falle würde man den Fehler der Mehrheit nicht mehr oder zumindest nicht mehr so deutlich erkennen, weil einem z. B. eine eigentlich zu kurze Linie etwas länger vorkommt![31] Trifft diese Interpretation zu, dann würde uns der Gruppeneinfluss also gar nicht mehr vollständig zu Bewusstsein kommen! Bemerkenswert ist schließlich noch, dass auch kulturelle Hintergründe darüber entscheiden, wie stark wir uns von der Gruppe beeinflussen lassen. Versuchspersonen aus eher kollektivistischen Kulturen lassen sich stärker beeinflussen als Versuchspersonen mit einem individualistischen kulturellen Hintergrund; außerdem sprechen spätere Wiederholungen der Asch-Experimente dafür, dass der Grad des Konformismus in den westlichen Ländern mittlerweile abgenommen hat.[32]

Es wird sich jedoch weiter unten zeigen, dass das Gruppendenken einen wichtigen Einfluss auch im Bereich des politischen Denkens hat. Dabei geht es nicht allein um unsere politischen Vorlieben – dass die von äußeren Faktoren beeinflusst werden, dürfte ohnehin kaum jemand bezweifeln. Beeinflusst wird aber auch die Wahrnehmung einfacher Fakten. Jay van Bavel hat eine ganze Reihe von Belegen dafür vorgelegt, dass unsere politischen Einstellungen in einem z. T. grotesken Maße mitbestimmen, was wir sehen und wie wir uns erinnern.[33] Ich werde hierauf weiter unten in Kapitel sechs zurückkommen.

Zwischenbilanz

Fassen wir zusammen. Die Experimente von Sherif, Milgram und Asch bestätigen noch einmal ganz eindringlich die beiden Punkte, die wir oben bereits hervorgehoben hatten: Zum einen ist unser Verhalten massiv von sozialen Einflüssen abhängig. Soziale Einflüsse können uns in schwere Konflikte hineinziehen (Sherif), sie können uns zu einem Verhalten veranlassen, das wir eigentlich völlig missbilligen und normalerweise niemals zeigen würden (Milgram), zudem haben sie weitreichende Auswirkungen auf unsere Urteile und selbst auf unsere Wahrnehmung (Asch). Zweitens wurde hier auch deutlich, dass diese Einflüsse sich häufig unserer bewussten Kontrolle entziehen. Sie reichen daher nicht nur wesentlich weiter, als wir das selbst erwarten, vielmehr fällt es schwer, sich gegen sie zu wappnen. Die Experimente von Sherif zeigten zudem, dass Verhalten und Struktur von Gruppen sehr stark von äußeren Konflikten beeinflusst werden. Vor allem der innere Zusammenhalt wird durch äußeren Druck gestärkt, er nimmt ab, wenn der äußere Druck nachlässt.

Diese Befunde erklären zudem, warum unser Verhalten häufig unvernünftig erscheinen mag – zumindest solange man die unmittelbaren Interessen und Überzeugungen des Einzelnen zugrunde legt: Es ist für mich offenbar nicht vernünftig, mich von den falschen Behauptungen anderer Teilnehmer in den Experimenten von Asch zu einer ebenfalls falschen Aussage hinreißen zu lassen. Genauso wenig ist es vernünftig, wenn ich im Kreis herumlaufe, nur weil ein paar andere Versuchsteilnehmer das auch machen, mich zu ärgern, wenn eine Gruppe mich ausschließt, mit der ich nichts zu tun haben will, oder mich vom Versuchsleiter im Milgram-Experiment dazu verleiten zu lassen, das Leben eines anderen Menschen aufs Spiel zu setzen.

Dennoch folgen diese Verhaltensweisen einer Logik – sie tragen bei zur Sicherung unserer Existenz als Gruppenwesen. Doch sie tun das nicht nur hinter unserem Rücken, sondern auch mit Mitteln, die sich zwar irgendwann einmal in der Evolution als vorteilhaft erwiesen haben, unter den heutigen Bedingungen einer hochindividualisierten Gesellschaft aber völlig kontraproduktiv sein können. Selbst wenn wir uns als soziale Wesen begreifen, ist es immer noch nicht sinnvoll, sich von anderen dazu verleiten zu lassen, im Kreis herumzulaufen, Leute zu bevorzugen, nur weil uns jemand erzählt hat, sie gehörten zu unserer Gruppe, oder sich verletzt zu fühlen, nur weil ein paar Halbnazis einen von ihren Spielen ausschließen.

Deutlich wurde außerdem, dass unsere sozialen Fähigkeiten nicht etwa ein konsistentes System bilden, dessen einzelne Bestandteile sorgsam aufeinander abgestimmt wären. Vielmehr stellen sie eine Art Sammlung von Mechanismen dar, die zu unterschiedlichen Zeiten unter völlig unterschiedlichen Bedingungen in der Evolution zustande gekommen sind: Einige dieser Fähigkeiten haben wir offenbar aus frühen

Phasen der Evolution geerbt, als unsere weit entfernten Vorfahren noch in Schwärmen lebten. Im Gegensatz dazu dürfte unsere Neigung, uns mit unseren Urteilen an der Gruppenmeinung zu orientieren, wesentlich später unter völlig anderen Umständen entstanden sein. Das hat zur Folge, dass unser Sozialverhalten zu Widersprüchen neigt. Ein solcher Widerspruch tritt z. B. dann auf, wenn wir gekränkt auf den Ausschluss aus einer Gruppe reagieren, mit der wir doch eigentlich gar nichts zu tun haben wollen.

Doch was hat all das mit Macht zu tun? Der Grund ist einfach. Damit das Leben in Gruppen wirklich vorteilhaft ist, müssen die Aktivitäten der Mitglieder miteinander koordiniert werden; zudem sollten wir Konflikte möglichst vermeiden, weil sie die Zusammenarbeit erschweren, hohen Aufwand erfordern und zu Verletzung oder gar Tod der Kontrahenten führen können. Zweifellos haben die gerade skizzierten sozialen Fähigkeiten hier einen entscheidenden Anteil, schließlich sorgen sie auf vielfältige Weise dafür, dass wir unser Verhalten an das unserer Mitmenschen anpassen.

Aber die bislang genannten Mechanismen führen immer nur zu einer Anpassung im Einzelfall, sie können mein Handeln mit dem meiner unmittelbaren Umgebung koordinieren – doch sie vermögen nicht zu garantieren, dass eine gesamte Gruppe koordiniert und halbwegs konfliktfrei handelt. Hierzu sind dauerhafte Strukturen erforderlich, die das Verhalten aller einander angleichen, und die Koordination bei der Nahrungssuche, der Verteidigung oder der Entwicklung von kulturellen Fähigkeiten erleichtern. Notwendig sind hierzu, so lautet die erste Annahme, dauerhafte Machtstrukturen. Sie dienen, so hatte ich bereits mehrfach behauptet, der Koordination des Gruppenverhaltens und insbesondere der Vermeidung von Konflikten. Falls dies so ist, dann sollte man zweitens vermuten, dass Menschen und vielleicht auch andere soziale Lebewesen darauf vorbereitet sind, solche Machtstrukturen auszubilden und in ihnen zu leben.

2. Verhaltenstheorie der Macht

Im Folgenden möchte ich Belege für diese beiden Thesen vorlegen. Kommen wir zunächst zu der Frage, warum Machtstrukturen vorteilhaft für das Leben in Gruppen sind. Hier liefern Studien aus der vergleichenden Tierforschung wichtige Erkenntnisse. Weil sie ein viel weiteres Spektrum von ganz unterschiedlichen Machtstrukturen bei ganz verschiedenen Lebewesen miteinander vergleichen, fällt es ihnen leichter, grundlegende Aussagen über die Funktion solcher Strukturen zu machen: Welche unterschiedlichen Typen von Machtstrukturen gibt es? Welche Vorteile bieten diese Strukturen? Da sich außerdem die kognitiven Fähigkeiten der verglichenen Tiere z. T. drastisch voneinander unterscheiden, werden so auch Aussagen über den Zusammenhang von Macht und sozialer Intelligenz möglich. Kann es also sein, dass nur intelligente Tiere komplexere Hierarchien bilden können? Welche Rolle spielt hier die soziale Intelligenz?

Kommen wir also zunächst zu den möglichen Vorteilen solcher Strukturen. Wie schon erwähnt, bietet das Zusammenleben in Gruppen reichlich Gelegenheit für Konflikte. Man kann sich um alles Mögliche streiten: um Nahrung, um

Beute, um Sexualpartner oder um ein bestimmtes Territorium. Wie bereits mehrfach erwähnt, führen solche Konflikte zu hohen Kosten: Sie kosten Zeit und Energie, erschweren das Zusammenleben und können zu Verletzungen oder gar zum Tod der Streitenden führen. Gute Gründe also, die Zahl solcher Konflikte möglichst zu reduzieren.

Tatsächlich hat die Evolution eine ganze Reihe von Strategien zur Konfliktvermeidung entwickelt, und genau hier kommen Machtstrukturen ins Spiel: Sie reduzieren die Zahl der Auseinandersetzungen und damit auch deren negative Folgen, indem sie den Zugang zu den umstrittenen Ressourcen regeln.

Bei einfachen Machtstrukturen entspricht das Ergebnis im Wesentlichen dem, was auch durch Konflikte zu erreichen wäre: Wer kräftig und konfliktbereit ist, steht oben in der Hierarchie und erhält daher mehr, wer dagegen schwach und konfliktscheu ist, steht unten und bekommt weniger. Mit modernen Vorstellungen von Gleichheit und Gerechtigkeit hat all das wenig zu tun. Dennoch bieten auch einfache Machtstrukturen einen erheblichen Vorteil: Sie reduzieren die Zahl der Verteilungskonflikte und stellen gleichzeitig geringere Anforderungen an die soziale Intelligenz der Beteiligten. Komplexere Machtstrukturen, so wird sich zeigen, verlangen ein wesentlich höheres Maß an sozialer Intelligenz, doch damit erreichen sie wichtige Fortschritte: Der Rang eines Individuums hängt hier nicht mehr allein von seinen physischen Kräften ab, ja die Hierarchien können wesentlich flacher sein, vor allem aber verbessert sich die Zusammenarbeit der Beteiligten. Dies gilt vor allem für die frühen menschlichen Gesellschaften, die vergleichsweise egalitär und kooperativ sind.

Damit deutet sich ein letzter wichtiger Punkt an. Es gibt eine Art Wettrüsten zwischen sozialer Intelligenz und der Komplexität einer Gesellschaft: Je komplexer die sozialen Strukturen werden, desto höher ist das Maß an sozialer Intelligenz, das erforderlich ist, um die Handlungen zu koordinieren und Konflikte zu entschärfen. Hält die soziale Intelligenz nicht Schritt mit dem Wachstum der Komplexität, dann kann die Koordination schlechter werden und die Zahl der Konflikte zunehmen. Wir werden sehen, dass dieses Problem nicht zuletzt in der Gegenwart eine wichtige Rolle spielt.

Der Gewinner / Verlierer-Effekt

Strategien zur Vermeidung von Konflikten finden sich schon bei einfachen Tieren. Ein Beispiel ist der sogenannte *Gewinner / Verlierer-Effekt.*[34] Er lässt sich bereits bei Fischen und Insekten beobachten, ist aber auch noch bei Menschen wirksam. Der Effekt führt dazu, dass Individuen nach dem Gewinn einer Auseinandersetzung wesentlich größere Chancen haben, auch künftige Konflikte zu gewinnen, außerdem lassen sie sich eher auf Kämpfe ein. Umgekehrt führt eine Niederlage dazu, dass man auch in der Folge leichter unterliegt und Auseinandersetzungen eher aus dem Weg geht. Die Strategie ist sehr einfach, aber effektiv bei der Verringerung von Konflikten: Im Extremfall würde nur noch eine kleine Minderheit von Tieren verbleiben, die die meisten Auseinandersetzungen gewonnen haben und daher weiterhin konfliktbereit wären, doch sie müssen diese Konflikte nicht mehr führen: Die Mehrheit, die bislang ihre Kämpfe großenteils verloren hat, geht nämlich den Konflikten aus dem Weg.

Insofern können sich hier schon erste Ansätze zu Machtstrukturen herausbilden. Zudem stellt diese Strategie nur sehr geringe Anforderungen an die soziale Intelligenz; sie funktioniert daher schon bei sehr einfachen Tieren. Diese müssen lediglich zwischen Siegen und Niederlagen unterscheiden können – im Prinzip reichen hier einfache hormonelle Reaktionen. Eine Erinnerung an konkrete Auseinandersetzungen (»Ich war kürzlich in der und der Auseinandersetzung unterlegen«) oder gar die Identifikation einzelner Gruppenmitglieder (»Ich war X unterlegen, habe aber gegen Y gewonnen«) ist hier nicht erforderlich.

Doch diese Strategie hat auch wichtige Nachteile: Zum einen setzt sie voraus, dass es zunächst einmal echte körperliche Auseinandersetzungen mit all ihren Kosten und Risiken gibt. Aus demselben Grund sind Machtstrukturen, die auf diese Weise entstehen, auch wenig stabil: Der Ausgang von gewaltsamen Auseinandersetzungen hängt von vielen Zufällen ab. Machtstrukturen, die auf dem *Gewinner/Verlierer-Effekt* basieren, können sich daher immer wieder ändern, sobald ein bisheriger Verlierer plötzlich auf der Gewinnerseite steht. Der Effekt macht dies weniger wahrscheinlich, doch er schließt es nicht aus. Solche Veränderungen können dann ihrerseits wieder neue Auseinandersetzungen nach sich ziehen. Schließlich ist diese Strategie wenig fokussiert: Im Überschwang nach einem Sieg nimmt man es vielleicht auch mit übermächtigen Gegnern auf, obwohl man hier chancenlos ist, und in der Depression nach einer Niederlage vermeidet man Konflikte, die man vielleicht gewinnen könnte.

Die Unterwerfungsstrategie

Hier setzt eine zweite Strategie an, die sogenannte *Unterwerfungsstrategie.* Sie ersetzt reale Auseinandersetzungen zumindest teilweise durch den Austausch von Signalen. Ein Tier, das einen Kampf gegen ein bestimmtes anderes Tier verloren hat, kann seinem Gegner beim nächsten Treffen signalisieren, dass es sich nun unterwirft. Der Schwächere gibt also nach und geht damit aber einer Auseinandersetzung aus dem Weg, die er wahrscheinlich verlieren würde.

Die Strategie ist wesentlich fokussierter als der *Gewinner/ Verlierer-Effekt:* Der *Gewinner/Verlierer-Effekt* verändert das Aggressionsverhalten ganz allgemein, also ganz unabhängig davon, wer einem gerade gegenübersteht. Die *Unterwerfungsstrategie* dagegen verändert das Verhalten nur gegenüber ehemaligen Kontrahenten, denen man unterlegen war. Zudem senkt man damit nicht einfach die Wahrscheinlichkeit einer weiteren Auseinandersetzung, sondern kann solche Konflikte fortan praktisch vollständig vermeiden. Offenbar führt diese Strategie zu einer wesentlich stärkeren Reduzierung der Konflikte und gleichzeitig auch zu festeren Machtstrukturen als der *Gewinner/Verlierer-Effekt.*

Gleichzeitig stellt die *Unterwerfungsstrategie* aber auch höhere Anforderungen an die eigenen kognitiven Fähigkeiten: Individuen müssen imstande sein, aus ihrer eigenen Konfliktgeschichte zu lernen und andere Gruppenmitglieder wiederzuerkennen. Sie müssen sich also erinnern, gegen wen sie gewonnen und gegen wen sie verloren haben.

Ein Nachteil der Strategie besteht darin, dass sich die Unterwerfung immer nur auf eine bestimmte Gelegenheit bezieht: Man unterwirft sich hier und jetzt. Morgen kann man sich wieder viel stärker fühlen und den Konflikt gegen einen stärkeren Gegner riskieren. Die Möglichkeit gewaltsamer Auseinandersetzungen bleibt also erhalten – dies bedeutet auch, dass alle Mitglieder permanent mit Auseinandersetzungen rechnen müssen. Jedes andere Gruppenmitglied ist ein potentieller Gegner: Das belastet auch die Möglichkeit, miteinander zu kooperieren. Aufgrund der immer noch recht großen Zahl gewaltsamer Auseinandersetzungen bleiben zudem die sozialen Verhältnisse instabil: Die Kämpfe können immer wieder neue Gewinner hervorbringen.

Signale im Spiel der Macht

Auf den ersten Blick mag es so aussehen, also würde zumindest auf dieser Stufe der Evolution noch die Konflikttheorie der Macht gelten. Macht scheint Konflikte durch die implizite Androhung von Gewalt zu regeln. Wer sich dem Mächtigeren nicht fügt, muss befürchten, dass es zu einem gewaltsamen Konflikt kommt. Zweifellos haben wir es hier mit einer »auf Zwang beruhenden Machtstruktur« zu tun, »die von einem kontinuierlichen Gebrauch von Aggression seitens der Mächtigen« abhängt.[35] Zudem entspricht das Ergebnis auch hier noch im Wesentlichen dem einer gewaltsamen Auseinandersetzung: Der Zugang zu den Ressourcen der Gruppe hängt ab vom Erfolg in gewaltsamen Auseinandersetzungen – je größer der eigene Erfolg, desto mehr Gruppenmitglieder werden sich einem unterwerfen, desto größer ist also die eigene Macht und damit auch der Anteil an den umstrittenen Gütern.

Gleichzeitig verlieren schon auf dieser Stufe der Entwicklung gewaltsame Konflikte an Bedeutung und psychologische Faktoren gewinnen an Gewicht.[36] Dabei wird nicht einfach nur die *faktische* Gewalt durch die *Erwartung* von Gewalt oder die Erinnerung daran ersetzt. Vielmehr eröffnet die Einführung von Signalen der Unterwerfung eine völlig neue Ebene im Spiel um die Macht. Gewalt kann dabei als Grundlage von Macht durch soziale Regeln und Zeichen ersetzt werden. Die Unterwerfungssignale sind dabei nur ein erster Schritt. Schon bei Tieren werden sie auf der nächsten Stufe ersetzt durch Signale der *Unterordnung*, die zu dauerhaften, vertragsähnlichen Hierarchien führen und damit den Gebrauch von Gewalt noch weiter zurückdrängen.

Noch später, in den frühen menschlichen Gesellschaften, tritt an ihre Stelle ein ganzes System von Symbolen und Regeln der Begründung und Darstellung von Macht, das im Laufe der menschlichen Geschichte immer weiter ausgebaut wird. Dazu gehören religiöse Symbole und Riten, die die Machthaber als Auserwählte der Götter oder gar selbst als Götter erscheinen lassen, aber auch Geschichten, Bilder und Rituale, in denen Herkunft und Leistungen der Machthaber gefeiert werden. Dazu gehören Gebäude, Kleiderordnungen, höfische Zeremonielle und andere Symbole wie Zepter, Kronen, Throne, in denen die Macht ganz unmittelbar veranschaulicht wird, nicht zuletzt aber auch Rituale der Anerkennung wie die Huldigung von Königen, die Akklamation in Volksversammlungen, die Zustimmung in Umfragen und Wahlen. Heute kommen schließlich die Likes bei Facebook und Twitter hinzu, mit denen jeder Einzelne ganz persönlich dazu beiträgt, die Macht Einzelner, aber auch den Zusammenhalt und die Identität der eigenen Gruppe zu stärken.

Die zentrale Bedeutung dieser Symbole und Rituale

kommt wohl nicht zuletzt in dem Aufwand zum Ausdruck, den die Machthaber aller Zeiten getrieben haben, um sich mit diesen Symbolen und Ritualen der Macht schmücken zu können: Generationen von Priestern, Künstlerinnen, Dichtern, Sängerinnen, Architekten und – Wissenschaftlerinnen verdanken dieser Symbolik der Macht ihre Existenz. Und wir verdanken ihr einige der wichtigsten Werke unserer Kunst- und Kulturgeschichte.

Systematisch verfolgt worden ist der Bedeutungsverlust von Gewalt in Norbert Elias' großem Werk ÜBER DEN PROZESS DER ZIVILISATION[37] und später von Steven Pinker. Am einfachsten kann man sich diesen Bedeutungsverlust vor Augen führen, indem man sich auf den Prozess des Erwerbs von Macht konzentriert. In einer Rinderherde oder einer Schimpansenhorde mag dazu eine physische Auseinandersetzung mit dem bisherigen Alphatier der geeignete Weg sein. Bei Menschen ist das anders. Selbst der Vorsitz in einem Boxverein dürfte nur schwer durch eine Schlägerei zu erobern sein, noch viel weniger geeignet ist diese Strategie, wenn man es darauf anlegt, eine führende politische Position zu gewinnen: Hier führt kein Weg daran vorbei, die Symbole und Riten der Macht und die hinter ihnen stehenden Mechanismen im eigenen Sinne zu nutzen, egal ob man dazu von einem Hohepriester als Gott ausgerufen werden muss, an die Spitze einer Beliebtheitsskala in Umfragen vordringen oder sich der Gefolgschaft von möglichst vielen Followern versichern muss, um viele Likes bei Facebook und Twitter zu erobern.

Die Unterordnungsstrategie

Doch wie gesagt: Dies ist nur der Endpunkt einer Entwicklung, die bereits mit dem Austausch von Signalen der Unterwerfung bei Tieren begonnen hatte. Gehen wir aber noch einmal einen Schritt zurück. Die bisher verfolgte Entwicklung vom *Gewinner / Verlierer-Effekt* bis zur *Unterwerfungsstrategie* setzt sich auf der dritten Stufe fort in der *Unterordnungsstrategie*. Diese Strategie besitzt wichtige Vorteile gegenüber der bloßen Unterwerfung, stellt aber gleichzeitig abermals höhere Anforderungen an die soziale Intelligenz der Gruppenmitglieder – das Wettrüsten setzt sich also fort. Während sich die Unterwerfung immer nur auf ein bestimmtes Zusammentreffen bezieht, gibt man mit Signalen der Unterordnung zu verstehen, dass man den Willen eines anderen Gruppenmitglieds *auf Dauer* akzeptiert. Hierdurch kommt eine Art von Vertrag zustande. Für das übergeordnete Individuum entfällt damit die Notwendigkeit permanenter Gewaltandrohung, wie sie erforderlich ist, um die Bereitschaft der Unterwerfung zu erhalten.

Es gibt noch einen weiteren Grund dafür, dass Signale der Unterordnung zu einer weiteren Zurückdrängung von Gewalt führen. Um abzuschätzen, ob sich ein Konflikt mit einem bestimmten Gruppenmitglied lohnt, ist man in diesem Falle nämlich nicht mehr darauf angewiesen, selbst einen gewaltsamen Konflikt mit genau diesem Individuum auszutragen. Vielmehr kann man sich die Erfahrung der anderen Gruppenmitglieder zunutze machen. Dazu muss man nur darauf achten, wie viele Unterordnungssignale das betreffende Individuum erhält. Sind es viele, dann sollte man einem Konflikt möglichst aus dem Wege gehen, sind es nur wenige, dann kann man vielleicht eine Auseinandersetzung riskieren. Damit können sich stabile Hierarchien bilden, die das Ausmaß der Gewalt massiv reduzieren und gleichzeitig bessere Voraussetzungen für die Zusammenarbeit der Gruppenmitglieder schaffen.

Die Anforderungen an die soziale Intelligenz sind dabei allerdings merklich höher: Die einzelnen Gruppenmitglieder müssen nämlich nicht nur in der Lage sein, einander zu identifizieren und die entsprechenden Signale zu verstehen. Den Rang eines Individuums in der Gruppenhierarchie können sie erst bestimmen, wenn sie die Menge der Unterordnungssignale abschätzen können, die ein Individuum erhalten oder gesendet hat.

Wir haben es hier also mit einem weiteren Schritt in der Psychologisierung von Macht zu tun. Neben der Reduzierung von Gewalt führt dieser Prozess auch zu einer größeren Stabilität der Gruppe. Wie bereits erwähnt, ist das Ergebnis physischer Auseinandersetzungen schwer vorherzusagen: Wer heute eine Niederlage einstecken muss, kann morgen auf der Gewinnerseite stehen. Selbst wenn ich bislang sämtliche Kämpfe gegen ein bestimmtes anderes Gruppenmitglied gewonnen habe, kann ich den nächsten Kampf mit ihm verlieren – diese Unvorhersehbarkeit dürfte einer der Gründe dafür sein, dass sportliche Wettkämpfe in praktisch jeder menschlichen Gesellschaft Massen mobilisieren können. Basiert mein Rang dagegen auf meiner Bilanz von Unterordnungssignalen, dann kommt es auf die Reaktionen *vieler* anderer Mitglieder an: Wenn ein Individuum mir plötzlich die entsprechenden Signale verweigert, ändert dies zunächst einmal sehr wenig an meiner Stellung innerhalb der Hierarchie. Dazu müssten viele Mitglieder ihre Einschätzungen meines Rangs ändern – und das kann dauern.

Doch wie sollen Tiere den Überblick über eine soziale Hierarchie behalten, die auf einer Statistik der Unterordnungssignale basiert? Es ist unwahrscheinlich, dass Makaken Buch darüber führen, wer solche Signale wie oft gesendet und empfangen hat. Selbst Menschen wären mit einer solchen Statistik überfordert, und zwar auch dann noch, wenn sie ständig ihren Computer dabeihätten. Viel wahrscheinlicher ist es, dass Tiere ebenso wie wir selbst solche Unterschiede und die ihnen zugrunde liegenden Signale intuitiv erfassen – automatisch, ohne eigens darauf zu achten, aber dafür auch ein Stück weit ihrer Kontrolle entzogen. Vermutlich ist es bei uns ebenso.

Mit der Etablierung des Prinzips der Unterordnung wird somit ein weiterer wichtiger Schritt im Übergang von einer gewaltbasierten zu einer auf soziale Intelligenz gegründeten Machtstruktur vollzogen. Der Verzicht auf das gewaltsame Austragen von Konflikten spart nicht nur wertvolle Ressourcen, er vergrößert auch die Stabilität und reduziert das Risiko für jedes einzelne Gruppenmitglied.

Darüber hinaus verbessern sich auch die Kooperationsmöglichkeiten innerhalb der Gruppe, wenn man nicht jedes andere Gruppenmitglied als potentiellen Feind ansehen muss, dem gegenüber man sich in Acht zu nehmen hat. Gemeinsame Ziele können an die Stelle der permanenten gewaltsamen Konkurrenz treten. Belege hierfür finden sich beileibe nicht erst in menschlichen Gesellschaften, Ansätze dazu gibt es schon bei Affen, genauer gesagt bei Makaken. So kennen z. B. Pigtailmakaken anders als Rhesusmakaken schon eine echte Unterordnungsstrategie. Das hat wichtige

Abb. 2: Merkel auf dem CDU Parteitag.
Alle Augen achten auf Dich! Mit ihrer Aufstellung, Körperhaltung und Blickrichtung symbolisieren die Beteiligten die Machtverhältnisse innerhalb der Gruppe; der Betrachter kann sie intuitiv erfassen. Foto vom 29. Parteitag der CDU 2016.

Konsequenzen: Gewalt- und Einschüchterungsrituale kommen daher bei den Pigtailmakaken seltener vor, die sozialen Beziehungen sind bei ihnen wesentlich vielfältiger als bei den Rhesusmakaken.[38]

Man muss stabile soziale Hierarchien weiß Gott nicht mögen. Und dieses Buch will nicht zuletzt Gründe liefern, die diese Abneigung rechtfertigen. Doch selbst wenn man all dies eingestellt, so ist nicht zu übersehen, dass solche Hierarchien einen wichtigen Fortschritt gegenüber sozialen Verhältnissen darstellen, die primär auf der Ausübung oder Androhung von Gewalt basieren.

Festzuhalten ist außerdem, dass die Weiterentwicklung von sozialen Beziehungen eng mit der Entwicklung von Intelligenz zusammenhängt. Grob vereinfacht kann man sagen, dass die Anwendung von Gewalt dabei zunehmend ersetzt wird durch eine intelligente Regelung sozialer Beziehungen, die Konflikte entweder ohne Anwendung von Gewalt auflöst oder sie – besser noch – von vornherein vermeidet. So kann ein bislang unterlegenes Tier durch die Unterwerfungsstrategie eine gewaltsame Auseinandersetzung mit einem bislang überlegenen Gruppenmitglied vermeiden, indem es diesem den Vortritt lässt. Dies setzt aber voraus, dass es schon einmal einen gewaltsamen Konflikt zwischen diesen Tieren gegeben hat.

Die Unterordnungsstrategie kann darauf verzichten, zudem vermag sie auch die Konflikte selbst zu vermeiden: Wer die Signale der Unterordnung zu lesen vermag, der kann den meisten gewaltsamen Auseinandersetzungen von vornherein aus dem Weg gehen. Intelligentere Tiere sind damit imstande, ihre Beziehungen so zu verbessern, dass *alle* einen Vorteil davon haben. Das ist vor allem deshalb wichtig, weil die Regelung sozialer Beziehungen kein Nullsummenspiel ist. Es geht nicht einfach darum, eine vorgegebene Menge von Gütern und Belastungen so oder anders zu verteilen. Wenn sich die Zusammenarbeit innerhalb einer Gruppe verbessert, dann stehen insgesamt mehr Güter zur Verfügung und die Summe der Belastungen, z. B. durch gewaltsame Konflikte, sinkt.

3. Fallstudie: Soziale Intelligenz und Egalitarismus in frühen menschlichen Gesellschaften

Es ist jedoch nicht schwer zu sehen, dass die bislang beschriebenen Gruppenstrukturen noch ein erhebliches Verbesserungspotential haben. Zweifellos tragen strikte soziale Hierarchien, wie sie sich z. B. bei Schimpansen finden, zur

Vermeidung oder Lösung vieler Konflikte bei; außerdem bieten sie große Vorteile gegenüber einfacheren Formen sozialer Beziehungen. Doch in solchen Hierarchien fällt in der Regel sehr viel für einige wenige Gruppenmitglieder und sehr wenig für die große Mehrheit ab. Sie widersprechen damit nicht nur unseren Vorstellungen von sozialer Gerechtigkeit, vielmehr dürften damit auch Bedingungen für die Kooperation zwischen den Gruppenmitgliedern geschaffen werden, die alles andere als ideal sind.

Dass hier tatsächlich noch einiges zu verbessern ist, wird spätestens dann deutlich, wenn man die sozialen Strukturen von Affenhorden mit denen früher menschlicher Gesellschaften vergleicht. Hier, d.h. in altsteinzeitlichen Horden von Jägern und Sammlern, sind die Machtstrukturen nämlich weitgehend egalitär. Christopher Boehm kommt in einer umfangreichen Literaturstudie zu frühen menschlichen Gesellschaften sogar zu dem Ergebnis, dass »egalitäres Verhalten einst definitiv alle menschlichen Gesellschaften bestimmt hat«.[39] Dieses Verhalten bietet damit wesentlich bessere Bedingungen für die Kooperation der Gruppenmitglieder und den Austausch von Beute und Werkzeugen.

Die Androhung von Gewalt im Innern spielt dabei nur noch eine untergeordnete Rolle. Die frühen Jäger und Sammler lebten in der Regel in kleinen Gruppen zusammen, deren Anführer nur begrenzte Macht besaßen. Überschritten sie ihre Kompetenzen, dann mussten sie mit Widerstand rechnen.[40] Einiges spricht dafür, dass soziale Emotionen wie Neid und Missgunst hier eine wichtige Rolle spielen;[41] möglicherweise gab es aber auch unbewusste automatische Mechanismen, die dafür sorgten, dass ein Mindestmaß an Gleichheit erhalten blieb.[42] Doch auch dieser Widerstand war längst nicht immer gewaltsam, er konnte in schlichter Befehlsverweigerung bestehen oder einfach darin, den Führer lächerlich zu machen.

> Außerdem ergibt sich die Gleichheit von Jägern und Sammlern aus der bewussten Zurückweisung von Versuchen, Dominanz zu erlangen. Diese Zurückweisung stellt ein wichtiges Gegengewicht zur menschlichen Neigung dar, Hierarchien zu bilden: Aktives Gleichmachen dient dazu, eine gemeinsame Ebene zu bewahren. Anthropologen haben viele unterschiedlich massive Methoden zur Beibehaltung der Gleichheit dokumentiert: Betteln, schnorren, stehlen tragen zu einer ausgeglichenen Verteilung von Ressourcen bei. Sanktionen gegen autoritäres Gehabe und Selbstdarstellung reichen von Klatsch, Kritik, Lächerlichmachen und Ungehorsam über Vertreibung und physische Gewalt bis zum Totschlag. Die Art der Führung ist hier subtil auf mehrere Gruppenmitglieder verteilt und veränderlich.[43]

Zudem gab es – anders als in späteren menschlichen Gesellschaften – praktisch keinen Privatbesitz. Das Wenige, was man besaß, stand allen zur Verfügung: Werkzeuge wurden ebenso miteinander geteilt wie die Beute. Dies kam offensichtlich der gesamten Gruppe zugute. Ein Werkzeug war schwierig herzustellen und das Jagdglück wechselhaft, zudem verdarben Beute und gesammelte Nahrungsmittel schnell. Offenbar war es besser, mit anderen zu teilen, als die Beute verkommen zu lassen – zumal man angesichts der Unberechenbarkeit des Jagdglücks bei nächster Gelegenheit auf die anderen angewiesen sein konnte.

Heute noch existierende Gruppen von Jägern und Sammlern erlauben es, die Regeln und Konventionen früher menschlicher Gesellschaften genauer zu beschreiben. So ist es z. B. bei den Hadza, einer Gruppe von mehreren hundert Jägern und Sammlern in Tansania, zwar üblich, dass die Gruppenmitglieder einzeln auf Nahrungssuche gehen und ihre Beute vor allem der eigenen Familie zugutekommen lassen. Doch die Gruppe erwartet, dass man seine Beute mit anderen teilt, und weil klare Hierarchien fehlen, kann man sich auch schlecht dagegen wehren. Der sonstige Privatbesitz ist gering und zu einem beträchtlichen Teil nicht sehr dauerhaft; zudem verteidigen die Hadza ihr Territorium auch nicht.[44]

Stimmen diese Überlegungen, dann setzen die steinzeitlichen Kulturen von Jägern und Sammlern die Entwicklung fort, die wir bereits bei sozial lebenden Tieren verfolgt hatten. Noch weiter als dort werden in den frühen menschlichen Gesellschaften gewaltsame Auseinandersetzungen innerhalb der Gruppe durch Machtstrukturen ersetzt, die eine gewaltlose Beilegung der Konflikte ermöglichen. Je mehr Gewalt zurückgedrängt und je weiter die sozialen Hierarchien eingeebnet werden, desto besser werden gleichzeitig die Bedingungen für die Kooperation zwischen den Gruppenmitgliedern, insbesondere bei der gemeinsamen Nutzung von Werkzeugen und Beute.

Es scheint angebracht, hier darauf hinzuweisen, dass unsere altsteinzeitlichen Vorfahren dennoch nicht in paradiesischem Frieden gelebt haben. Selbst wenn gewaltsame Konflikte im Inneren weitgehend zurückgedrängt wurden – im Verhältnis zu anderen Gruppen spielten Krieg und Gewalt offenbar eine wichtige Rolle.[45] Es gibt sogar Indizien dafür, dass die Menschen der Altsteinzeit kriegerischer waren als ihre Nachkommen in der folgenden Phase nach dem Beginn der Neolithischen Revolution.[46]

Steven Pinker z. B. hat gezeigt, dass in vorstaatlichen frühen menschlichen Gesellschaften die Wahrscheinlichkeit, durch eine kriegerische Auseinandersetzung ums Leben zu kommen, sehr viel höher lag, als es nach der Entstehung staatlicher Machtstrukturen der Fall war. Während etwa 15–25 % der Jäger und Sammler eines gewaltsamen Todes starben, sinkt das Risiko in den – nach heutigen Maßstäben immer noch extrem gewaltsamen – frühen Staaten auf etwa 5 %. Im 20. Jahrhundert mit seinen großen Kriegen fiel insgesamt weniger als ein Prozent der Bevölkerung den Kriegen zum Opfer, in der Gegenwart hat sich der Anteil der Kriegstoten noch einmal weiter um den Faktor 300 verringert.[47] Mit anderen Worten: Jäger und Sammler hatten ein mehr als viertausendfach höheres Risiko, bei einer kriegerischen Auseinandersetzung ums Leben zu kommen, als dies heute der Fall ist.

Dabei führten die Jäger und Sammler keine großen Kriege gegeneinander: Wirklich gefährlich war vielmehr die Vielzahl kleinerer Überfälle, mit denen die einzelnen Horden einander immer wieder dezimierten – auch um Konkurrenten bei der Nahrungssuche auszuschalten.[48] Es spricht einiges dafür, dass auch dieser permanente äußere Druck den Zusammenhalt in den kleinen Horden gestärkt hat. Wir werden diesen Punkt noch etwas genauer verfolgen, wenn es um die Entstehung der griechischen Demokratie geht.

Soziale Intelligenz

Doch kommen wir zurück zu den Machtstrukturen im Inneren früher menschlicher Gesellschaften. Warum haben unsere Vorfahren dort in halbwegs egalitären Verhältnissen gelebt, während in Affenhorden eine strikte Hierarchie herrscht? Immerhin hat es offenbar auch in menschlichen Gesellschaften aggressivere und friedlichere Mitglieder gegeben. Warum waren die starken und aggressiven Menschen also nicht in der Lage, ihre Gruppe so zu beherrschen, wie es die Alphatiere in Schimpansenhorden tun? Am fehlenden Willen dürfte es kaum gelegen haben.

Einen Grund hatte ich gerade bereits genannt: Vermutlich hat der permanente äußere Druck hier einen gewissen Anteil. Doch abgesehen davon, dass auch Affenhorden sich Auseinandersetzungen liefern: Der entscheidende Punkt ist wiederum die soziale Intelligenz. Wie wir bereits gesehen hatten, stellen kooperative Beziehungen weit höhere Anforderungen an die soziale Intelligenz als Machtstrukturen, die auf gewaltsamen Auseinandersetzungen basieren. Auch der Unterschied zwischen den Sozialstrukturen von Affen und denen von Menschen, so möchte ich zeigen, lässt sich durch Unterschiede in der sozialen Intelligenz erklären.

Tatsächlich ist es die soziale Intelligenz, die Menschen am deutlichsten von ihren nächsten Verwandten im Tierreich unterscheidet. Tomasello und Mitarbeiter haben gezeigt, dass Menschen sich bei den allgemeinen kognitiven Fähigkeiten bis zum Alter von etwa 2,5 Jahren auf demselben Niveau bewegen wie Schimpansen: Weder bei der Erfassung von räumlichen Beziehungen noch bei Größenverhältnissen oder Kausalrelationen vermögen Kinder in diesem Alter die

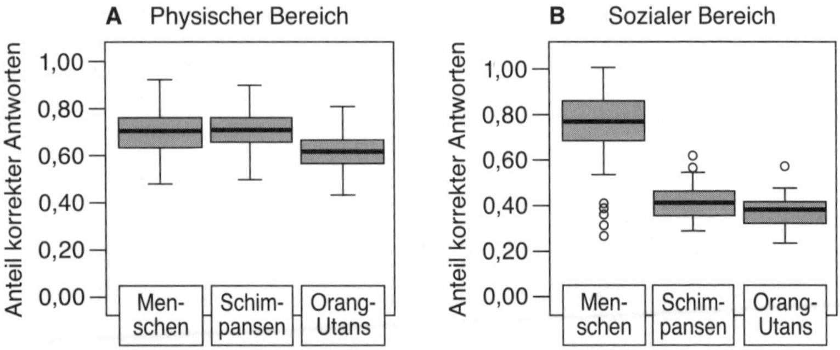

Abb. 3: Tomasello, Soziale Intelligenz von Menschen & Affen
Stand der allgemeinen (links) und sozialen Intelligenz (rechts) von Menschen (2,5 Jahre), Schimpansen und Gorillas.
Quelle: Nach Herrmann, E., J. Call, M. V. Hernandez-Lloreda, B. Hare und M. Tomasello. 2007. »Humans have evolved specialized skills of social cognition: the cultural intelligence hypothesis.« Science 317 (5843): S. 1360–6.

Leistungen ihrer nächsten Verwandten im Tierreich zu übertreffen.

Es gibt nur eine Ausnahme: die soziale Intelligenz. Wenn es darum geht, die Gedanken, Wünsche und Gefühle anderer zu erkennen, wenn es um Kommunikation oder um das Lernen von anderen geht, sind Menschen schon in diesem Alter den Menschenaffen meilenweit voraus.[49]

Doch warum soll höhere soziale Intelligenz zu egalitären Machtstrukturen führen? Einer der Gründe ist, dass intelligentere Lebewesen besser darin sind, sich miteinander gegen einen sonst übermächtigen Gruppenführer zu verbünden. Erste Belege dafür konnte man schon bei Affen sammeln. So haben z. B. Pawlowski und Mitarbeiter gezeigt, dass schon intelligentere Affen imstande waren, einen wichtigen Teil des Machtgefälles innerhalb der sozialen Hierarchie zu kompensieren.[50] Normalerweise kann das Alphatier die anderen

Männchen daran hindern, Sex mit den Weibchen der Horde zu haben. Doch Geist schlägt Gewalt: Je höher die Intelligenz einer Affenart, desto besser gelingt es den anderen Männchen, sich miteinander zu verbünden, um damit die Macht des Alphatieres zu beschränken und selbst Sex mit den Weibchen der Horde zu haben. Intelligenteren Affen fällt es also leichter, miteinander zu kooperieren, um die Gewalt des Alphatiers zu kompensieren.

Auch bei Menschen spielen solche Koalitionen eine wichtige Rolle, wenn es darum geht, die Macht des Führers zu begrenzen.[51] Dies spricht dafür, dass die soziale Intelligenz eine wichtige Bedeutung für egalitäre Machtverhältnisse besitzt. Intelligenz ist hier vonnöten, weil die potentiellen Verbündeten imstande sein müssen, Signale der Unzufriedenheit und des Widerstandes innerhalb der Gruppe zu erkennen. Zudem müssen sie abschätzen können, ob die Unzufriedenheit so groß ist, dass der Widerstand gegen einen Anführer erfolgversprechend ist. Erforderlich dazu ist ein vergleichsweise weitgehendes Verständnis von Macht und Kooperationsbereitschaft, wie es bei Menschen vorhanden ist.

Fairness und Strafe

Auch andere Formen der Kooperation sowie das Teilen von Gütern stellen besondere Anforderungen an die geistigen Fähigkeiten. Wer schon einmal ein Buch verliehen hat, weiß warum: Man muss sich nicht nur merken, um welches Buch es sich handelt und wem man es gegeben hat. Man muss außerdem auch daran denken, die Person irgendwann mal an das Buch zu erinnern. Wenn man viele Bücher verliehen hat, kann das recht anspruchsvoll werden, zumal man auch im Kopf behalten sollte, wer die Bücher nicht anständig behandelt oder am Ende gar nicht zurückgibt. Sonst steht man am Ende ohne Bücher da. Unsere altsteinzeitlichen Vorfahren dürften bei den Werkzeugen, die sie verliehen, vor ähnlichen Problemen gestanden haben, wobei ihre wenigen Werkzeuge wohl noch schwerer zu ersetzen waren, als es Bücher heutzutage sind.

Dabei geht es nicht nur darum, seinen Besitz zusammenzuhalten. Vielmehr würde eine Gesellschaft, die nicht darauf achtet, dass Geliehenes zurückgegeben wird, einfach falsche Anreize setzen. Wenn man die Mühen der Werkzeugproduktion einfach dadurch umgehen kann, dass man sich die Werkzeuge eines anderen als »Dauerleihgabe« aneignet, und gleichzeitig damit rechnen muss, eigene Werkzeuge nicht zurückzuerhalten – warum sollte man diese Mühen dann noch auf sich nehmen? Über kurz oder lang wird es in dieser Gesellschaft also kaum noch Werkzeuge geben.

Teilen ist also eine gute Sache, aber nur, solange es fair ist. Unfaire Beziehungen sind nicht nur ungerecht. Wie gerade gezeigt, sind sie auch einfach nachteilig für alle Mitglieder der Gruppe – auf die Dauer auch für diejenigen, die die anderen übervorteilen. Letztlich wird eine Gruppe geschwächt, wenn sie unfaire Verhaltensweisen akzeptiert. Auf die Dauer ist weniger zum Essen oder Verteilen da, und am Ende unterliegt diese Gruppe anderen Verbänden, die sich nicht auf solche unfairen Praktiken einlassen. Egalitäre Gruppen, die auf Kooperation und Austausch basieren, sind daher nur möglich, wenn die Mitglieder ein Verständnis von Fairness und Gegenseitigkeit haben. Wenn soziale Intelligenz also wirklich erklärt, warum sich egalitäre Beziehungen bei Menschen und nicht bei Affen finden, dann sollte es insbesondere im Verständnis von Fairness deutliche Unterschiede zwischen Menschen und Affen geben.

Dies ist in der Tat der Fall. Die wohl am besten etablierte Methode, das Verständnis von Fairness zu testen, ist das bereits zu Beginn erwähnte Ultimatumspiel. Zur Erinnerung: In dem Spiel geht es darum, dass der Anbieter eine bestimmte Geldsumme erhält, die er mit seinem Mitspieler, dem Empfänger, teilen muss. Wie, das bleibt dem Anbieter überlassen. Der Empfänger muss das Geschäft aber akzeptieren. Tut er dies, dann erhalten beide den vom Anbieter bestimmten Anteil; weist der Empfänger das Angebot zurück, dann gehen beide leer aus.

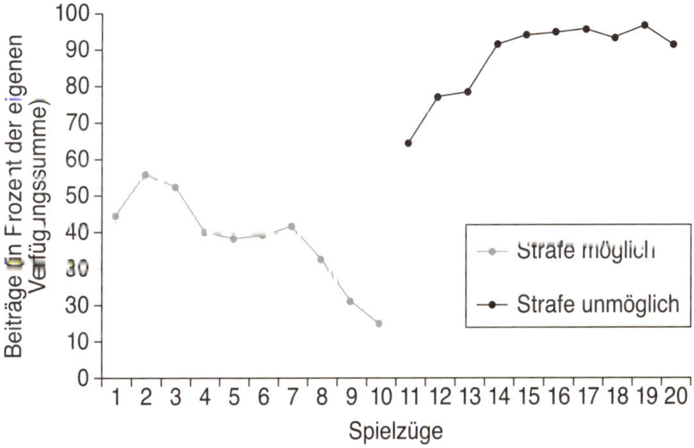

Abb. 4: Grafik von Fehr & Gächter
Die Bereitschaft, Beiträge für eine Gemeinschaft zu leisten, nimmt ohne Strafe ab (grau); werden Verweigerer dagegen bestraft, nimmt sie zu (schwarz).
Quelle: Fehr, E. und U. Fischbacher. 2004. »Social norms and human cooperation.« *TRENDS in Cognitive Sciences* 8 (4): S. 185–90.

Wie wir gesehen hatten, unterscheiden Menschen sich gerade hier ganz massiv von ihren nächsten Verwandten im Tierreich. Während Affen bei dem Spiel einfach nehmen, was sie bekommen können, teilen Menschen im Allgemeinen fair: Als Anbieter geben sie zwischen 40 und 50 % ab, und als Empfänger bestehen sie auf mindestens 20 % – andernfalls weisen sie das Angebot zurück.

Tatsächlich haben wir es in diesem Fall mit einer »altruistischen Strafe« zu tun. Die Formulierung mag etwas merkwürdig klingen. Wer jemanden bestraft, der gerät leicht in den Verdacht, seinen persönlichen Sadismus auszuleben. Doch in den genannten Fällen liegen die Dinge offenbar anders. Wer in dem Ultimatumspiel ein unfaires Angebot zurückweist, muss auch selbst auf seinen Anteil verzichten. Mit seiner Bereitschaft, unfaire Angebote zurückzuweisen, trägt er dazu bei, dass Fairnessprinzipien in der Gesellschaft eingehalten werden. Und altruistisch ist das Ganze, weil er selbst eigenen Aufwand treibt oder Verzicht leistet, um die Regeln der Gruppe durchzusetzen.

Diese Bereitschaft, altruistisch zu strafen, ist unter Menschen offenbar weitverbreitet, und sie ist wirksam. So konnten z. B. Fehr und Gächter[52] zeigen, dass die Kooperationsbereitschaft in einer Gruppe irgendwann völlig verschwindet, wenn man straflos die Zusammenarbeit verweigern kann. Müssen Verweigerer dagegen mit einer Strafe rechnen, steigt die Kooperationsbereitschaft schnell an bzw. hält sich auf einem sehr hohen Niveau. Tatsächlich waren viele Gruppenmitglieder auch in diesem Versuch bereit, Kosten in Kauf zu nehmen, um Verweigerer zu bestrafen. Dies geschah umso eher, je auffälliger die Verweigerungshaltung der nicht kooperationsbereiten Mitglieder war. Das Motiv sind auch hier nicht etwa rationale Überlegungen – die strafenden Versuchsteilnehmer konnten nicht damit rechnen, irgendwelche Vorteile aus den Aufwendungen zu ziehen, die sie für die Strafe leisten mussten. Fehr und Gächter konnten zeigen, dass soziale Emotionen eine wichtige Rolle spielen: Wer sich um seinen Beitrag für die Gruppe drückt, löst bei den anderen Gruppenmitgliedern Ärger aus, und dieser Ärger führt dann zu Bestrafung des Verweigerers.[53]

Die Annahme, dass es auch im Ultimatumspiel um eine Art von altruistischen Strafen ging, wird übrigens auch dadurch gestützt, dass diese Bereitschaft eine gewisse Grenze hatte. Wenn es nämlich um sehr hohe Beträge ging, akzeptierten die Empfänger auch unfaire Angebote. Hätten sie diese zurückgewiesen, dann wären die Kosten für die Bestrafung des Anbieters einfach zu hoch geworden.

Halten wir also fest, dass Menschen sich an Fairnessprinzipien orientieren und sogar dafür sorgen, dass andere dies auch tun. Dabei werden sie offenbar nicht nur von rationalen Prinzipien geleitet, vielmehr spielen Emotionen hier eine wichtige Rolle. Doch wir wollten ja erklären, warum Menschen egalitäre, kooperationsbereite Gruppen bilden und Menschenaffen nicht. Wie steht es also mit der Fairness bei Affen?

Wie schon angedeutet: Nicht gut. Das heißt nicht, dass Affen überhaupt nicht miteinander kooperieren oder einander nicht helfen würden.[54] Sie tun es! Doch all dies ist beschränkt auf einzelne Fälle – Affen jagen z. B. zusammen oder sie gehen gemeinsam auf eine Art von Patrouille, wenn es in der Nähe andere Affenhorden gibt. Ansonsten orientieren sie sich jedoch einfach an ihren unmittelbaren Interessen und ignorieren die Bedürfnisse anderer auch dann, wenn sie diese ohne eigenen Aufwand erfüllen könnten. Allgemeine Fairnessprinzipien, wie sie für das Aufrechterhalten halbwegs egalitärer, kooperativer Beziehungen erforderlich wären, spielen für sie offenbar keine wichtige Rolle.

Darüber hinaus scheinen Affen auch die Konsequenzen für andere einfach zu ignorieren: Sie lassen anderen auch dann nichts zukommen, wenn sie selbst dafür überhaupt keinen Verzicht leisten müssten. Umgekehrt neigen sie auch nicht dazu, Gruppenmitglieder zu bestrafen, von denen sie selbst unfair behandelt werden.[55] Offenbar fehlen Schimpansen die psychologischen Fähigkeiten, die nötig wären, um die prekäre Balance zwischen eigenen und fremden Interessen zu wahren. Kooperation, so wie sie sich bei frühen menschlichen Gesellschaften findet, ist für sie daher keine erfolgversprechende Strategie. Dieser Mangel der erforderlichen kognitiven Fähigkeiten dürfte somit einen wichtigen Beitrag zur Erklärung dafür liefern, dass Schimpansen – anders als Menschen – typischerweise nicht in kooperativen, egalitären, sondern in hierarchischen Beziehungen leben.

III. Kapitel
Ökonomische und kulturelle Einflüsse

Die bisherigen Überlegungen haben sich auf die basalen Mechanismen konzentriert, die der Ausbildung von Machtstrukturen zugrunde liegen. Ich habe dabei versucht zu zeigen, dass solche Strukturen im Wesentlichen dazu dienen, die Aktivitäten von Gruppen zu koordinieren und gewaltsame Konflikte zu vermeiden. Zwar basieren einfache Machtstrukturen, wie sie sich z. B. bei Insekten oder Fischen finden, noch auf der Ausübung oder Androhung von Gewalt, doch deren Bedeutung nimmt im Zuge der Entwicklung immer weiter zugunsten gewaltloser, kooperativer Strukturen ab. Die zentrale Rolle übernimmt damit mehr und mehr die soziale Intelligenz – sie erlaubt höheren Lebewesen eine zunehmend bessere Gestaltung ihres Zusammenlebens. Damit werden nicht nur die hohen Kosten von gewaltsamen Auseinandersetzungen vermieden, vielmehr wächst damit auch die Stabilität der sozialen Verbände; und die Bedingungen für eine Kooperation der Gruppenmitglieder verbessern sich.

Den Höhepunkt dieser Entwicklung bilden die frühen menschlichen Gesellschaften: Kleine, mobile Horden von Jägern und Sammlern, deren soziale Beziehungen weitgehend egalitär sind, die Beute und Werkzeuge miteinander teilen und intensiv miteinander kooperieren. Sie legen damit die Grundlage auch der späteren kulturellen Entwicklung. Möglich wird dies durch die besonders weit ausgebildete soziale

Intelligenz des Menschen. Sie erklärt den Unterschied zwischen der hierarchischen Machtstruktur von Affenhorden und dem egalitären Charakter früher menschlicher Gesellschaften.

Doch die soziale Intelligenz des Menschen ist an die Bedingungen dieser kleinen, mobilen Horden angepasst, die keine Überschüsse zu verteilen haben und ständig von außen bedroht sind: durch kriegerische Auseinandersetzungen mit anderen Gruppen, durch Nahrungsmangel, aber auch durch Krankheiten und Naturkatastrophen. Die Untersuchungen von Sherif hatten gezeigt, dass unsere soziale Intelligenz auch auf solche Fälle bestens vorbereitet ist: Gruppen rücken zusammen, wenn sie von außen bedroht werden. Innere Konflikte verlieren an Bedeutung, die Rolle des Führers wird gestärkt, gleichzeitig kümmert sich die Gruppe stärker um unterprivilegierte Mitglieder und räumt ihnen auch größere Mitspracherechte ein.

Schon dieses Beispiel zeigt, dass ein umfassendes Verständnis der Psychologie von Machtstrukturen in menschlichen Gesellschaften die Bedingungen berücksichtigen muss, unter denen sich solche Strukturen entwickeln. Wie nicht anders zu erwarten, sind diese Bedingungen ziemlich komplex: Ökonomie, das Klima, Kunst und Kultur, Religion, Kriege, Katastrophen, die medizinische Entwicklung – fast alles kann sich in irgendeiner Weise auf die Entwicklung von Machtstrukturen auswirken. Doch in diesem Buch ist nicht Platz für alles, zumal man dann leicht den Überblick verlieren könnte.

Ich werde mich daher auf die wichtigsten Faktoren konzentrieren, die – neben der sozialen Intelligenz – die Entwicklung von Machtstrukturen bestimmen. Und am wichtigsten sind neben dem äußeren Druck vor allem ökonomische Faktoren, genauer gesagt die ökonomische Ungleichheit. Wenn einige Mitglieder einer Gruppe sehr viel besitzen und andere sehr wenig, dann liegt es nahe, dass hieraus auch ein Ungleichgewicht der Macht entsteht. Es ist nämlich vergleichsweise einfach, ökonomischen Reichtum in politische Macht umzusetzen, und die Möglichkeiten sind vielfältig: Man kann sich eine Privatarmee leisten, Politiker mit großzügigen Spenden erfreuen, man kann sich eine kleine Zeitung oder eine nette Fernsehstation zulegen, Priester, Schamanen oder Götter durch milde Gaben günstig stimmen oder die Armen durch Geschenke, durch Brot und Spiele auf seine Seite bringen, und vielleicht schafft man es sogar, sich selbst zum Führer, König oder gar zum Präsidenten ausrufen zu lassen. Und offenbar funktioniert all das umso reibungsloser, je mehr der eigene Reichtum den der anderen Gruppenmitglieder übersteigt, je größer also die ökonomische Ungleichheit ist.

Ich werde im Folgenden daher untersuchen, wie sich ökonomische Ungleichheit auf Machtstrukturen auswirkt. Diese Untersuchung steht nicht in Konkurrenz zu der These des vorherigen Abschnitts. Soziale Intelligenz ist die Basis von Machtstrukturen. Doch ähnlich wie sich oben bereits zeigte, dass äußerer Druck einen wesentlichen Einfluss darauf hat, wie sich sozial intelligente Menschen in solchen Strukturen verhalten, so möchte ich hier zeigen, dass auch ökonomische Faktoren, und zwar insbesondere ökonomische Ungleichheit einen wichtigen Faktor darstellt.

Ich werde diese Behauptung zunächst dadurch stützen, dass ich die oben begonnene Geschichte über frühe menschliche Gesellschaften fortsetze, und zwar bis zum Ende der sogenannten Neolithischen Revolution. Die ist hier insofern von Bedeutung, als diese Revolution, die sich in Wirklichkeit über mehrere Jahrtausende erstreckte, zu einer grundlegenden Veränderung der ökonomischen Verhältnisse führt: Nach und nach stellen die Menschen sich auf Ackerbau und Viehzucht um, sie werden sesshaft und privates Eigentum an Grund und Boden entsteht. Zudem erwirtschaften die Menschen Überschüsse an dauerhaften Gütern wie Getreide und Vieh, die nach und nach ungleich verteilt und vererbt werden. Im Zuge dieser Entwicklung werden die Gruppen größer und hierarchische Machtstrukturen gewinnen wieder an Bedeutung, schließlich kommt es zur Entstehung von Staaten.

Offenbar geht die Entstehung ökonomischer Ungleichheit hier Hand in Hand mit der Verdrängung der alten Egalität durch hierarchische Machtstrukturen – doch besteht hier wirklich ein kausaler Zusammenhang? Und was würde das für demokratische Machtstrukturen bedeuten? Werden die auch durch ökonomische Ungleichheit gefährdet? Schließlich: Wenn es hier einen Zusammenhang gibt, wenn ökonomische Ungleichheit also egalitäre Machtstrukturen gefährdet – lässt sich die Entstehung von allzu großen ökonomischen Ungleichheiten vielleicht beeinflussen, um so die Gefahren insbesondere für demokratische Machtstrukturen zu verringern?

Um diese Fragen zu beantworten, werde ich nach einer Fallstudie zur Neolithischen Revolution kurz beschreiben, was man sinnvollerweise unter ökonomischer Ungleichheit versteht und wie man sie messen kann. Anschließend werde ich einige Theorien vorstellen, die einen Zusammenhang zwischen ökonomischer Ungleichheit und Macht zu belegen versuchen. Dabei wird sich bereits andeuten, dass der Zusammenhang sich nur dann wirklich verstehen lässt, wenn wir wiederum psychologische Faktoren einbeziehen. Schließlich werde ich mich im letzten Abschnitt mit der Frage auseinandersetzen, inwiefern menschliche Gesellschaften das Ausmaß ökonomischer Ungleichheit bewusst beeinflussen können: Die Chancen, soviel kann hier vorweggenommen werden, stehen sehr schlecht.

Nimmt man die Ergebnisse der beiden ersten Kapitel hinzu, dann haben wir damit auch das Werkzeug für die folgenden Kapitel des zweiten Teils dieser Arbeit beisammen. Dort werde ich die sozialpsychologischen Theorien des zweiten Kapitels und die Erkenntnisse über den Zusammenhang von Ökonomie und Macht des vorliegenden dritten Kapitels verwenden, um zu einer Antwort auf die Frage zu kommen, die im Titel dieses Buches steht: Warum können moderne Gesellschaften scheitern? Auch hier wird sich ein Verständnis der psychologischen Mechanismen als zentral herausstellen. Es kann zudem helfen, einige der Paradoxien der gegenwärtigen Entwicklungen aufzuklären, schließlich liefert es wichtige Hinweise darauf, wie wir ein solches Scheitern verhindern können.

1. Fallstudie: Die Neolithische Revolution

Kommen wir zurück zur sogenannten Neolithischen Revolution. Wir hatten oben gesehen, dass soziale Intelligenz eine zentrale Rolle spielt, wenn man die Unterschiede zwischen der Sozialstruktur früher menschlicher Gesellschaften und der von Affenhorden erklären will. Aber offensichtlich gibt es noch eine Reihe anderer Einflüsse. Eine ganz besonders wichtige Rolle kommt offenbar unseren Bedürfnissen, Wünschen und Zielen zu. Und die wiederum richten sich sehr häufig direkt oder indirekt auf Dinge wie Nahrung, Geld oder irgendwelche anderen Formen des Besitzes, kurz gesagt auf ökonomische Güter. Man sollte daher erwarten, dass auch Verhalten und Struktur von Gruppen durch ökonomische Faktoren beeinflusst werden – und das ist in der Tat der Fall.

Zeigen lässt sich dies schon an den Strukturen altsteinzeitlicher Gesellschaften. Man kann sich das ganz einfach dadurch vor Augen führen, dass man sich in die Lage eines steinzeitlichen Möchtegerndiktators versetzt, eines hochgradigen Narzissten, der unter keinerlei Skrupeln leidet und auch sonst alles dafür geben würde, reich, berühmt und mächtig zu werden. Sein Problem ist: Welche Reichtümer soll er erwerben? Es gibt ein paar Faustkeile und andere primitive Werkzeuge, doch die sind schwer und ansonsten wenig beeindruckend. Sämtliche Nahrungsmittel dagegen verderben schnell – Konservierungsverfahren sind noch nicht entwickelt, von Kühlschränken nicht zu sprechen. Wie schon erwähnt, verdirbt die Nahrung, wenn man sie nicht mit seinen Nachbarn teilt. Und man muss damit rechnen, von den Nachbarn im Stich gelassen zu werden, wenn das Jagdglück beim nächsten Mal auf deren Seite ist und man selbst hungert. Doch selbst wenn es einem gelungen wäre, größere Reichtümer anzuhäufen: Wie will man die transportieren, wenn die Horde sich aufmacht, um die Jagd- oder Sammelgründe zu wechseln? Es gibt keine Lastentiere und bis zur Erfindung des Rades wird es noch viele Jahrtausende dauern. Bis dahin müsste man seine Schätze selbst herumtragen – die

Anhäufung von Reichtümern wäre schon aus diesem Grund sicherlich keine sonderlich gute Idee.

Sehr beliebt sind unter Diktatoren auch prachtvolle Gebäude, mit denen man seine Umwelt von der eigenen Größe überzeugen kann. Dumm nur, dass es noch keine Architekten, keine Bauarbeiter und auch keine Baumaterialien gibt, mit denen man einen Palast bauen könnte. Arbeitsteilung und Technik sind noch nicht so weit. Doch auch wenn man all das selbst übernähme und tatsächlich selbst einen Palast bauen würde – man hätte vermutlich wenig Freude daran. Die Horde ist nämlich nicht an den Ort gebunden, an dem der Palast steht: Sobald die Früchte gesammelt und die Tiere gejagt sind, zieht die Karawane weiter und man bleibt einsam in seinem Palast zurück – niemand mehr da, der einen bewundern könnte.

Natürlich könnte man versuchen, die komplette Macht in der Horde an sich zu reißen, doch eine wirklich gute Idee wäre auch das nicht: Man hätte keinerlei der üblichen Machtmittel. Keine Armee, keine Polizei, keine Palastwache, mit deren Hilfe man sein Volk auf Kurs bringen könnte. Noch nicht einmal einen ordentlichen Kerker, in dem man seine Widersacher schmachten lassen kann, zumal man auch dazu eine Wache brauchen würde. Von den üblichen Insignien der Macht ganz zu schweigen: Dass es keine Paläste gab, hatten wir bereits erwähnt, aber auch ein Hofstaat, ein Hofzeremoniell oder was sonst die Annehmlichkeiten sein mögen, mit denen sich Herrscher und Potentaten ihr Dasein versüßen – in steinzeitlichen Horden gab es nichts dergleichen.[1]

Die Rückkehr von Hierarchien mit der Neolithischen Revolution

Es gibt somit eine ganze Reihe von Faktoren, die die egalitären Strukturen steinzeitlicher Gesellschaften gestützt haben, nicht zuletzt deshalb dürften sie sich so lange gehalten haben: Über 300 000 Jahre, wenn man sich auf die Geschichte des modernen Menschen, also des *Homo sapiens* beschränkt, und sogar bis zu zwei Millionen Jahren, wenn man die früheren Formen des Menschen seit dem *Homo erectus* mit einbezieht – wobei unsere Annahmen über die Lebensweise vorhistorischer Gruppen mit dem historischen Abstand immer unsicherer werden.

Zu einer substantiellen Veränderung dieser Verhältnisse kommt es erst nach der letzten Eiszeit, also vor ca. 12 000 Jahren. In dieser Phase vollzieht sich im sogenannten »Fruchtbaren Halbmond«, also in einem Gebiet, das neben dem Zweistromland zwischen Euphrat und Tigris im heutigen Irak auch Teile des heutigen Israel, Jordanien und Syrien umfasst, die sogenannte »Neolithische Revolution«. Ackerbau und Viehhaltung entwickeln sich, und die Menschen werden sesshaft. Aufgrund der Verbesserung des Nahrungsangebotes kommt es außerdem zu einer dramatischen Vermehrung der Bevölkerung und schließlich zur Entstehung von größeren Siedlungen.[2] Ähnliche Entwicklungen lassen sich auch in einigen anderen Weltregionen beobachten, z. B. in Südchina, wo der Reisanbau den entscheidenden Anstoß gibt, und in Zentralamerika, wo der Mais eine vergleichbare Rolle spielt.[3]

In Vorderasien konnte diese Entwicklung in Gang kommen, weil dort zu dieser Zeit eine ganze Reihe von Faktoren zusammentrafen, die die Entstehung von Ackerbau und

Viehzucht maßgeblich erleichterten. Ackerbau, das hieß zunächst einmal Getreideanbau. Dessen Entstehung wurde dadurch erleichtert, dass es im Gebiet des »Fruchtbaren Halbmonds« schon von jeher wildwachsende Getreidesorten gab, die den Bewohnern der Region als Nahrung dienten. Die Verstärkung der Niederschläge nach der letzten Eiszeit führte dann zu einer weiteren Vermehrung gerade dieser Pflanzen. Dies hatte zunächst zur Folge, dass die umherziehenden Jäger und Sammler mehr Getreide aßen. Nach und nach begannen sie damit, das Getreide auf bestimmten Flächen selbst anzubauen, noch später wurde es auch gelagert und gezüchtet. Spätestens zu diesem Zeitpunkt mussten die bislang umherziehenden Horden sesshaft werden: Die ersten Siedlungen entstanden.

Die Sesshaftigkeit erschwerte indessen dic Jagd in der Umgebung der Siedlungsplätze, weil die Zahl der Tiere dort dezimiert wurde. Ein Teil der Tiere fiel der Jagd zum Opfer, viele andere wurden durch den Druck der Jagd vertrieben. Hier kommt ein weiterer wichtiger Faktor ins Spiel. Auf dem Gebiet des »Fruchtbaren Halbmonds« lebten nämlich zuvor schon wilde Schafe und Ziegen – Tiere, die sich aufgrund ihrer Größe und Lebensgewohnheiten sehr gut als Haustiere eigneten. Für die mittlerweile sesshaft gewordenen Bewohner dieser Gegenden bot es sich daher an, Schafe und Ziegen als Haustiere zu halten und später auch zu züchten.

Diese Entwicklung führte zum einen zu einer tiefgreifenden Veränderung praktisch all der Lebensbedingungen, die bei den Jägern und Sammlern zu halbwegs egalitären Machtstrukturen geführt hatten. Entscheidend war dabei, dass Ackerbau und Viehzucht die Erwirtschaftung von Überschüssen ermöglichten: Man konnte mehr Getreide anbauen und mehr Tiere halten, als zur täglichen Ernährung gebraucht wurden. Noch wichtiger: Anders als die Jagdbeute früherer Zeiten waren diese Überschüsse nicht verderblich. Das Getreide konnte man über längere Zeit lagern, und die Tiere ließen sich halten und fortpflanzen. Mit anderen Worten: Es gab etwas zu verteilen und bei dieser Verteilung konnten ökonomische Unterschiede entstehen. Der eine erhielt mehr, der andere weniger. Zudem etablierte sich Privateigentum an Gütern und an Grund und Boden, das schließlich vererbt werden konnte.

Ökonomische Ungleichheit entwickelt sich zunächst über mehrere Jahrtausende offenbar langsam, und nimmt wohl schon vor Gründung von Staaten vor allem in Mesopotamien an Fahrt auf. Parallel dazu finden sich auch Indizien sozialer Hierarchien, z. B. aufwendige Grabstätten für Kinder oder große, reich ausgestattete Familienresidenzen.[4] Staatliche Strukturen mit klaren Hierarchien etablieren sich dann zwischen 6000 und 4000 vor Christus. Aus dieser Zeit haben sich Verteidigungsanlagen erhalten, die auf organisierte kriegerische Auseinandersetzungen verweisen, öffentliche Gebäude und Tempel deuten auf staatliche und religiöse Institutionen, zudem gibt es Indizien für erbliche Standesunterschiede und allgemein klare Anzeichen für ökonomische Ungleichheit.

Der Parallelismus von ökonomischer und politischer Ungleichheit ist nicht weiter verwunderlich: Wie oben gezeigt, lässt sich ökonomische Macht leicht in politische Macht umsetzen. Wenn einzelne Gruppenmitglieder mehr besitzen als andere, dann können sie ihre Mittel auch einsetzen, um ihren Einfluss in der Gruppe zu vergrößern. Die Möglichkeiten sind wie gesagt vielfältig. Und da man die gewonnene politische Macht wiederum in ökonomische Vorteile umsetzen kann, indem man sich z. B. Abgaben, Kriegsbeute oder Bodenschätze verschafft, kommt hier schnell ein sich selbst verstärkender Prozess zustande, der sowohl die politische wie die ökonomische Ungleichheit vergrößert. Genau dies ist wohl über viele Jahrhunderte in den frühen Staaten des vorderen Orients geschehen.

Soziale Intelligenz in kleinen Gruppen

Neben den primär ökonomischen Veränderungen sorgt jedoch auch die Bevölkerungszunahme dafür, dass die psychologischen Mechanismen, die die Egalität bei den Jägern und Sammlern gesichert hatten, nach der Neolithischen Revolution nach und nach ihre Wirksamkeit einbüßen.[5] Egalität basierte in der Altsteinzeit auf einer Begrenzung der Macht des Anführers durch die Gruppenmitglieder. Dazu aber benötigte man einen Überblick über dessen Aktivitäten, außerdem musste man auch eine ausreichend große Zahl möglicher Mitstreiter recht gut kennen – beides war in kleinen Gruppen wesentlich leichter zu erreichen.

Auch negative soziale Emotionen wie Neid oder Missgunst, die eine wichtige Rolle bei der Sicherung von Egalität gespielt hatten, reagieren nur noch schwach auf Geschehnisse außerhalb unseres engeren Umkreises. Wenn Menschen aus unserem unmittelbaren Umkreis plötzlich zu Geld und Reichtum gelangen, spüren wir häufig Neid und Missgunst. Gegenüber Unbekannten in einer großen Gruppe bleiben diese Reaktionen im Allgemeinen aus: Auf einen König ist man im Allgemeinen nicht neidisch – er ist einfach zu weit weg.

Tatsächlich haben Soziobiologen gezeigt, dass unsere soziale Intelligenz am besten funktioniert, wenn die Gruppen eine bestimmte Größe nicht überschreiten. Laut Robin Dunbar sind dies 150 Gruppenmitglieder.[6] Über die konkrete Zahl kann man sicher streiten. Das ändert aber nichts daran, dass größere Gruppen offenbar höhere Anforderungen an unsere soziale Intelligenz stellen: Wir müssen schlicht mehr Menschen im Blick haben, wenn wir z. B. vermeiden wollen, dass einzelne Mitglieder zu viel Macht an sich reißen oder ihre Beiträge für die Gruppe verweigern. Auch der soziale Zusammenhalt ist schwieriger aufrecht zu erhalten, wenn die Gruppe größer wird.[7]

Ein letzter Punkt kommt hinzu: Selbst wenn die psychologischen Mechanismen noch funktionieren würden, die die Ungleichheit in Kleingruppen in Schach gehalten hatten – in größeren Gruppen würden sie kaum noch etwas bewirken: Den Führer einer kleinen Horde von Jägern und Sammlern kann man vielleicht zur Raison bringen, indem man ihn lächerlich macht oder ihm den Befehl verweigert. Ist die Gruppe erst einmal zahlreich und das ökonomische und soziale Gefälle groß genug, dann werden solche Versuche nur noch wenig bewirken – und wenn doch, dann wird man am ehesten wegen Majestätsbeleidigung im örtlichen Kerker landen.

Ein verlorenes Paradies?

Es ist oft unterstellt worden, dass der Übergang zu Agrarwirtschaft und Sesshaftigkeit mit weiteren gravierenden Nachteilen verbunden war. Aufgrund der höheren Bevölkerungsdichte und der einseitigen Ernährung hätten sich die

Lebenserwartung verringert und die Gesundheit verschlechtert, zudem habe sich die Arbeitsbelastung vergrößert.

Besitzt die alte Geschichte vom verlorenen Paradies also doch eine reale Grundlage? Neuere Untersuchungen lassen Zweifel an dieser Auffassung aufkommen.[8] Zwar gibt es gewisse Verschlechterungen. So hat sich wohl das Ausmaß von entzündlichen Erkrankungen nach der Neolithischen Revolution vergrößert, zudem sind durch die Tierhaltung Erreger von Tieren auf Menschen übergesprungen – Masern, Grippe und Pocken dürften auf diese Weise entstanden sein.

Insgesamt betrachtet scheint sich die Lage der Bevölkerung im Neolithikum aber nicht verschlechtert zu haben. Die Lebenserwartung hat sich wohl nicht verringert, und trotz der Zunahme infektiöser Erkrankungen gibt es keine Hinweise darauf, dass die Menschen nach der Neolithischen Revolution weniger gesund waren als die Jäger und Sammler der Altsteinzeit. Auch die Arbeitsbelastung scheint nicht zugenommen zu haben; es gibt lediglich Indizien dafür, dass die Arbeit mit zunehmender Arbeitsteilung anders verteilt wurde, was nicht weiter verwunderlich ist.

Der Rückgang von Schädelverletzungen insbesondere bei Männern[9] nach der Neolithischen Revolution liefert einen weiteren Beleg dafür, dass die nach innen egalitären Horden von Jägern und Sammlern nach außen z. T. recht kriegerisch gewesen waren – auch dies im Übrigen eine Eigenschaft, die unter Tieren in dieser Form nicht bekannt ist.[10] Jäger und Sammler führten solche Kriege vor allem dann, wenn die Bevölkerungsdichte zu groß wurde oder mehrere Gruppen um ein Gebiet konkurrierten.[11] Und diese Konkurrenz scheint nach der Neolithischen Revolution abgenommen zu haben. Wie schon erwähnt, kommt es mit der Entstehung von staatlichen Machtstrukturen zu einer deutlichen Verringerung von Todesfällen durch kriegerische Auseinandersetzungen.[12]

2. Macht und ökonomische Ungleichheit

Halten wir also fest, dass die Veränderung der ökonomischen Bedingungen, wie sie mit der Neolithischen Revolution einsetzt, auf die Dauer weitreichende Auswirkungen auf die Machtstrukturen hat. Ökonomische Ungleichheit und soziale Hierarchien bilden sich aus. Dies geschieht zum einen, weil nun Überschüsse zu verteilen sind, die zu ökonomischer Ungleichheit führen, und ökonomische Ungleichheit oder Macht leicht in politische Macht umzusetzen ist. Zum anderen ist aber auch die soziale Intelligenz mit den neuen Bedingungen einfach überfordert – sie scheint eher auf das Leben in kleinen Gruppen mit geringen ökonomischen Unterschieden eingestellt zu sein.

Das bedeutet nicht, dass wir nicht in größeren Verbänden und mit einem größeren ökonomischen Gefälle leben könnten – ganz offensichtlich können wir das! Es bedeutet jedoch, dass wir in solchen Fällen zusätzliche Anstrengungen unternehmen müssen, wenn wir allzu starke Hierarchien vermeiden, Zusammenarbeit gewährleisten und Konflikte vermeiden wollen. Die *individuelle* soziale Intelligenz, die uns die Evolution mitgegeben hat, muss durch *institutionelle* Intelligenz ergänzt werden. Dies kann z. B. durch die Etablierung von Verhaltensregeln oder Institutionen geschehen, die die Unzulänglichkeiten unserer sozialen Intelligenz kompensieren.

Doch welche Schlüsse kann man überhaupt aus einer einzelnen historischen Beobachtung ziehen? Selbst wenn in der Neolithischen Revolution und der Zeit danach ökonomische und politische Ungleichheit Hand in Hand gegangen sind, so bedeutet dies noch lange nicht, dass hier ein *notwendiger* Zusammenhang besteht.

Um dies zu zeigen, werde ich hier zunächst einige Modellrechnungen präsentieren, die für einen Zusammenhang von ökonomischer und politischer Ungleichheit sprechen. Im nächsten Kapitel werde ich dann weitere historische Belege präsentieren. Dabei wird es auch um die Frage gehen, welchen Einfluss wir auf die Entstehung ökonomischer Ungleichheit ausüben können.

3. Systematische Studien

Die Annahme, dass es einen mehr oder minder starken Zusammenhang zwischen politischen Strukturen und den ökonomischen Verhältnissen gibt, ist nicht neu. Sie findet sich in Ansätzen bereits bei Aristoteles, in einer genaueren Form spätestens bei Rousseau, der das Funktionieren einer Republik an ein Mindestmaß an Gleichheit bindet – wie sie seiner Meinung nach übrigens bereits im Naturzustand vor der Entstehung von Ackerbau und Sesshaftigkeit existiert hat.[13] Eine zentrale Rolle spielt der Zusammenhang selbstverständlich bei Marx. Kurz nach dem Zweiten Weltkrieg hat dann u. a. Seymour Martin Lipset auf die Abhängigkeit politischer und vor allem demokratischer Strukturen von der ökonomischen

Lage hingewiesen und dabei bereits neben dem absoluten Wohlstandsniveau einer Gesellschaft auch die Bedeutung der ökonomischen Unterschiede ins Spiel gebracht:

> Demokratie hängt ab vom Stand der ökonomischen Entwicklung. Konkret heißt dies, dass die Chancen, dass ein Land die Demokratie erhält, um so größer sind, je besser es ihm geht. … Eine Gesellschaft, die geteilt ist in eine große verarmte Masse und eine kleine privilegierte Elite wird entweder in einer Oligarchie … oder einer Tyrannei enden.[14]

In Lipsets konkreten Untersuchungen spielt die Ungleichheit allerdings keine Rolle, hier konzentriert er sich auf das absolute Wohlstandsniveau. Er weist dabei nach, dass der Wohlstand, gemessen z. B. an der Zahl der Autos und Telefonanschlüsse, in stabilen Demokratien weit höher ist als in instabilen – zu Letzteren zählt Lipset 1959 übrigens noch Frankreich, Italien und Deutschland.

Tatsächlich deuten die oben bereits skizzierten historischen Befunde, aber auch die theoretischen Überlegungen darauf hin, dass nicht die *absolute Höhe*, sondern die *relative Verteilung* des Reichtums die entscheidende Größe ist. Über den Grund hatten wir zuvor schon gesprochen: Ökonomische Macht lässt sich leicht in politische Macht umsetzen – wer mehr Geld hat, kann sich auch leicht mehr Macht verschaffen. Je ungleicher der Reichtum verteilt ist, desto schwieriger dürfte es sein, die politische Macht halbwegs gleichmäßig zu verteilen. Sind dagegen alle Bürger eines Staates relativ wohlhabend, dann ist zu erwarten, dass das ökonomische Gleichgewicht früher oder später auch zu einem politischen Gleichgewicht führt.

Mittlerweile gibt es eine ganze Reihe von weiteren Belegen für diese These. So konnten z. B. Jung und Sunde[15] anhand von Modellrechnungen zeigen, dass demokratische Strukturen in Gefahr geraten, wenn die ökonomische Ungleichheit zu groß wird. In diesem Falle kann sich eine Demokratie leicht in eine Oligarchie oder eine Massendiktatur verwandeln. Die Autoren stützen diese These durch eine Reihe von historischen Belegen aus Deutschland, Japan, Österreich und Ungarn. Im Deutschen Reich vor dem Ersten Weltkrieg hätten beispielsweise die hohe Ungleichheit, aber auch die Uneinigkeit von Linken und Liberalen die Etablierung demokratischer Verhältnisse verhindert. Die Verringerung der Ungleichheit nach dem Ersten Weltkrieg habe dann die Möglichkeit unterschiedlicher Regierungsformen eröffnet – was die Instabilität dieser Periode erkläre. Nach dem Zweiten Weltkrieg habe dann die sinkende Ungleichheit einer echten Demokratie den Weg geebnet.

Die Autoren weisen auf einen zweiten Punkt hin, den ich weiter unten im vierten Kapitel noch genauer erörtern werde: Ökonomische Ungleichheit selbst wird in der Regel von äußeren Ereignissen wie z. B. technologischen Entwicklungen oder Migrationsbewegungen ausgelöst. Ungleichheit hat tiefgreifende Auswirkungen auf demokratische Machtstrukturen, ist aber von diesen nur schwer zu beeinflussen. Dies, so Jung und Sunde, bedeute auch, dass Demokratien nicht zwangsläufig stabil sind.

In eine ähnliche Richtung zielen die Erkenntnisse von Rogowski und McRae,[16] die sich vor allem auf eine systematische Erfassung von historischen Erkenntnissen stützen. Sie kommen ebenfalls zu dem Schluss, dass Demokratie nur ein bestimmtes Maximum an Ungleichheit verträgt. Wächst die Ungleichheit weiter, dann bilden sich nichtdemokratische Strukturen wie Oligarchien, Monarchien oder Diktaturen aus. Auch hier wird betont, dass die Entstehung von Ungleichheit im Allgemeinen externe Ursachen hat. Dazu zählen technische Entwicklungen, die Veränderungen von Handelsströmen oder Fortschritte in der Militärtechnik. Zwar können Demokratien einen gewissen Einfluss auf die Entstehung von Ungleichheit ausüben; dieser ist jedoch weit geringer als die umgekehrte Abhängigkeit demokratischer Verhältnisse von den ökonomischen Bedingungen.

> Veränderungen in der Technologie, im Handel oder in der Ausstattung mit Produktionsfaktoren können die soziale und ökonomische Ungleichheit dramatisch beeinflussen. Wenn diese äußeren Veränderungen die Ungleichheit vergrößern, dann geben sic politischen Entrepreneuren einen Anreiz, weniger repräsentative politische Institutionen [als die der Demokratie; M.P.] zu unterstützen, oder aber die demokratischen Institutionen vollends zu beseitigen. Im Gegensatz dazu schafft eine Verringerung der Ungleichheit Anreize für politische Entrepreneure, die Anteilnahme an politischen Prozessen zu verbreitern.[17]

Die derzeit zur Verfügung stehenden Modelle gehen in der Regel davon aus, dass die politischen Akteure im Sinne ihrer eigenen »objektiven« Interessen, insbesondere im Sinne ihrer wirtschaftlichen Interessen handeln. Psychologische Prozesse, die ganz andere Faktoren einbringen könnten, spielen hier dagegen praktisch keine Rolle.

Besonders auffällig ist dies an der Erklärung, die Rogowski und MacRae für die Gefährdung von Demokratien durch zu hohe Ungleichheit liefern. Ihrer Erklärung zufolge führt steigende Ungleichheit bei einkommensschwachen Wählern zur Forderung nach zusätzlichen Sozialmaßnahmen, also z.B. nach aufwendigen Umverteilungsprogrammen. Aufgrund ihrer Mehrheit können diese Wähler in einer Demokratie politische Parteien an die Macht bringen, die ihre sozialpolitischen Forderungen umsetzen. Bezahlt werden müssen diese Programme allerdings von der privilegierten Minderheit: Demokratie ist teuer für die Reichen, und zwar umso teurer, je höher die Ungleichheit ist. In einer Diktatur oder Oligarchie, in der nicht die Mehrheit der Wähler den Ton angibt, müssten die privilegierten Schichten wesentlich geringere Zugeständnisse machen. Sie haben daher ein substantielles Interesse an der Überwindung demokratischer Strukturen. Und da ihre ökonomische Macht ihnen auch die Handhabe bietet, ihre Interessen zu realisieren, geraten Demokratien bei steigender Ungleichheit immer mehr in Gefahr.

Soweit die Theorie von Rogowski und MacRae, die auf den ersten Blick sehr plausibel erscheint. Allerdings müssten ihr zufolge einkommensschwache Wähler für linke Parteien stimmen: Nur diese Parteien befürworten aufwendige Umverteilungsprogramme, die unterprivilegierten Wählern zugutekommen würden. Wie im Folgenden noch zu zeigen sein wird, stimmen unterprivilegierte Wähler jedoch häufig ganz anders: In vielen Ländern, so auch in Deutschland, bevorzugen sie rechtspopulistische Parteien, obwohl diese häufig eher neoliberale Wirtschaftsprogramme vertreten – auch das gilt für die deutschen Rechtspopulisten von der AfD. Für die Demokratie ist dies allerdings kein Vorteil – ganz im Gegenteil. Das irrationale Wahlverhalten rechtspopulistischer Wähler setzt vielmehr demokratische Korrekturmechanismen außer Kraft und droht damit die Aversionen gegen die Demokratie zu verstärken.

Und was den Rechtspopulismus angeht, so haben wir es hier offenbar mit einer echten Paradoxie zu tun. Ich werde weiter unten zu zeigen versuchen, dass diese Paradoxie nur aufgelöst werden kann, wenn man psychologische Faktoren, insbesondere die Ängste, Ressentiments und Autoritätsbedürfnisse dieser Wähler berücksichtigt. Rechtspopulistische Parteien greifen nämlich die Ängste, Ressentiments und Autoritätsbedürfnisse auf, die für die Wähler dieser Bewegungen offenbar wesentlich wichtiger sind als ihre »objektiven« ökonomischen Interessen.

Fazit: Psychologische und ökonomische Mechanismen

Bevor ich im nächsten Teil versuchen werde, die behaupteten Zusammenhänge anhand einiger Schlüsselphasen der historischen Entwicklung zu bestätigen, scheint es sinnvoll, die wichtigsten Erkenntnisse des ersten Teils hier noch einmal kurz zusammenzufassen.

Die zentrale Erkenntnis lautet, dass Machtstrukturen auf psychologischen Mechanismen, genauer auf sozialer Intelligenz basieren. Machtstrukturen dienen der Koordination von sozialem Verhalten und vor allem der Vermeidung von gewaltsamen Konflikten. Zwar spielt Gewalt vor allem bei der Etablierung einfacherer Machtstrukturen noch eine wichtige Rolle, doch bei den höheren Machtstrukturen, die eine bessere soziale Koordination erlauben, werden Gewalt und Gewaltdrohungen immer weiter durch soziale Intelligenz ersetzt. Den Höhepunkt dieser Entwicklung, die bereits bei recht einfachen Tieren beginnt, stellen die frühen menschlichen Gesellschaften dar, die sich mit ihren egalitären Strukturen sehr stark von den strikten Hierarchien in Affenhorden unterscheiden.

Erklären lassen sich diese Unterschiede zwischen den sozialen Verbänden von Menschen und Affen durch die höhere soziale Intelligenz des Menschen. Soziale Intelligenz erleichtert die Kooperation zwischen den Mitgliedern einer Gesellschaft, indem sie für die Einhaltung von Fairnessprinzipien sorgt, sie erlaubt es, die Macht in kleinen Horden zu begrenzen, aber sie sorgt auch dafür, dass Gruppen unter äußerem Druck z. B. im Fall von Konflikten zusammenrücken – vor allem diese Erkenntnis wird sich noch als folgenreich erweisen.

Da sich unsere soziale Intelligenz über viele Jahrtausende an die Verhältnisse in kleinen, mobilen Horden angepasst hat, in denen es wenig zu verteilen gab, die aber dauerhaft von außen bedroht waren, verlieren viele Strategien an Wirkung, sobald sich diese äußeren Bedingungen verändern. Dies geschah bereits im Gefolge der Neolithischen Revolution: Eine substantielle Veränderung der äußeren Bedingungen hat hier in der Tat tiefgreifende Auswirkungen auf die Machtstrukturen: An die Stelle kleiner Horden von Jägern und Sammlern treten hier nach und nach größere sesshafte Gruppen, die privaten Besitz und soziale Ungleichheit kennen. Damit verdrängen hierarchische Machtstrukturen die egalitären Verhältnisse der frühen menschlichen Gesellschaften.

Dies zeigt, dass neben dem äußeren Druck auch ökonomische Faktoren einen wichtigen Einfluss auf Machtstrukturen ausüben. Schon die bloße Vergrößerung einer Gruppe kann unsere soziale Intelligenz an ihre Grenzen bringen. Besonders weitreichende Folgen hat jedoch offenbar eine Steigerung der ökonomischen Ungleichheit: Sie gibt den reicheren Mitgliedern einer Gesellschaft Einflussmöglichkeiten, die früher oder später auch das Machtgefüge beeinflussen. Theoretische Modelle zeigen, dass vor allem Demokratien durch wachsende Ungleichheit bedroht sind.

Es stellt sich allerdings die Frage, ob eine rein ökonomische Herangehensweise hier ausreichend ist; einiges spricht dafür, dass eine umfassende Erklärung sowohl ökonomische wie auch psychologische Faktoren berücksichtigen muss. Diese Frage wird vor allem im fünften Kapitel dieser Arbeit eine wichtige Rolle spielen.

Zuvor scheint es jedoch sinnvoll, die bisherigen Behauptungen durch einige historische Beispiele zu stützen. Dabei möchte ich vor allem den Einfluss demonstrieren, den ökonomische Ungleichheit auf Machtstrukturen und insbesondere auf demokratische Machtstrukturen ausübt. Wenn ökonomische Ungleichheit eine so wichtige Rolle spielt, dann stellt sich allerdings auch die Frage, inwieweit es möglich ist, die Ungleichheit zu beeinflussen. Schließlich werde ich Belege für die Einwirkung äußerer Konflikte und Bedrohungen auf den inneren Zusammenhalt einer Gesellschaft präsentieren.

ZWEITER TEIL

GESCHICHTE UND GEGENWART VON MACHT

IV. Kapitel
Ökonomische und psychologische Faktoren in historischen Fallstudien

Ich möchte nun zusätzlich zu den in Kapitel drei vorgebrachten theoretischen Überlegungen und Modellrechnungen einige Fallstudien vorlegen, die zeigen, wie sich ökonomische Faktoren auf Machtstrukturen auswirken. Gleichzeitig werde ich der Vermutung nachgehen, dass sich Machtstrukturen unter äußerem Druck verändern.

Diese Überlegungen führen zu einer weiteren Vermutung: Äußerer Druck und ökonomische Gleichheit haben offenbar ganz ähnliche Wirkungen: Beide scheinen politische Gleichheit und demokratische Strukturen zu fördern. Umgekehrt würde das bedeuten, dass egalitäre Machtstrukturen in Zeiten von äußerer Stabilität besonders gefährdet sind, weil dann die Ungleichheit hoch und der äußere Druck gering ist.

Die folgenden Fallstudien beschäftigen sich mit historischen Schlüsselphasen wie z. B. der Entstehung der griechischen Demokratie, dem Römischen Imperium und den großen Pestepidemien des Mittelalters. Ich werde zu zeigen versuchen, dass die skizzierten Vermutungen eine hervorragende Erklärung für die augenfälligsten Entwicklungen in diesen Phasen liefern.

Eine wichtige Rolle wird dabei auch die Frage spielen, ob es möglich ist, den Anstieg ökonomischer Ungleichheit zu kontrollieren. Die Frage ist vor allem dann von Bedeutung, wenn ökonomische Ungleichheit – so wie hier vermutet –

tatsächlich zu einer Verstärkung politischer Ungleichheit führt. Wie groß also sind die Chancen, dass eine Gesellschaft, die etwas gegen ökonomische Ungleichheit unternehmen will, mit diesen Bemühungen auch erfolgreich ist? Um die Antwort vorwegzunehmen: Die Chancen sind sehr schlecht.

1. Die Entstehung der Demokratie in Griechenland

Wenn es tatsächlich die oben behaupteten Zusammenhänge von ökonomischen Faktoren, äußerem Druck und Demokratie gibt, dann sollten sie sich an der Entstehung der Demokratie im antiken Griechenland nachweisen lassen. Zu erwarten wäre also, dass zur Zeit der Entstehung der Demokratie die ökonomische Ungleichheit vergleichsweise niedrig und der äußere Druck z. B. durch kriegerische Konflikte vergleichsweise hoch war.

Das ist in der Tat der Fall. Ursprünglich, d. h. zu Zeiten der Monarchie, war das Einkommen in Griechenland sehr ungleich verteilt. Landbesitz vor allem für den Getreideanbau war die wichtigste Ressource, und die befand sich in den Händen des Adels. Im Zusammenhang mit einer starken Bevölkerungsvermehrung kam es zur Gründung von Kolonien und damit auch zu einer Intensivierung des Handels. Der Getreideanbau verlor an Bedeutung zugunsten des Anbaus von Wein und Oliven sowie der handwerklichen Produktion für den Export. In der Folge verloren die großen Landgüter an Wert, was den Reichtum der Aristokratie schmälerte. Gleichzeitig stieg die Nachfrage nach menschlicher Arbeit

z. B. für die handwerkliche Produktion, was wiederum zu Lohnsteigerungen führte und die Entstehung einer wohlhabenden Mittelschicht begünstigte. Auf diese Weise kam es im Vorfeld der Entstehung der griechischen Demokratie tatsächlich zu einer massiven Reduzierung der Ungleichheit.[1]

Eine wichtige Rolle spielten dabei auch die permanenten militärischen Auseinandersetzungen zwischen den zeitweilig eintausend griechischen Stadtstaaten. Die militärische Bedeutung von Rittern, deren teure Ausrüstung nur reiche Aristokraten bezahlen konnten, war immer weiter zugunsten von Hoplitenheeren und Schiffen zurückgegangen. Für die Heere benötigte man Fußsoldaten, für die Schiffe waren Ruderer erforderlich – beide ließen sich nur aus der Mittelschicht und der Landbevölkerung rekrutieren. Bauern und Bürger hatten damit den Großteil der militärischen Lasten zu tragen. Deren Bereitschaft und Motivation war daher kritisch für den militärischen Erfolg, und die waren nur zu haben, wenn sich beide Gruppen als anerkannte Mitglieder des Gemeinwesens fühlten.[2]

Athen

Besonders gut verfolgen lässt sich diese Entwicklung an der Geschichte Athens.[3] Wie bereits erwähnt, hatte der zunehmende Anbau und Handel von Wein und Oliven die Mittelschicht gestärkt. Gleichzeitig aber waren die Großgrundbesitzer durch den damit einhergehenden Rückgang der Getreideproduktion unter Druck geraten – beide Entwicklungen trugen bereits zur Verringerung der Ungleichheit bei. Doch einige Landbesitzer hielten sich dadurch schadlos, dass sie Schulden von verarmten Kleinbauern rücksichtslos eintrieben, zur Not dadurch, dass sie die Bauern versklavten oder außerhalb Athens verkauften. Dies belastete nicht nur den sozialen Zusammenhalt, sondern trug auch zu gravierenden militärischen Misserfolgen, u. a. dem Verlust der Insel Salamis bei.

In dieser Situation wird Solon beauftragt, durch Reformen den verlorenen Zusammenhalt wiederherzustellen. Mit Unterstützung der ökonomisch stärker gewordenen Mittelschicht[4] schafft er unter anderem die Schuldknechtschaft ab, räumt den unteren und mittleren Bevölkerungsschichten größere Rechte ein und stärkt damit den sozialen Zusammenhalt wieder.

Offensichtlich passiert hier in Athen genau das, was Sherif im Robbers Cave-Experiment beobachtet hatte: Unter äußerem Druck verstärkt sich die Bereitschaft, die Lage benachteiligter Schichten – in diesem Falle die der Kleinbauern – zu verbessern, oder solche Verbesserungen doch zumindest zu akzeptieren. Begünstigt wird dieser Versuch durch die bereits gestärkte ökonomische Lage der Mittelschichten. Zusammen mit zusätzlichen Maßnahmen, die u. a. die Umstellung von der Getreideproduktion auf den Anbau von Oliven weiter vorantreiben sollten, sorgen diese Entwicklungen für eine weitere Verbesserung der Lage der Mittelschicht und verringern damit die ökonomische Ungleichheit weiter. Gleichzeitig verstärkt sich der soziale Zusammenhalt, was unter anderem die Rekrutierung der Kleinbauern für die Schiffe und Hoplitenheere erleichtert und damit zu einer deutlichen Erhöhung der militärischen Schlagkraft Athens führt.

Der Zusammenhang von Demokratisierung und militärischem Erfolg ist im Übrigen keine neue Entdeckung, er wurde bereits von Herodot bemerkt:

> Solange sie [die Athener, M. P.] von Tyrannen unterdrückt wurden, waren sie im Krieg nicht erfolgreicher als irgendeiner ihrer Nachbarn. Aber sobald sie das Joch abgeschüttelt hatten, wurden sie zu den besten Kriegern der Welt.[5]

Ein knappes Jahrhundert nach den Reformen Solons spielt der skizzierte Mechanismus wieder eine wichtige Rolle. Durch eine Invasion Spartas entsteht abermals massiver äußerer Druck. Er führt einerseits zu einer Massenmobilisierung, gleichzeitig stößt er die weitreichenden demokratischen Reformen des Kleisthenes an, der den folgenden Machtkampf mit den alten Eliten nur dank der mittlerweile ökonomisch erstarkten Mittelschichten gewinnen kann.[6] Später übt dann der Ausbau der athenischen Seemacht weitere Demokratisierungszwänge aus, weil man für die vergleichsweise großen Besatzungen der Schiffe auf die Bürger aus der untersten Einkommensklasse angewiesen war.[7]

Scheidel bringt eine Reihe weiterer Beispiele, die zeigen, wie in Athen unter äußerem Druck innere Reformen vorangetrieben werden, die nicht nur die demokratischen Rechte im Allgemeinen, sondern vor allem auch die Lage unterprivilegierter Schichten verbessern. So werden z. B. gegen Ende des Peloponnesischen Krieges trotz großer Belastungen der athenischen Staatsfinanzen die Zahlungen an ärmere Bevölkerungsgruppen ausgeweitet.[8]

Hinzu kommen hohe steuerliche Belastungen für die einkommensstarken Schichten, die vor allem für die Ausrüstung der Flotte verwandt wurden. So wurden z. B. besonders wohlhabende Bürger verpflichtet, die Ausrüstung eines Schiffes und seiner Besatzung sowie die anfallenden Reparaturen für ein ganzes Jahr zu übernehmen – was auch reiche Bürger zuweilen zur Aufnahme von Schulden zwang.[9]

Das Scherbengericht

Ein wichtiger Schritt ist dabei auch die Einführung des Ostrazismus, also des bereits erwähnten Scherbengerichts. Wir hatten oben gesehen, dass die psychologischen Mechanismen, die die Egalität in frühen menschlichen Gesellschaften gesichert hatten, in den größeren Gruppen nach der Neolithischen Revolution ihre Wirkung verloren hatten: Die Macht eines Königs ließ sich nicht dadurch beschränken, dass man ihn lächerlich machte.

In Athen bestand das Problem fort: Angehörige des Adels hatten immer wieder die Macht ergriffen und eine Tyrannis errichtet. Offenbar auf die Initiative von Kleisthenes wird daher eine Institution geschaffen, die an die Stelle der alten psychologischen Mechanismen tritt: Das Scherbengericht. Die Volksversammlung konnte einmal im Jahr einen Bürger für zehn Jahre aus der Stadt verbannen – offenbar um einflussreiche Bürger davon abzuhalten, nach der Macht zu greifen.[10]

Man muss kein Wort darüber verlieren, dass das Scherbengericht allen heutigen Vorstellungen von Menschenrechten zuwiderläuft – die schwerwiegenden Konsequenzen einer Verbannung hatte ich oben bereits beschrieben. Dennoch zeigt das Beispiel, wie Institutionen die Unzulänglichkeiten unserer individuellen sozialen Intelligenz kompensieren können, und demonstriert damit im Kleinen, was die griechische Demokratie im Großen zugunsten von politischer Egalität leistet.

Entwicklungen in anderen Städten

Die Erfolge, insbesondere die militärischen Erfolge, die in Athen mit der Verleihung weitreichender Bürgerrechte erzielt wurden, führten dazu, dass auch andere Städte sich an diesem Modell orientierten.[11]

> Um Freiwillige zu mobilisieren, die bereit waren, in Notzeiten ›Hilfe zu leisten‹, … sahen sich die lokalen Eliten zunehmend gezwungen, den Zugang zu einigen Institutionen für einheimische Männer zu öffnen, die selbst ihre Waffen stellen konnten. Poleis mit eng beschränktem Zugang zu staatlichen Institutionen riskierten im Krieg Niederlagen gegen Nachbarstaaten mit ausgedehnteren Bürgerschaften.[12]

In jedem Falle führten diese Entwicklungen zu einer substantiellen Reduzierung der ökonomischen Ungleichheit – auch wenn diese in Ermangelung aussagekräftiger Unterlagen schwer zu quantifizieren ist. Weitgehende Einigkeit herrscht jedoch darüber, dass die wirtschaftliche Lage auch der unterprivilegierten Schichten im antiken Griechenland vergleichsweise gut war. Scheidel schätzt z. B. den anteiligen Landbesitz der Mittelschicht auf 35–45 Prozent und den Gini-Index des Landbesitzes auf 38–39 % – im England des späten 19. Jahrhunderts wird er bei 94 % liegen.[13] Ganz in diesem Sinne heißt es bei Josiah Ober:

> Im Vergleich zu anderen vormodernen Gesellschaften waren Besitz und Einkommen [in Griechenland; M. P.] relativ gleichmäßig verteilt. Viele Griechen lebten etwa in der Mitte zwischen den Extremen von Wohlstand und Armut und weit über dem Niveau des bloßen Existenzminimums. Es gibt gute Gründe anzunehmen, dass der Konsum einer großen Mittelschicht das griechische Wirtschaftswachstum trug.[14]

Generell lässt sich also festhalten, dass die Entwicklung im antiken Griechenland die obige Vermutung über den Zusammenhang zwischen ökonomischer Gleichheit und Demokratie bestätigt: Der Entstehung der Demokratie geht eine Reduzierung der Ungleichheit voraus; gleichzeitig scheinen die demokratischen Institutionen, nachdem sie einmal eingerichtet waren, ihrerseits zur Reduzierung der Ungleichheit beigetragen zu haben. Die ausgeglicheneren ökonomischen Verhältnisse dürften vor allem die Verhandlungsmacht der Mittelschicht vergrößert haben; dies galt umso mehr, da dieser Gruppe auch entscheidende militärische Bedeutung zukam.

Doch es gibt noch einen zweiten wichtigen Faktor, ohne den weder die Ungleichheit reduziert noch die demokratischen Reformen durchsetzbar gewesen wären: Der äußere Druck, der von den anhaltenden militärischen Konflikten und insbesondere den militärischen Niederlagen Athens ausgegangen war, hatte entscheidende Bedeutung für die Einleitung und die Durchsetzbarkeit dieser Maßnahmen. Damit deutet sich ein Befund an, der sich auch im weiteren Verlauf immer wieder bestätigen wird: Reduzieren lässt sich Ungleichheit nicht einfach durch staatliche Beschlüsse.

Entscheidend für den Erfolg sind vielmehr die äußeren Umstände. Insbesondere kriegerische Auseinandersetzungen und Naturkatastrophen spielen dabei eine wichtige Rolle.

Dies gilt nicht nur deshalb, weil Kriegszerstörungen große Werte vernichten. Wie sich bereits in den Experimenten von Sherif zeigte, und wie die Geschichte der Entstehung der Demokratie in Griechenland bestätigt, verstärkt äußerer Druck auch den inneren Zusammenhalt und vergrößert damit die Bereitschaft, unterprivilegierte Schichten ökonomisch zu stützen und ihnen größere politische Mitspracherechte einzuräumen.

Wie vermutet, wirken also äußerer Druck und ökonomische Gleichheit tatsächlich in dieselbe Richtung: Beide verbessern die Bedingungen für die Entstehung oder Erhaltung demokratischer Machtstrukturen. Gleichzeitig stützen sich diese Entwicklungen gegenseitig: Ein stärkerer sozialer Zusammenhalt scheint die Bedingungen für die Verringerung von Ungleichheit zu verbessern, umgekehrt stärkt ein höheres Maß an Gleichheit offenbar auch den sozialen Zusammenhalt.

2. Das Römische Reich

Die politischen Strukturen, aber auch die Ungleichheit im vorrepublikanischen Rom ähnelten prinzipiell denen in Griechenland vor den Reformen Solons.[15] Ganz anders als in Griechenland kommt es aber in Rom nicht zu einer Abnahme der Ungleichheit – ganz im Gegenteil: Schon die frühesten verfügbaren Daten aus dem zweiten vorchristlichen Jahrhundert sprechen für eine kontinuierliche Zunahme der Ungleichheit. Kein Wunder daher, dass die demokratischen Elemente schon in der Republik wesentlich schwächer sind als in Griechenland. Eine zentrale Rolle spielt dabei der römische Senat, der fest in der Hand der römischen Nobilität bleibt und das Zentrum der politischen und der ökonomischen Macht bildete.[16]

In den letzten hundert Jahren der Republik vergrößert sich dann der Reichtum der im Senat vertretenen Oberschicht um den Faktor vierzig, während die finanziellen Verhältnisse der normalen Bürger nahezu gleich bleiben.[17] Parallel dazu werden die ursprünglich vorhandenen demokratischen Elemente weiter zurückgedrängt, bis die Republik 27 v. Chr. mit der Machtergreifung des Octavian endet.[18] Der Reichtum der römischen Eliten basierte nur teilweise auf normaler wirtschaftlicher Aktivität wie dem Export von Wein und Olivenöl. Wie in vielen anderen Staaten kam auch in Rom ein beträchtlicher Teil des Vermögens durch den Missbrauch staatlicher Macht zustande, also durch Konfiskationen, durch Beute aus Kriegszügen und die Ausplünderung der Provinzen.

Offenbar bestätigt also die Situation insbesondere im römischen Kaiserreich die Vermutung, dass sich ein hohes Maß an Ungleichheit schlecht mit demokratischen Machtstrukturen verträgt. Bestätigt wird aber auch unsere zweite Vermutung, der zufolge äußerer Druck nicht nur zur Förderung des inneren Zusammenhaltes beiträgt, sondern auch Gleichheit und Demokratie stärkt. Im Umkehrschluss heißt das nämlich, dass die Abwesenheit von äußerem Druck, also politische Stabilität zu einem Anwachsen von ökonomischer Ungleichheit und einer Gefährdung von demokratischen Machtstrukturen führen sollte.

Und genau dies lässt sich in der Kaiserzeit beobachten. Zweifellos führten die Römer ständig Kriege. Aber anders als in den griechischen Stadtstaaten gab es in Rom nach dem zweiten Punischen Krieg (218–201 v. Chr.) über mehrere Jahrhunderte praktisch keine existenzbedrohenden Situationen mehr. Ganz im Gegenteil: Das Imperium expandierte und bot nach zeitgenössischen Maßstäben ein Maximum an Stabilität und Sicherheit.[19] Man sollte daher eine Vergrößerung von Ungleichheit und eine Gefährdung demokratischer Machtstrukturen erwarten – und genau dies trat ein.

Tatsächlich entfielen in der Mitte des zweiten nachchristlichen Jahrhunderts, also lange nach dem Ende der Republik, zwischen 30 % und 60 % des gesamten Einkommens auf die obersten 1,5 Prozent der römischen Bevölkerung. Der Gini lag über 40 %, also noch höher als heute in den USA. Dabei muss berücksichtigt werden, dass zu Zeiten des Römischen Reichs ein wesentlich höherer Teil des Einkommens als heute für die basalen Lebensbedürfnisse verwendet wurde. Insofern bedeutet ein Gini von 40 % unter den ökonomischen Bedingungen der Antike, dass fast alles, was über die Deckung der Grundbedürfnisse hinausging, in den Händen einer kleinen Elite landete.[20]

Walter Scheidel hat gezeigt, dass dieser Zusammenhang nicht nur für das Römische Imperium gilt: Stabile politische, ökonomische und soziale Verhältnisse führen im Allgemeinen zu einer Vergrößerung der Ungleichheit; eine substantielle Verringerung tritt in der Regel nur in Zusammenhang mit Kriegen, Seuchen, Staatzusammenbrüchen oder Massenrevolutionen ein. Staatliche Maßnahmen zur Reduzierung der Ungleichheit, die ohne einen solchen Hintergrund eingeleitet werden, sind in der Regel erfolglos. Zwar gab es seitens der Zentralmacht zuweilen Bemühungen zur Kontrolle der Ungleichheit, z. B. um die Erfüllung der Wehrpflicht durch einfache Bauern zu sichern. Dies wurde z. B. im China der Han-Dynastie verschiedentlich versucht, indem der Kaiser beispielsweise Obergrenzen für den Besitz von Land und Sklaven festlegte.[21] Doch den reichen Eliten gelang es immer wieder, solche Versuche zu unterlaufen, so dass diese Bemühungen meist scheiterten.

Auf dem Gebiet des Römischen Reiches kommt es zu einer substantiellen Verringerung der Ungleichheit erst mit dem Zusammenbruch des weströmischen Kaisertums im fünften nachchristlichen Jahrhundert – auch wenn das genaue Ausmaß dieser Verringerung angesichts fehlender quantitativer Daten schwer zu erfassen ist: Der Zerfall des weströmischen Reiches hat eben auch die Institutionen mit sich gerissen, auf deren Daten die Schätzung der Ungleichheit während der Existenz des Imperiums beruht. Dennoch gibt es eine Reihe von Möglichkeiten, das Ausmaß der Verringerung der Ungleichheit zu erfassen. So existiert eine Vielzahl von Berichten über den Niedergang vor allem der berühmten Familien an der Spitze des römischen Adels. Ihre Spuren verlieren sich schließlich vollständig mit dem Beginn des siebten Jahrhunderts nach Christus.[22]

Zu einer substantiellen Verringerung der Ungleichheit kommt es indessen nicht nur wegen der eklatanten Einbußen an der Spitze der Vermögenspyramide, vielmehr scheinen umgekehrt die unteren Einkommensklassen hinzugewonnen zu haben. Belege dafür bieten zum einen Skelettfunde, deren Größe und Zustand Rückschlüsse auf das physische Wohlergehen zulassen: Die Skelette werden größer, was ebenso wie die geringeren Schäden an Zähnen und Knochen für eine bessere Ernährung spricht. Das physische Wohlbefinden der Bevölkerungsmehrheit scheint sich also nach dem Ende des Imperiums verbessert zu haben – auch wenn nicht auszuschließen ist, dass andere Faktoren als der Zusammenbruch der römischen Herrschaft hier eine Rolle gespielt haben könnten.

Halten wir daher zunächst fest, dass zumindest die Entwicklung der vormodernen Staaten, insbesondere die des Römischen Reiches, die These bestätigen, dass sich Ungleichheit in Zeiten der Stabilität im Allgemeinen vergrößert und vor allem durch äußeren Druck, also durch große Kriege, Seuchen, Massenrevolutionen oder eben – wie in diesem Fall – den Zusammenbruch von Staaten, verringert werden kann. Ein höheres Maß an Gleichheit entsteht also im Allgemeinen nicht durch eine bewusste Umverteilung von Einkommen und Vermögen, sondern durch äußere Ereignisse, die sich der bewussten Kontrolle entziehen. Verringert wird die Ungleichheit dabei nicht nur durch die physische Vernichtung großer Vermögen z. B. durch Kriegszerstörungen, vielmehr scheinen hier auch psychologische Reaktionen auf äußeren Druck – etwa durch die Antizipation kriegerischer Konflikte oder die Erinnerung an gerade überwundene Katastrophen – den sozialen Zusammenhalt in den betroffenen Staaten zu stärken.

Daneben spielen auch technologische Entwicklungen insbesondere bei der Produktion von Waffen, die Entwicklung der militärischen Taktik sowie die Verlagerung von Handelsströmen eine wichtige Rolle bei der Vergrößerung, zuweilen aber auch bei der Verringerung von Ungleichheit: Auch dies Entwicklungen, die sich der menschlichen Kontrolle weitgehend entziehen.[23]

3. Die Entwicklung des Feudalsystems im Mittelalter

Hierfür gibt es weitere historische Belege. Einer davon ergibt sich aus der Entwicklung des Feudalsystems im mittelalterlichen Europa, wo es zwischen dem zehnten und dem vierzehnten Jahrhundert in Europa zu einer Phase kommt, in der sich die staatlichen Strukturen festigen und die Produktion wieder ansteigt.

Abermals wächst damit auch die Ungleichheit – auch wenn sie vermutlich nicht die Dimensionen aus der Zeit des Römischen Imperiums erreicht. Für einen nicht zu unterschätzenden Teil der Bevölkerung bedeutet dies, dass sich die eigenen Lebensverhältnisse inmitten eines allgemeinen Aufschwungs verschlechtern. Während z. B. am Beginn dieser Phase die meisten englischen Bauern auf ihrem Land einen gewissen Überschuss über den reinen Lebensunterhalt hinaus erwirtschaften, reicht der Ertrag des eigenen Landes am Ende dieser Periode vielfach nicht mehr aus: Bauern müssen Arbeiten z. B. als Erntehelfer annehmen, um über die Runden zu kommen.[24] Dies hat u. a. damit zu tun, dass die Pacht in dieser Zeit steigt und gleichzeitig die durchschnittliche Größe des Landbesitzes der einfachen Bauern sinkt. Grund sind die steigenden Bevölkerungszahlen, aber auch die Tatsache, dass ärmere Bauern in Krisenzeiten gezwungen sind, ihr Land an Wohlhabendere zu verkaufen.

Ähnlich sah die Situation in Frankreich aus, wo die durchschnittliche Größe einer Parzelle von zehn auf drei Hektar fiel. Tatsächlich haben wir es hier mit einer Umverteilung von unten nach oben zu tun: Parallel zu dieser Verschlechterung der Situation der einfachen Bauern am unteren Ende der Einkommenspyramide verbessert sich die Situation der Magnaten am oberen Ende; außerdem nimmt ihre Zahl zu: Während es in England um 1200 etwa 160 Großgrundbesitzer mit einem Durchschnittseinkommen von 200 Pfund gibt, verdreifacht sich dieses Einkommen innerhalb des darauffolgenden Jahrhunderts auf durchschnittlich 670 Pfund, außerdem steigt die Zahl der Grundbesitzer um ein Viertel auf 200.[25]

Ein Detail dieser Entwicklung vermag zu illustrieren, wie weit diese Entwicklung der menschlichen Kontrolle entzogen ist.[26] Kurioserweise scheint nämlich bei der Entstehung des Feudalsystems eine auf den ersten Blick nebensächliche Erfindung eine wichtige Rolle gespielt zu haben: Die Erfindung des Steigbügels. Einer zuerst von Brunner,[27] dann von White[28] vertretenen Theorie zufolge führte die Einführung des Steigbügels nämlich zu einer massiven Verstärkung der Kampfkraft von Reitertruppen. Steigbügel gaben Reitern zusätzlichen Halt, so dass sie die Lanze besser führen konnten und von Fußtruppen nicht mehr so leicht aus dem Sattel zu heben waren. Erschwerend dürfte hinzugekommen sein, dass angesichts nach wie vor schwacher staatlicher Institutionen das aufwendige Training für Fußtruppen in der Regel unterblieb,[29] was das Gewicht weiter zugunsten der Reiterheere verschob.

Karl Martell (ca. 690–741), fränkischer Herrscher und Großvater Karls des Großen, machte sich diese Entwicklung zunutze, indem er seine Armee auf Reiterheere umstellte. Das entscheidende Problem war dabei die Finanzierung, denn die Ausrüstung von Reitern war sehr teuer. Martells entscheidender Schachzug bestand darin, die Finanzierung durch die Vergabe von Lehen an seine Gefolgsleute sicherzustellen: Letztere bekamen also Land und mussten sich dafür verpflichten, eine gewisse Zahl von Reitern auszurüsten. Lehen für Gefolgschaft: das Grundprinzip des Feudalwesens. Da Land im Mittelalter die zentrale Quelle von Reichtum war, verstärkte die ungleiche Verteilung von Land durch das Lehnswesen die allgemeine ökonomische Ungleichheit. Eine aus heutiger Sicht zweitrangige Erfindung hat also gravierende Konsequenzen für die Steigerung der Ungleichheit – für die Zeitgenossen war dieser Zusammenhang offenbar nicht abzusehen.

4. Der Schwarze Tod: Pestepidemien im 14. und 15. Jahrhundert

Ach, wie viele große Paläste, wie viele schöne Häuser und vornehme Wohnungen, die einst voll glänzender Dienerschaft, voll edler Herren und Damen gewesen waren, standen jetzt bis auf den geringsten Stallknecht leer! Wie viel denkwürdige Geschlechter blieben ohne Stammhalter, wie viele umfassende Verlassenschaften und berühmte Reichtümer ohne Erben! Wie viel rüstige Männer, schöne Frauen und blühende Jünglinge, denen, von andern zu schweigen, selbst Galen, Hippokrates und Äskulap das Zeugnis blühender Gesundheit ausgestellt hätten, aßen noch am Morgen mit ihren Verwandten, Gespielen und Freunden, um am Abend des gleichen Tages in einer andern Welt mit ihren Vorfahren das Nachtmahl zu halten![30]

Wie schon angedeutet, erlebt das mittelalterliche Europa vom zehnten bis zum vierzehnten Jahrhundert eine echte Blütezeit in Wirtschaft und Kultur. Universitäten werden gegründet, die gotischen Dome entstehen, und auch Kunst und Literatur durchlaufen eine bemerkenswerte Entwicklung. Gleichzeitig verstärken sich aufgrund einer Stabilisierung der politischen Situation in Zentralasien die Handelsbeziehungen zwischen Europa und dieser Region. Doch mit dem Beginn des vierzehnten Jahrhunderts zeigen sich erste Warnsignale. Dazu gehört eine größere Zahl von Missernten, die zu Hungersnöten führen und möglicherweise auch die Widerstandskräfte innerhalb der Bevölkerung schwächen.

Doch dann kommt die Pest. Zeitgenössischen Quellen zufolge ist der Auslöser die Belagerung der von den Genuesen gehaltenen Stadt Kaffa auf der Krim 1347 durch die Tataren, in deren Reihen bereits eine Pestepidemie wütet. Als sich schon abzeichnet, dass die Genuesen die Stadt halten werden, greifen die Belagerer zu einem letzten, verzweifelten Mittel: Sie katapultieren ihre Pesttoten über die Mauern der Stadt.

Der Schachzug hat »Erfolg«. Die Genuesen stecken sich an und verbreiten die Pest nach der Rückkehr über ihre Heimatstadt, Marseille und Venedig innerhalb weniger Jahre praktisch in ganz Europa. Die Folgen sind katastrophal: Ganze Landstriche werden entvölkert, blühende Städte verlieren einen Großteil ihrer Einwohnerschaft, ganze Familien werden in kürzester Zeit ausgelöscht. Die genauen Zahlen sind schwer abzuschätzen, doch fallen der Pest mindestens 35 % der Bevölkerung Europas zum Opfer, das sind 20–25 Millionen Menschen. Neuere Untersuchungen gehen sogar davon aus, dass 50–60 % der Bevölkerung den Tod fanden; dabei scheinen die Opferzahlen in Südeuropa höher gewesen zu sein als im Norden. Einige Gegenden wurden dagegen völlig ausgespart – entweder aufgrund von Vorsichtsmaßnahmen oder aber, weil es wenig Kontakt zu den Handelswegen gab, über die sich der Erreger verbreitete.

Die Medizin stand der Pandemie hilflos gegenüber – sofern die Ärzte den Kontakt mit den Pestkranken aus Angst vor einer Ansteckung nicht sowieso vermieden. So führte z. B. ein von Philipp VI. in Auftrag gegebenes Gutachten der medizinischen Fakultät der Pariser Universität die Pandemie auf »Miasmen« zurück – schädliche Dünste, die durch eine ungünstige Konstellation von Jupiter, Mars und Saturn entstanden seien. Andere Erklärungen sahen in der Pest eine Strafe Gottes für die menschlichen Verfehlungen, aber auch jüdische Brunnenvergiftungen wurden als Ursache angeführt.

Es leuchtet ein, dass wirkungsvolle Gegenmaßnahmen unter diesen Voraussetzungen schwierig waren, zumal auch die sinnvolleren Pläne häufig nicht konsequent umgesetzt wurden. Aus heutiger Perspektive nachvollziehbar war z. B., dass man Regeln für den Verkauf von Fleisch und Textilien einführte, Ein- und Ausreiseverbote erließ,[31] oder eine vierzigtägige Quarantäne über die Besatzungen neu einlaufender Schiffe in Hafenstädten verhängte. Doch Ratten, von denen die höchste Gefahr ausging, waren damit nicht vom Landgang abzuhalten.

Die vermutlich wirkungsvollste Maßnahme zeigt gleichzeitig, wie stark die Katastrophe auch grundlegende moralische Prinzipien in Mitleidenschaft gezogen hatte: Während andere Städte ein Ausgehverbot über die Bewohner von Häusern mit Pestkranken verhängten, ging man in Mailand einen entschiedenen Schritt weiter: Pestkranke wurden kurzerhand in ihren Häusern eingemauert.[32] Schwer zu sagen, welchen Anteil diese brutale Maßnahme daran hatte, dass Mailand als einzige größere oberitalienische Stadt von diesem Ausbruch der Pest verschont blieb.

Auch in anderen Maßnahmen offenbart sich die Hilflosigkeit angesichts der fortschreitenden Katastrophe. Ärzte versuchen, sich vor den schädlichen Dünsten mit einer Gesichtsmaske zu schützen, in der Luft durch einen Essigschwamm oder Kräuter gefiltert wurde. Heute sind diese Masken mit ihrer charakteristischen langen Nase nur noch im venezianischen Karneval gebräuchlich.[33] Und weil man die Pest als Strafe für den Sittenverfall ansah, wurden Sonntagsarbeit, Prostitution, das Fluchen und auch das Glücksspiel verboten;[34] darüber hinaus führte der Papst eine Messe ein, die vor der Seuche schützen sollte.[35] Um das Ausmaß der Katastrophe zu verschleiern, durften am Ende die Totenglocken nicht mehr geläutet und Trauerkleidung nicht mehr getragen werden.[36]

Auch das öffentliche Leben war schwer beeinträchtigt – zum einen, weil die Pest auch unter den Vertretern der staatlichen Ordnung gewütet hatte, zum anderen, weil viele Hemmungen wegfielen angesichts der Aussicht, in wenigen Tagen selbst der Pest zum Opfer zu fallen. Dazu heißt es wiederum bei Giovanni Boccaccio:

> In solchem Jammer und in solcher Betrübnis der Stadt war auch das ehrwürdige Ansehen der göttlichen und menschlichen Gesetze fast ganz gesunken und zerstört;

> denn ihre Diener und Vollstrecker waren gleich den übrigen Einwohnern alle krank oder tot oder hatten so wenig Gehilfen behalten, daß sie keine Amtshandlungen mehr vornehmen konnten. Darum konnte sich jeder erlauben, was er immer wollte.[37]

Tatsächlich waren bald nicht mehr genug Gräber vorhanden. Viele Tote wurden in Massengräbern verscharrt, und auch die Kranken wurden häufig weder von ihren Familienangehörigen noch von Ärzten versorgt – zu groß war die Angst vor Ansteckung. Aus denselben Gründen kam während der Pandemie auch der Handel zum Erliegen, die Felder wurden nicht mehr bestellt und die Ernte nicht eingebracht. Äußerer Druck, auch das bleibt hier festzuhalten, kann also unter bestimmten Umständen auch zur Auflösung sozialer Strukturen führen.

Viele Konsequenzen zeigten sich erst nach dem Ende der Seuche – und genau die sind von entscheidender Bedeutung für das Problem der Ungleichheit. Angesichts der vielen Toten kam es nämlich zu einem massiven Arbeitskräftemangel – es war schlicht niemand mehr da, der die Arbeit auf den Feldern hätte übernehmen können. Tatsächlich steigerten die Löhne sich auf das Doppelte. Staatliche Stellen, die aufgrund ihres eigenen Grundbesitzes in dieser Sache alles andere als neutral waren, versuchten daher, den Anstieg zu bremsen. Doch die Besitzenden gerieten noch aus einer anderen Richtung unter Druck. Der Bevölkerungsrückgang reduzierte nämlich auch die Nachfrage nach Getreide, so dass die Preise sanken,[38] und schließlich gingen die Pachten wegen der nachlassenden Getreidepreise zurück.[39]

Insgesamt ergaben sich hieraus erhebliche Verluste für die besitzenden Schichten, vor allem Kirche und Adel: Ihre Einnahmen sanken durch den Rückgang bei Pachten und Getreidepreisen, während ihre Ausgaben durch die Erhöhung der Löhne anstiegen. Eben diese Lohnsteigerungen führten zu einer signifikanten Verbesserung am unteren Ende der Einkommenspyramide: Der Verlust von Menschenleben und Vermögen bringt also eine substantielle Verringerung der Ungleichheit mit sich. Tatsächlich sinkt der Gini-Index in großen Teilen Italiens um ganze zehn Prozentpunkte und der Anteil der Reichsten am Gesamtvermögen reduziert sich um ein Drittel.[40]

Doch der Druck durch die Katastrophe hatte noch eine weitere Konsequenz, die die Vermutung stützt, dass äußerer Druck die innere Einheit stärkt. Wir hatten bereits gesehen, dass während der Pestepidemie die sozialen Strukturen schwer beeinträchtigt werden. Selbst die Ärzte, so hatten wir gesehen, vermeiden den Kontakt mit Kranken. Nach dem Höhepunkt der Katastrophe ändert sich das jedoch: Die Überlebenden gründen eine Vielzahl wohltätiger Stiftungen, die neben der Kirche auch den Armen zugutekommen. Hier zeigt sich wieder das Muster, das wir bereits in den Experimenten von Sherif und den griechischen Stadtstaaten kennengelernt hatten: Unter Druck rücken menschliche Gesellschaften zusammen und engagieren sich insbesondere für unterprivilegierte Mitglieder. Es liegt nahe, einen Teil der Reduzierung der Ungleichheit auch durch diese psychologische Reaktion zu erklären.[41]

5. Weitere Entwicklung bis zum 19. Jahrhundert

Die Pandemie von 1347 sollte nicht die einzige bleiben – bis zum Beginn des 16. Jahrhunderts gab es in praktisch allen europäischen Ländern immer wieder Pestepidemien, zwischen denen nur selten mehr als zehn seuchenfreie Jahre lagen. Am Ende dieser Zeit hatte sich die europäische Bevölkerung halbiert, bevor die Zahlen dann mit dem Beginn des 16. Jahrhunderts wieder steigen. Damit nimmt auch die Ungleichheit allmählich wieder zu. Feststellen lässt sich das erstmals anhand halbwegs verlässlicher schriftlicher Unterlagen, wie sie seit dem Spätmittelalter verfügbar sind. Die Dokumente zeigen dabei, wie sich die ökonomischen Unterschiede mit dem Nachlassen der Pestepidemien seit dem 16. Jahrhundert wieder vergrößern. Durch die Zunahme der Bevölkerung erhöht sich auch das Angebot an Arbeitskräften. Dies wiederum führt zu einem Sinken der Löhne z. T. bis auf das Niveau vor der Pest, auch deshalb nimmt die Ungleichheit wieder zu. Hierzu tragen später auch weitere Verdienstmöglichkeiten für die Vermögenden bei, wie sie sich aus der Kolonisierung der Neuen Welt und der Finanzierung von Staatsschulden ergaben. So steigt der Gini in Norditalien nach der Mitte des 15. Jahrhunderts wieder langfristig an, um am Beginn des 19. Jahrhunderts fast 80 % zu erreichen; vergleichbare Werte finden sich auch in holländischen oder englischen Städten.

In einzelnen Fällen steigen die Werte noch wesentlich schneller. So findet man in Florenz schon knapp hundert Jahre nach der großen Pest Gini-Werte zwischen 80 und 85 %; in Augsburg werden 1498 66 % erreicht, ein Jahrhundert später dann sogar 93 %,[42] bevor der Wert während des Dreißigjährigen Krieges auf 75 % fällt – auch hier wieder verbunden mit einem Verlust von mehr als der Hälfte der Bevölkerung durch Krieg und Pest.

Sieht man von solchen Einbrüchen einmal ab, dann setzt sich die Entwicklung vom Beginn des 18. Jahrhunderts bis zu den großen Kriegen des 20. Jahrhunderts nahezu kontinuierlich fort. In England verdreifacht sich in dieser Periode das Bruttoinlandsprodukt pro Kopf, doch das Vermögen wird zunehmend ungleich verteilt: Während die obersten 1 % am Beginn dieser Phase knapp 40 % des Vermögens besitzen, steigt der Wert zum Ende dieser Phase auf fast 70 % an. Der Gini-Wert für den Landbesitz erreicht sogar 94 % – die Ungleichheit war also kaum noch zu steigern.[43]

Die Situation bei den laufenden Einkommen im England des 19. Jahrhunderts ist indessen weniger klar. Während einige Daten für eine weitere Steigerung der Ungleichheit auch in diesem Punkt sprechen, deuten andere Indizien auf eine Stabilisierung oder gar eine Abschwächung insbesondere seit der Mitte des 19. Jahrhunderts hin. Ähnliche Unsicherheiten betreffen die Situation in Italien, was auch mit der Auswanderungswelle in die USA zusammenhängt, die das Land in der zweiten Hälfte des 19. Jahrhunderts erfasst.

In Frankreich gib es Anzeichen für eine Steigerung der Ungleichheit bis zum Vorabend des Ersten Weltkrieges: So erhöhte sich der Anteil des Vermögens der obersten 1 % in Paris zwischen 1807 und 1913 von 50–55 % auf 72 %; die Steigerung im gesamten Land ist ähnlich, vollzieht sich aber auf einem niedrigeren Niveau. In Preußen kommt es noch zu einer gewissen Steigerung des Einkommensanteils der obersten 1 % in dieser Zeit, die jedoch schon in den beiden

Jahrzehnten vor dem Ersten Weltkrieg abflacht; in den Niederlanden ist die Situation sogar einigermaßen stabil.

Auf dem Gebiet der heutigen Vereinigten Staaten lässt sich bis zum Ersten Weltkrieg eine massive Steigerung der Ungleichheit feststellen. Unterbrochen wird sie nur von zwei großen Kriegen, die zu einem massiven Verlust an Menschenleben und Vermögen geführt hatten: Dem Unabhängigkeitskrieg von 1775–1783 und dem Amerikanischen Bürgerkrieg von 1861–1865, wobei sich die Verringerung der Ungleichheit nach dem Bürgerkrieg nur bei den Verlierern, also den Südstaaten zeigt: Bei den Gewinnern des Krieges dagegen nehmen Reichtum und Ungleichheit weiter zu.

Insgesamt dürfte das Wachstum von Reichtum und Ungleichheit bereits lange vor der Staatsgründung begonnen haben, so dass der Gini vor Beginn des Unabhängigkeitskrieges schon 44 % erreicht. Nach der Unterbrechung dieser Entwicklung durch den Unabhängigkeitskrieg wachsen Reichtum und Ungleichheit in der ersten Hälfte des 19. Jahrhunderts dann wieder, so dass der Gini 1860 bereits bei 51 % liegt. Deutlicher noch schlägt sich diese Entwicklung in dem Anteil des Vermögens der oberen 1 % nieder: Während diese 1810 25 % des Gesamtvermögens auf sich vereinen, sind es hundert Jahre später fast doppelt so viel, nämlich 46 %,[44] und während das höchste bekannte Vermögen im Jahre 1790 das Fünfundzwanzigtausendfache des durchschnittlichen Jahresarbeitslohns umfasste, entspricht der Besitz von John D. Rockefeller im Jahre 1912 2,6 Millionen durchschnittlicher Jahresarbeitslöhne.[45]

Versuche zur Verringerung der Ungleichheit

Die Ungleichheit hatte damit ihren vorläufigen Höhepunkt erreicht. Und dies, obwohl immer wieder versucht worden war, diese Entwicklung zu bremsen. Hierzu gehörten z. B. Revolten in den Städten, Schuldenerlasse und auch Landreformen. Landreformen waren in Zeiten, in denen Wohlstand vor allem auf Landbesitz basierte, ein naheliegendes Mittel zur Verringerung von Ungleichheit. Doch Scheidel kann zeigen, dass zumindest die mittelfristig erfolgreichen Landreformen in der Regel in Zusammenhang mit Krieg und Gewalt standen – insbesondere militärische Niederlagen stellten dabei ein zentrales Motiv dar. So wird z. B. im Japan des 7. Jahrhunderts eine weitreichende Landreform geplant, die das Land in Parzellen teilen und jedem Haushalt eine seiner Größe entsprechende Parzelle zuweisen soll. Es ist unklar, wie weit diese Reform umgesetzt wird. Ausgelöst wird sie jedenfalls durch eine drohende militärische Auseinandersetzung mit China, angesichts derer man die Armee durch Wehrpflichtige vergrößern will: Ein weiterer Beleg dafür, dass äußerer Druck zu einer Verringerung innerer Ungleichheit führen kann.

Ähnliches gilt für Preußen im frühen 19. Jahrhundert. Dort wird eine Agrarreform durchgeführt, die der König ausdrücklich »durch die unglückliche Lage des Landes« nach der Niederlage gegen Napoleon bei Jena und Auerstedt am 14. Oktober 1806 rechtfertigt – also wiederum durch äußeren Druck.[46] Die Reform beseitigt die Erbuntertänigkeit, stellt die Gewerbefreiheit her, ermöglicht allen Bürgern den Landerwerb und überlässt schließlich den Bauern das bislang von ihnen bewirtschaftete Land gegen eine Entschädigung für die Gutsbesitzer. Doch weil diese Entschädigung beträchtlich sein konnte und in Form von Land erfolgte, konzentrierte sich der Besitz im Endeffekt noch weiter in den Händen der Elite. Zudem wurden viele ehemalige Bauern zu Landarbeitern – eine in gewissem Umfang bewusst intendierte Konsequenz der Reform.[47] In Spanien führten die Napoleonischen Kriege ebenfalls zu Landreformen, doch ebenso wie in Portugal kommt es auch hier letztlich zu einer weiteren Konzentration des Grundbesitzes.[48]

Auch in Russland wird nach der Niederlage im Krimkrieg (1853–1856) eine Landreform durchgeführt. Eines der Ziele ist die Abschaffung der Leibeigenschaft, womit man nicht zuletzt die Zahl der Wehrpflichtigen erhöhen wollte. Bauern konnten zudem das von ihnen bebaute Land erwerben, doch die Ablösezahlungen waren so hoch, dass es zu keiner grundsätzlichen Änderung der Lage kommt. Am Ende gelangen gerade einmal 3,5 % des Landes in den Besitz der Bauern, so dass nach der Niederlage gegen Japan 1905 und im Gefolge von Unruhen eine weitere Landreform in Angriff genommen wird. Doch obwohl dabei die Hälfte des Landes in den Besitz der Bauern gelangt, vergrößert sich die Ungleichheit abermals. Erst die Oktoberrevolution führt hier zu einem echten Einschnitt, allerdings um den Preis einer dramatischen Vernichtung von Menschenleben und Besitz – im Folgenden soll davon noch die Rede sein.[49]

Halten wir zunächst fest, dass Landreformen häufig nur unter äußerem Druck stattfinden und selbst dann nur selten zu einer substantiellen Verringerung der Ungleichheit geführt haben. Nicht besser ist die Erfolgsbilanz bei dem Erlass von Schulden. Auch hier scheinen die Dinge auf den ersten Blick recht klar. Insbesondere in agrarischen Gesellschaften sind Schuldner im Allgemeinen weniger vermögend als ihre Kreditgeber – eine Streichung von Schulden sollte daher eigentlich den Unterschied zwischen Arm und Reich verringern.

Tatsächlich hatte es solche Versuche schon in den frühen Staaten des Nahen Ostens gegeben – durchschlagenden Effekt scheinen selbst periodische Schuldenschnitte nicht gehabt zu haben. Vor allem die Zentralgewalt besaß häufig ein Interesse daran, die Ausbeutung der Bauern durch die lokale Aristokratie zu begrenzen, z. B. weil verarmte Bauern keine guten Staatsbürger und erst recht keine guten Soldaten abgaben. Doch Scheidel zeigt, dass die lokalen Kreditgeber letztlich am längeren Hebel saßen: Um wirksam zu sein, mussten Schuldenschnitte häufiger stattfinden – was in einigen Ländern wie gesagt auch passiert zu sein scheint. In diesem Falle konnten sich die Reichen aber schadlos halten, indem sie das Risiko eines Kreditausfalls einfach den Zinsen zuschlugen. Solche Gegenreaktionen mögen unterblieben sein, wenn es nur dann und wann einen Schuldenerlass gab, doch damit war eine substantielle Verringerung der Ungleichheit kaum zu erreichen.[50]

Auch die Befreiung von Sklaven eignete sich nicht als friedliche Maßnahme gegen die Ungleichheit. In vielen Fällen waren die erforderlichen Kompensationsleistungen, die die ehemaligen Sklaven zu erbringen hatten, so hoch, dass von dem ursprünglichen Verlust der Besitzer nur noch wenig übrig blieb. Bei Sklavenbefreiungen ohne hohe Kompensationsleistungen war dagegen meist Gewalt im Spiel – wie z. B. bei der Revolte in Haiti im Jahre 1804 oder im Amerikanischen Unabhängigkeitskrieg. Scheidel resümiert:

Allgemein gesagt war die Verringerung der Ungleichheit umso wirksamer, je mehr Gewalt im Spiel war (wie in Haiti, in großen Teilen Lateinamerikas und den Vereinigten Staaten). Umgekehrt waren die Entschädigungen höher und die Eigner besser in der Lage, den Übergang auszuhandeln, je friedlicher der Prozess war (wie in den britischen und französischen Kolonien).[51]

Zwischenbilanz

Auch wenn der Zusammenhang zwischen ökonomischer und politischer Ungleichheit nicht zwingend ist, so gibt es neben theoretischen Überlegungen und Modellrechnungen auch eine ganze Reihe von historischen Fallbeispielen, an denen sich seine Wirksamkeit illustrieren lässt – z. B. an der Geschichte der Demokratie im antiken Griechenland. Sie entwickelt sich, nachdem ökonomische und demographische Entwicklungen, aber auch die politischen Maßnahmen Solons für eine Verringerung der Ungleichheit gesorgt hatten. Ausgelöst worden waren diese Reformen durch äußeren Druck, genauer durch die militärischen Probleme Athens am Beginn des sechsten Jahrhunderts. Auch später zeigt sich wieder, dass äußerer Druck den sozialen Zusammenhalt stärkt und zusammen mit einer niedrigen Ungleichheit die Bedingungen für demokratische Reformen verbessert.

Der Einfluss von Ungleichheit und äußerem Druck auf politische Strukturen lässt sich auch in Rom verfolgen – allerdings unter ganz anderen Vorzeichen: Hatten in den griechischen Stadtstaaten eine geringe Ungleichheit und hoher äußerer Druck durch permanente, existenzbedrohende militärische Konflikte die Voraussetzungen für eine weitreichende Demokratisierung geschaffen, so sorgen in Rom eine vergleichsweise hohe Stabilität und Ungleichheit dafür, dass die ohnehin schwachen demokratischen Strukturen mit dem Beginn der Kaiserzeit weitgehend abgeschafft werden – was wiederum zu einer weiteren Steigerung der ökonomischen Ungleichheit beiträgt.

Das Römische Imperium illustriert damit auch den geringen Einfluss, den menschliche Gesellschaften auf das Ausmaß der Ungleichheit haben: In Zeiten der Stabilität ist ein Anstieg der Ungleichheit in der Regel nur schwer zu verhindern. Substantiell reduziert wird sie nur durch Kriege und andere Katastrophen. Eine dieser Katastrophen ist der Zusammenbruch des Römischen Imperiums, der nicht nur große Reichtümer vernichtet, sondern auch die Ungleichheit massiv reduziert.

Insbesondere in der Blütephase des späten Mittelalters kommt es zu einem substantiellen Anstieg von Wohlstand und Ungleichheit – bis die Pestepidemien wieder zu einem tiefen Einschnitt führen. Die Gründung einer Vielzahl von Stiftungen und Hilfswerken nach der Pestkatastrophe zeigte dabei noch einmal, wie Gesellschaften unter äußerem Druck zusammenrücken, bevor die Ungleichheit nach dem Ende der Pestepidemien wieder kontinuierlich und dauerhaft ansteigt.

V. Kapitel
Das Zeitalter der Weltkriege und Revolutionen

Halten wir zunächst fest, dass drei Faktoren von besonderer Bedeutung für Entstehung und Entwicklung von Machtstrukturen sind: Soziale Intelligenz ist die Grundlage von Machtstrukturen: Sie erlaubt die Koordination von Handlungen in einer Gruppe, die Kooperation der Gruppenmitglieder und die Lösung von Konflikten. Dabei steigen allerdings die Anforderungen an die soziale Intelligenz mit der Komplexität einer Gruppe – wird die soziale Intelligenz überfordert, dann muss man mit Konflikten und Problemen bei der Koordination rechnen. Soziale Intelligenz kann aber durch Regeln und Institutionen gesteigert werden – die griechische Demokratie lieferte ein Beispiel dafür. Machtstrukturen hängen aber natürlich nicht allein von der sozialen Intelligenz der Beteiligten ab. Wichtig ist einerseits das Verhältnis zu anderen Gruppen: Äußerer Druck durch Konflikte stärkt den inneren Zusammenhalt von Gruppen, die Bereitschaft zu gegenseitiger Unterstützung und die Offenheit für demokratische Regierungsformen. Ökonomische Ungleichheit hat genau den gegenteiligen Effekt: Sie gefährdet demokratische Strukturen, aber wohl auch den inneren Zusammenhalt.

Im Folgenden möchte ich anhand dieser Prinzipien die politische und soziale Entwicklung nach dem Ende der großen Kriege des 20. Jahrhunderts analysieren. Es muss nicht eigens betont werden, dass keines dieser Prinzipien zwingend ist. Menschliche Gesellschaften sind extrem komplexe Phänomene, die auf eine Vielzahl von Einflüssen reagieren, Einflüsse, die sich gegenseitig verstärken, aber auch neutralisieren können. Überhandnehmende Ungleichheit *muss* also nicht in jedem Falle zum Zusammenbruch von Demokratien führen, äußerer Druck *muss* nicht stets den inneren Zusammenhalt stärken. Doch es gibt Situationen, in denen der äußere Druck oder die ökonomische Ungleichheit so groß ist, dass der Einfluss in der Tat dominant wird. Ich möchte im Folgenden zeigen, dass Ersteres für die Nachkriegszeit des 20. Jahrhunderts gilt, Letzteres für die Zeit nach dem Ende des Eisernen Vorhangs.

Die Epoche nach dem Ende der großen Kriege des 20. Jahrhunderts fällt durch eine ganze Reihe von Besonderheiten auf: Zu diesen Besonderheiten zählt nicht nur die dramatische Reduzierung der Ungleichheit. Hinzu kommen ein massiver Ausbau von Wohlfahrtssystemen, in einigen Fällen die Verstaatlichung von Schlüsselindustrien, vor allem aber ein nahezu beispielloses Maß an sozialem Konsens. Der Konsens umfasst auch das Verhältnis der westlichen Staaten untereinander, die auf eine bislang unbekannte Weise miteinander kooperieren. Ehemalige Kriegsgegner begraben z. T. jahrhundertelang gepflegte Feindschaften und bauen in wenigen Jahren ein Netz von internationalen Institutionen und Verträgen auf, das bis heute die Grundlage der internationalen Kooperation nicht nur der westlichen Staaten bildet.

Offensichtlich verlangen diese Besonderheiten nach einer Erklärung. Ich werde im ersten Abschnitt des folgenden Kapitels zeigen, dass für diese Erklärung die beiden obengenannten Faktoren eine zentrale Rolle spielen. Entscheidend dürften dabei der äußere Druck durch die nachwirkenden Schrecken der Kriege und die nach dem Krieg anhaltende Blockkonfrontation gewesen sein. Zusammen mit der Systemkonkurrenz zwischen dem östlichen und dem westlichen Gesellschaftssystem leistet er einen entscheidenden Beitrag zur Erklärung des sogenannten »Nachkriegskonsenses« mitsamt seinen tiefgreifenden sozialen, ökonomischen und politischen Konsequenzen. Hinzu kommt eine geringe ökonomische Ungleichheit, die nicht nur die demokratischen Institutionen stützt, sondern auch den sozialen Zusammenhalt stärkt.

Doch wenn diese Erklärung stimmt und der Nachkriegskonsens auf den äußeren Druck von Kriegserfahrung und Blockkonfrontation zurückzuführen ist, dann wäre zu erwarten, dass dieser Konsens an Kraft verliert, sobald die Kriegserfahrung verblasst und – vor allem – die Blockkonfrontation nachlässt, also etwa seit dem Beginn der 1980er Jahre. Dies ist in der Tat der Fall: Mit dem Beginn der 80er Jahre kündigen Thatcher und Reagan mit ihrer neoliberalen Agenda den Nachkriegskonsens auf. Die Wohlfahrtsprogramme werden zusammengestrichen, die Steuerquote insbesondere in den höheren Einkommensklassen gesenkt und vormals verstaatlichte Unternehmen privatisiert. Angestoßen wird damit eine Entwicklung, die sich mit einer gewissen Verzögerung auch in den anderen westlichen Ländern durchsetzt. Damit steigt nicht nur die Ungleichheit, gleichzeitig lässt der soziale Zusammenhalt auch an vielen anderen Stellen nach. In Ländern mit einem Verhältniswahlrecht wie der Bundesrepublik Deutschland ist dies an der Bildung neuer

Parteien erkennbar; in Ländern mit Mehrheitswahlrecht wie den USA an einer verstärkten Polarisierung der existierenden Parteien.

1. Die Zeit der großen Kriege

Der Erzherzog und seine Frau hatten Glück. Die Bombe, die die Attentäter beim Besuch Sarajewos am 28.6.1914 auf den Wagen des Paars geschleudert hatten, prallte vom geöffneten Verdeck ab und explodierte auf der Straße, ohne dabei allzu viel Schaden anzurichten. Das hohe Paar kam mit dem Schrecken davon und setzte seinen Weg zum Rathaus fort. Doch auf dem Rückweg nimmt das Unheil seinen Lauf. Aufgrund von Missverständnissen zwischen den zuständigen Behörden wird die Fahrzeugkolonne gestoppt, dabei kommt der Wagen des Erzherzogs just vor dem letzten verbliebenen Attentäter zum Stehen. Gavrilo Princip zieht seine Waffe, verletzt den Erzherzog und seine Frau tödlich und setzt damit eine Kaskade von Ereignissen in Gang, die letztlich zum Ausbruch des Ersten Weltkriegs führen.[1]

Als die Epoche der großen Kriege gut dreißig Jahre später am 8.5.1945 mit der zweiten deutschen Kapitulation zu Ende geht, haben die beiden Waffengänge zusammen mit der Oktoberrevolution Zerstörungen von bislang unbekanntem Ausmaß angerichtet: Mehr als 95 Millionen Tote sind zu beklagen, weite Landstriche verwüstet, Städte und Ortschaften zerstört, zudem wurde die Zivilbevölkerung aufgrund der vielfältigen Verbrechen des Nazi-Regimes und des Bombenkrieges in einem zuvor nicht bekannten Maße von den Schrecken des Krieges erfasst.

Kriege und Revolution legen damit die Grundlage für eine dramatische Reduzierung der Ungleichheit. So sank beispielsweise der Anteil der obersten 1 % am Gesamtvermögen in Japan bis zum Beginn der fünfziger Jahre um zwei Drittel, in Frankreich, Dänemark, Schweden und im Vereinigten Königreich um mehr als die Hälfte und um mehr als ein Drittel in Deutschland, den Niederlanden und den USA. Ähnliches gilt für Russland, China, Taiwan und Korea.[2] Um ähnliche Einbrüche der Ungleichheit zu finden, muss man in der Geschichte weit zurückgehen: Zu den Pestepidemien des späten Mittelalters oder gar bis zum Zusammenbruch des Römischen Imperiums.

2. Die Nachkriegszeit

Bemerkenswerterweise hält die Verringerung der Ungleichheit in den meisten Ländern über die gesamte Nachkriegszeit an, d. h. bis zum Ende des Kalten Krieges in den späten 1980er Jahren. Diese Nachkriegszeit bildet noch immer den Maßstab für die Beurteilung unserer eigenen Gegenwart – insbesondere, wenn es um Phänomene wie die zunehmenden Erfolge des Rechtspopulismus geht.

Tatsächlich stellt diese Epoche jedoch eine große Ausnahme dar, was Ausmaß und Dauer der Verringerung der Ungleichheit, aber auch die Stärke des sozialen Zusammenhalts angeht. Das liegt vor allem daran, dass in der Nachkriegszeit aufwendige Sozialprogramme und kompensatorische Steuersysteme mehrheitsfähig werden: Während die Wohlfahrtsausgaben vor dem Zweiten Weltkrieg in Europa bei durchschnittlich 3 % lagen, findet in der Nachkriegszeit eine rasante Steigerung statt: Bis 1960 verdreifachen sie sich auf 10 %, bis 1990 auf 26 %.[3] Selbst die Verstaatlichung von Schlüsselindustrien wird zeitweilig bis ins konservative Lager hinein akzeptiert. In Deutschland schafft es die Forderung nach Verstaatlichung bis in die hessische Landesverfassung und in das berühmte Ahlener Parteiprogramm der CDU von 1947.

Im Vereinigten Königreich werden vergleichbare Forderungen in kürzester Zeit sogar in die Tat umgesetzt. Schon nach dem Ersten Weltkrieg hatte es Bemühungen um ein größeres Einverständnis zwischen den unterschiedlichen politischen Kräften einschließlich der Gewerkschaften gegeben. Ergebnis dieser Bemühungen waren unter anderem ein Ministerium für Wiederaufbau und ein Wohnungsbauprogramm unter dem Titel »Homes fit for Heroes«. Nach dem Zweiten Weltkrieg war diese Reaktion noch stärker:

> Unter dem Eindruck von Krieg und Evakuierung wurde die öffentliche Meinung egalitärer und kollektivistischer. Ein stärkeres Bewusstsein für soziale Übel und Armut setzte die Regierung unter Druck, so etwas wie einen Wohlfahrtsstaat zu schaffen.[4]

Tatsächlich gelingt der Labour-Partei unter Clement Attlee schon 1945 mit dem Versprechen weitreichender Sozialprogramme ein Erdrutschsieg gegen den Kriegshelden Churchill. Attlee zaudert nicht lange: Schon kurz nach seiner Wahl gründet er im Jahr 1946 den staatlichen Gesundheitsdienst (National Health Service Act, 1946), führt eine Sozialversicherung ein (National Insurance Act, 1946) und verstaatlicht die Kohleindustrie (Coal Industry Nationalisation Act, 1946) – insgesamt überführt Attlee bis zum Ende seiner Amtszeit 1951 ein Fünftel der Britischen Wirtschaft in Gemeineigentum. Noch heute gilt er als einer der erfolgreichsten britischen Premierminister überhaupt.[5]

Sichtbar wir dabei ein Phänomen, das in Schweden[6] ebenso wie im Vereinigten Königreich als »Nachkriegskonsens« bezeichnet wird:[7] In Großbritannien verband dieser Konsens alle drei großen Parteien, Konservative, Liberale und Labour. Er ermöglichte einen massiven Ausbau des Wohlfahrtsstaates einschließlich der Gründung des Nationalen Gesundheitsdienstes, den Ausbau des Bildungssystems, aber auch den Erhalt privater Eliteschulen, die Verpflichtung der Wirtschaftspolitik auf die Gewährleistung der Vollbeschäftigung mit den an der Nachfrage orientierten Methoden von Keynes, und schließlich auch die sogenannte »Mixed Economy«, also das Zusammenspiel von verstaatlichten Schlüsselindustrien und Privatwirtschaft. Charakteristisch für diesen Konsens ist eine Bemerkung des amerikanischen Politologen Seymour Lipset aus den fünfziger Jahren. Sie zeigt, wie festverwurzelt und selbstverständlich selbst Experten der Nachkriegskonsens erschien – in diesem Falle der in den Vereinigten Staaten:

> Das charakteristische Muster stabiler westlicher Demokratien in der Mitte des zwanzigsten Jahrhunderts ist das einer »postpolitischen« Phase. Es gibt relativ wenige Unterschiede zwischen der demokratischen Linken und Rechten; die Sozialisten sind gemäßigt und die Konser-

> vativen akzeptieren den Wohlfahrtsstaat. Im Großen und Ganzen ist das Ausdruck der Tatsache, dass die Arbeiter in diesen Ländern ihren Kampf für die Staatsbürgerschaft und Zugang zur Politik gewonnen haben, d.h. für das Recht, an allen politischen Entscheidungen genauso wie alle anderen beteiligt zu sein.[8]

Wie wir heute wissen, war der Nachkriegskonsens keine unverlierbare Errungenschaft, die fest in den Strukturen des politischen Systems verwurzelt war, sondern eine temporäre Erscheinung, die von den spezifischen Bedingungen der Nachkriegszeit hervorgebracht wurde. Mit der Veränderung dieser Bedingungen wird er dann in den achtziger Jahren durch eine neoliberale Wirtschaftspolitik von Thatcher und Reagan aufgekündigt. Mehr dazu später.[9]

Bundesrepublik Deutschland

Eine ganz ähnliche Entwicklung wie im Vereinigten Königreich lässt sich nach dem Zweiten Weltkrieg auch in den westdeutschen Besatzungszonen bzw. danach in der frühen Bundesrepublik beobachten. Bemerkenswert ist zunächst die bereits erwähnte »antikapitalistische Grundstimmung«,[10] die bis in das konservative Spektrum hineinreichte und in Nordrhein-Westfalen auch auf die Sympathie der britischen Militärregierung zählen konnte: In ihr kommt ganz offenbar ein verstärkter sozialer Zusammenhalt zum Ausdruck.

So heißt es im Ahlener Programm der CDU, dass »das kapitalistische Wirtschaftssystem … den staatlichen und sozialen Lebensinteressen des deutschen Volkes nicht gerecht geworden« sei, daher müsse eine »Neuordnung von Grund aus erfolgen«. Dazu gehörte u.a. die »Vergesellschaftung der Bergwerke«. Es blieb nicht bei Parteitagsbeschlüssen. Mit Zustimmung der CDU wird eine Bestimmung zur Vergemeinschaftung wichtiger Schlüsselindustrien und einer Einziehung von Großgrundbesitz in die Hessische Verfassung aufgenommen; in Nordrhein-Westfalen toleriert die CDU die Verabschiedung eines Gesetzes zur Sozialisierung der Kohlewirtschaft. Gescheitert ist das Gesetz dann erst am Einspruch der britischen Militärregierung, die sich in diesem Punkt dem Druck der Amerikaner gebeugt hatte.[11]

Die sorgten dann auch anderswo maßgeblich dafür, dass sich die antikapitalistischen Strömungen letztlich nicht durchsetzen konnten – z.B. indem sie 1948 die Wahl Ludwig Erhards, eines ausgewiesenen Vertreters liberaler Auffassungen, zum Direktor der »Verwaltung für Wirtschaft« forcierten. Erhard wurde damit faktisch zum Wirtschaftsminister in der vereinigten englischen und amerikanischen Besatzungszone – man kann vermuten, dass die antikapitalistische Stimmung ansonsten wesentlich weitreichendere Konsequenzen gehabt hätte.

Im Amt suchte Erhard mit der Währungsreform am 20. Juni 1948 eine »freie« Marktwirtschaft durchzusetzen, die die Festlegung von Löhnen und Preisen allein dem Markt überlässt. Von einer »sozialen« Marktwirtschaft, so hat Uwe Fuhrmann kürzlich gezeigt,[12] war bei Erhard zu diesem Zeitpunkt noch keine Rede. Doch die Währungsreform hatte dramatische Preiserhöhungen bei Textilien und Grundnahrungsmitteln zur Folge. Diese wiederum führten in der ausgehungerten und weithin verarmten deutschen Bevölkerung zu einer Vielzahl von ernsthaften Unruhen und Protesten, deren Höhepunkt ein Generalstreik im November des Jahres war.

Der verstärkte soziale Zusammenhalt schließt Konflikte also nicht aus – die Beispiele für solche Auseinandersetzungen sind zahlreich. Aber die Konflikte werden in der Regel schnell gelöst. In den vierziger Jahren spielt dabei auch die blanke Not eine wichtige Rolle. Die Demonstranten nach der Währungsreform konnten sich darauf berufen, dass ihnen angesichts der Preissteigerungen einfach nicht mehr genug zum Leben blieb: Selbst ein vergleichsweise hoher Facharbeiterlohn reichte nicht aus, um die gestiegenen Preise zu zahlen.[13]

Und sie fanden ein offenes Ohr. Erhard und seine Mitstreiter reagieren schnell. Statt aus ideologischen Schützengräben das ursprüngliche Konzept einer freien Marktwirtschaft zu verteidigen, verändern sie ihre Pläne substantiell, so dass am Ende eine »soziale« Marktwirtschaft dort steht, wo ursprünglich ausdrücklich eine »freie« Wirtschaftsordnung geplant war.[14] Dabei geht es nicht nur um einen bloßen Etikettentausch. Vielmehr wird plötzlich eine Reihe von Maßnahmen zur Beeinflussung der Preise und zur Unterstützung Bedürftiger eingeführt, die mit dem ursprünglichen Konzept der freien Marktwirtschaft unvereinbar waren. Erhard selbst wird damit in den Gründungsmythen der Bundesrepublik zum Vater eben jener »Sozialen Marktwirtschaft«, die er ursprünglich eigentlich verhindern wollte.

Gut erkennbar ist dabei auch ein weiterer Faktor, der vor allem in den ersten Nachkriegsjahren wirksam ist: Die Konkurrenz der Systeme, die einen wichtigen Einfluss insbesondere auf dem Gebiet der Sozialpolitik ausübt. So spricht z. B. Adenauer Mitte der 50er Jahre davon, dass es darum gehe, »unser Volk wirtschaftlich und sozial widerstandsfähig zu machen und ihm damit eine stärkere Sicherheit gegen kommunistische Unterwanderungen zu schaffen.«[15] Sozialen Maßnahmen kommt dabei eine zentrale Rolle zu. So versucht Erhard 1958 in der ZEIT zu zeigen, dass die Soziale Marktwirtschaft den »Herausforderungen des Herrn Ulbricht« gewachsen sei, weil sie bei der Bekämpfung der Ungleichheit auf bestem Wege sei.

Der soziale Zusammenhalt zeigt sich schließlich auch darin, dass Kompromissbereitschaft – ähnlich wie im Vereinigten Königreich – auf beiden Seiten besteht. So ließ sich die SPD zunächst *de facto* mit dem Berliner Aktionsprogramm von 1954 und insbesondere dann mit dem Godesberger Programm von 1959 auch ganz explizit auf die Marktwirtschaft ein. Auch die Gewerkschaften, die schon die Auseinandersetzungen um die Etablierung der Marktwirtschaft in den späten vierziger Jahren eher zurückhaltend geführt hatten, trugen durch moderate Lohnforderungen und maßvolle politische Aktivitäten zu einem Grundkonsens zwischen den unterschiedlichen gesellschaftlichen Gruppen bei, wie er sich auf der institutionellen Ebene in Deutschland auch später noch z. B. in der Großen Koalition von 1966 oder der sogenannten »Konzertierten Aktion« von Gewerkschaften, Arbeitgeberverbänden und Regierung von 1967–1977/78 zeigte.

Skandinavien, die Niederlande und die Vereinigten Staaten

Die frühe Bundesrepublik und das Vereinigte Königreich stehen damit längst nicht allein. Ein ähnlicher Ausbau der Sozialsysteme findet während der Nachkriegszeit praktisch in allen demokratischen westlichen Ländern statt. Besonders aufschlussreich ist die Entwicklung in Skandinavien. Erste Ansätze waren hier bereits am Ende des 19. Jahrhunderts entstanden. Als Reaktion auf die Bismarck'sche Sozialversicherung (1883–1889) werden wenig später in Dänemark, Norwegen und Schweden Sozialversicherungen gegründet, die jedoch mit sehr begrenzten Mitteln operieren und sich an einen vergleichsweise kleinen Kreis von Bedürftigen richten.[16] Der eigentliche Schritt zu einem universellen Wohlfahrtssystem modernen Typs geschieht auch hier in der Nachkriegszeit. So heißt es bei Esping-Andersen:

> Die Eckpfeiler des modernen Wohlfahrtstaates wurden während der Nachkriegszeit gesetzt. Während Skandinavien sich bis dahin kaum von der internationalen Entwicklung unterschieden hatte, entwickelte sich in dieser neuen Phase das einzigartige skandinavische Modell.[17]

Auch in den Niederlanden[18] und Frankreich[19] kommt es kurz nach dem Zweiten Weltkrieg zur Entwicklung umfassender Sozialversicherungssysteme, die erst nach dem Fall des Eisernen Vorhangs einer – mehr oder minder scharfen – Revision unterzogen werden. Selbst in den USA wird das von Roosevelt im Rahmen des »New Deal« begründete Sozialversicherungssystem nach dem Krieg massiv ausgebaut. Nachdem der erste Empfänger von Wohlfahrtsleistungen sich noch mit einer Auszahlung von 17 Cent begnügen musste und die Sozialleistungen 1940 gerade einmal 35 Millionen Dollar betrugen, kommt es nach dem Krieg zunächst zu einem sehr schnellen, dann aber immer weiter abflachenden Anstieg. Während sich die Summe im ersten Jahrzehnt fast um den Faktor 30 erhöht, kommt es bis 1960 zu einer Verzehnfachung, bis 1970 dann zu einer weiteren Verdreifachung auf insgesamt 31,9 Milliarden Dollar – also auf fast das Tausendfache der Summe von 1940.

Internationale Organisationen

Halten wir also fest, dass unter dem Druck von Krieg und Blockkonfrontation in fast allen westlichen Ländern ein Nachkriegskonsens entsteht, der zu einem massiven Ausbau der Sozialsysteme und damit zu einer dramatischen und vergleichsweise lang anhaltenden Reduzierung der Ungleichheit führt.

Ein zweiter wichtiger Aspekt dieser Entwicklung besteht darin, dass sich unter dem äußeren Druck auch die internationale Zusammenarbeit vor allem zwischen den westlichen Staaten dramatisch verbessert; ja, die nachwirkenden Schrecken des Krieges führen sogar dazu, dass für einige Jahre noch wichtige Vereinbarungen über die Blockgrenzen hinweg möglich sind. Die Nachkriegszeit sticht daher auch dadurch heraus, dass die meisten Organisationen und Vertragswerke, die bis heute die Grundlage der internationalen Zusammenarbeit darstellen, in den ersten Nachkriegsjahren gegründet bzw. abgeschlossen wurden. Dies gilt für das Währungsabkommen von Bretton Woods (22. 7. 1944), den Internationalen Gerichtshof (26. 6. 1945), die Vereinten Nationen (24. 10. 1945), den Internationalen Währungsfonds und die Weltbank (27. 12. 1945), das Allgemeine Zoll- und Handelsabkommen, aus dem die Welthandelsorganisation hervorgegangen ist (1947), die Erklärung der Menschenrechte (1948), die Nato (1949), den Vertrag über die Montanunion (1951), der zusammen mit den Römischen Verträgen (1957) die Grundlage für die Europäische Union bildete, und schließlich auch für den Deutsch-Französischen Freundschaftsvertrag (1963).

Dabei sollte man sich vor Augen halten, wie außergewöhnlich die Ereignisse der Nachkriegszeit waren. Staaten, die gerade noch die beiden verlustreichsten Kriege der Geschichte gegeneinander geführt hatten, werden nach dem Ende des Zweiten Weltkriegs in kürzester Zeit zu Partnern. Am auffälligsten ist dies im Verhältnis von Deutschland und Frankreich. Schon im Mai 1950 stellt Robert Schuman eine Erklärung zur Zusammenarbeit zwischen Deutschland und Frankreich auf dem Gebiet der Kohle- und Stahlerzeugung vor, die sofort auf die Zustimmung Adenauers trifft. Begraben wird damit innerhalb kürzester Zeit die seit der Zeit Ludwigs XIV., also seit fast dreihundert Jahren andauernde sogenannte deutsch-französische »Erbfeindschaft«, die auch von Intellektuellen wie Ernst Moritz Arndt oder dem jungen Thomas Mann in den »Betrachtungen eines Unpolitischen« hingebungsvoll gepflegt worden war.

Treibende Kraft dieser Entwicklung ist einerseits die Versöhnung der ehemaligen Kriegsgegner, zum anderen die Stärkung des Zusammenhalts der westlichen Staaten. Schließlich spielen auch militärische – etwa bei der Gründung der Nato (1949) – oder – z. B. bei der Gründung der Montanunion (1951) – ökonomische Motive eine Rolle.

Viele Abkommen und internationale Organisationen umfassten jedoch weit mehr als nur den Kreis der westlichen Staaten: Dies gilt vor allem natürlich für die UNO, den Internationalen Gerichtshof, die Deklaration der Menschenrechte sowie für Weltbank und Internationalen Währungsfonds. Es ist offensichtlich kein Zufall, dass die wichtigsten internationalen Organisationen innerhalb von drei Jahren nach dem Ende des Zweiten Weltkriegs gegründet werden bzw. innerhalb von sieben Jahren, wenn man die Zeit zwischen dem Abkommen von Bretton Woods und der Gründung der Montanunion nimmt.

Natürlich spielen dabei pragmatische Zwänge wie der Umgang mit den Kriegsschulden oder die Verschiebungen in den Machtverhältnissen eine wichtige Rolle. Doch man muss nur an die Probleme denken, die heute bei der Aushandlung oder Ratifizierung einfacher Verträge zwischen wenigen Ländern auftreten, um zu ermessen, wie außergewöhnlich es ist, dass sich damals praktisch die gesamte Weltgemeinschaft, die gerade noch einen erbitterten Krieg ausgefochten hatte, innerhalb von wenigen Jahren auf die Grundlagen einer umfassenden internationalen Ordnung einigt, die im Grunde bis heute gültig ist.

Eine Zwischenbilanz

Hier ist der Zeitpunkt, kurz Bilanz zu ziehen und mit Hilfe der oben skizzierten Prinzipien einen ersten Erklärungsversuch zu starten. Und zu erklären gibt es so einiges: Entscheidend ist zunächst, dass die Zeit nach den großen Kriegen nicht nur aus der Perspektive der industrialisierten Länder des Westens in hohem Maße außergewöhnlich ist. Das mag für uns selbst nicht so offensichtlich sein, weil wir uns an all die Besonderheiten dieser Epoche längst gewöhnt haben. Wir neigen dazu, diese Entwicklung als Teil eines übergreifenden

Fortschrittsprozesses anzusehen, der auf der Umsetzung von allgemein nachvollziehbaren Einsichten in Bezug auf soziale Gerechtigkeit, gesellschaftliche Teilhabe, Menschenrechte und internationale Zusammenarbeit basiert. Die Entwicklung wäre dann vergleichbar mit dem technischen oder wissenschaftlichen Fortschritt, der tatsächlich im Wesentlichen von unserem Erkenntnisfortschritt abhängig ist: Im Idealfall wird dort eine neue wissenschaftliche Erkenntnis, sobald sie hinreichend geprüft ist, von der wissenschaftlichen Community akzeptiert.

Der wissenschaftliche Fortschritt ist zudem schwer rückgängig zu machen. Selbst die hingebungsvollsten Bemühungen der Vertreter des »Intelligent Design« haben es bislang nicht vermocht, die Evolutionstheorie in den Wissenschaften durch einen Mythos zu verdrängen, demzufolge die Entwicklung vom Einzeller zum Menschen den Eingriff einer höheren, göttlichen Intelligenz voraussetzt – so groß die Schwächen der Evolutionstheorie im Einzelnen auch sein mögen.

Bei den sozialen und politischen Errungenschaften der Nachkriegszeit ist das leider anders – viele von ihnen sind schon längst rückgängig gemacht, andere stehen gerade heute zur Diskussion – man denke etwa an die EU. Das liegt nicht nur daran, dass die Weisheit der EU nicht ganz mit den Einsichten von Darwin, Einstein oder Galilei mithalten kann, vielmehr dürfte es auch damit zu tun haben, dass politische und soziale Errungenschaften eben nicht mit wissenschaftlichen Erkenntnissen gleichzusetzen sind: Politische und soziale Vereinbarungen sind immer Gegenstand von Interessenkonflikten. Sie sind schon häufig in der Geschichte wieder verspielt worden, und es gibt keinen Grund, warum dies ausgerechnet bei uns anders sein sollte.

Tatsächlich waren die Einsichten, auf denen die politischen und sozialen Errungenschaften der Nachkriegszeit basieren, alles andere als neu. Wir hatten schon gesehen, dass die Idee einer gerechten Verteilung von gesellschaftlichen Ressourcen praktisch so alt ist wie die Menschheit. Auch später, z. B. in den Staatsutopien von Platon, Thomas Morus oder Campanella gab es intensive Debatten darüber, wie ein guter und gerechter Staat aussehen kann, und welche Rolle das Privateigentum dort spielen könnte. Das Gleiche gilt für die Fürsorge im Falle von Alter und Krankheit – die steinzeitlichen Horden von Jägern und Sammlern hatten all das nicht nur verstanden, sondern längst umgesetzt. Und die internationale Kooperation: Sie wurde über die Jahrhunderte immer wieder beschworen in Friedensverträgen, die häufig genug auf ewige Zeiten abgeschlossen und dann nach kürzester Zeit wieder gebrochen wurden. Schon am Beginn des 18. Jahrhunderts hatte der Abbé de Saint Pierre den Plan einer Friedensordnung veröffentlicht, die auf einem internationalen Vertragsbündnis basieren sollte und sogar ein Schlichtungsverfahren vorsah.[20] Kant kritisierte Saint Pierres Plan als »schwärmerisch«,[21] also unrealistisch – doch er ließ sich nicht davon abhalten, selbst einen Vorschlag zum »ewigen Frieden« zu machen.[22]

Neu sind also nicht die Einsichten und Ziele, die in der Nachkriegszeit umgesetzt werden, neu ist vielmehr, dass seit langem bekannte Einsichten und Programme plötzlich mehrheitsfähig werden. Und zwar in vielen Staaten innerhalb eines sehr kleinen Zeitfensters.

Doch woran lag das? Warum waren innerhalb weniger Jahre weitreichende gesellschaftliche Veränderungen möglich, die früher oder später nicht mehr zu realisieren waren? Drei Faktoren scheinen hier besonders wichtig: Zum einen die Schrecken des Krieges, die auch nach 1945 noch für viele Jahre ein bestimmender Anteil des täglichen Lebens waren. Die meisten Familien hatten Tote zu beklagen, Soldaten und Zivilisten; auf den Straßen sah man Kriegsversehrte um Almosen betteln. Viele hatten Mord, Zerstörung, Kriegsverbrechen, Vertreibung und Hunger selbst miterlebt, fast jeder hatte Berichte von unmittelbar Betroffenen gehört. Hinzu kamen auf den europäischen Kriegsschauplätzen die weithin sichtbaren Kriegsfolgen wie zerstörte Städte oder verwüstete Landstriche, die täglich an die Schrecken des Krieges erinnerten.

Es kommt zweitens hinzu, dass die Bedrohung mit dem Ende der Kriege keinesfalls vorüber ist. Schon kurz nach dem Ende des Zweiten Weltkrieges zeichnet sich die Blockkonfrontation ab: Bereits am 5. März 1946 spricht Churchill erstmals von einem »Eisernen Vorhang« zwischen Ost und West; schon im darauffolgenden Jahr wird die antikommunistische Truman-Doktrin verkündet, die die Eindämmung des kommunistischen Einflusses zum offiziellen Ziel amerikanischer Politik macht. Die Blockkonfrontation sorgt auch nach dem Ende der großen Kriege dafür, dass der äußere Druck erhalten blieb: Bis zum Fall des Eisernen Vorhangs besteht die reale Gefahr eines Atomkrieges, der angesichts der auf beiden Seiten angehäuften Vernichtungskapazitäten zu einer Verwüstung des gesamten Planeten hätte führen können – die Fotos aus Hiroshima und Nagasaki zeigten jedem, was bei einer solchen Auseinandersetzung zu erwarten war.

Wir haben es also mit einem klassischen Fall von äußerem

Druck zu tun. Dieser Druck erklärt zum einen den stärkeren inneren Zusammenhalt und damit auch die größere Kompromissbereitschaft sowohl innerhalb der einzelnen westlichen Staaten als auch zwischen ihnen. Gleichzeitig hatten wir, gestützt auf theoretische Überlegungen, experimentelle Ergebnisse und historische Beobachtungen, angenommen, dass äußerer Druck auch die Bereitschaft zu sozialem Ausgleich fördert. Auch diese Vermutung bestätigt sich in der Nachkriegszeit. Tatsächlich zeichnet sich diese Periode ja nicht nur durch die dramatisch gestiegene Bereitschaft aus, *irgendwelche* gesellschaftliche Kompromisse zu finden und gemeinsame Beschlüsse zu fassen. Vielmehr gehen diese Beschlüsse und Kompromisse ja in der Regel *in eine ganz bestimmte Richtung*: Sie sorgen für einen größeren sozialen Ausgleich durch den Ausbau von Wohlfahrtsprogrammen, durch kompensatorische Steuersysteme und sogar die Verstaatlichung von Schlüsselindustrien.

Erleichtert wird dies durch einen weiteren Umstand, der die Nachkriegszeit noch stärker heraushebt: Den kapitalistischen Marktwirtschaften des Westens steht nämlich aufseiten des Ostblocks ein sozialistisches Gesellschaftsmodell gegenüber. Wiederum ist die heutige Perspektive hier irreführend: Wir setzen es als selbstverständlich voraus, dass das sozialistische Gesellschaftsmodell des Ostens letztlich scheitern musste. Die Perspektive der fünfziger und sechziger Jahre war jedoch völlig anders: Aus damaliger Sicht musste das östliche Wirtschafts- und Gesellschaftsmodell als eine sehr ernstzunehmende – in Teilen sogar überlegene – Alternative erscheinen: Dies galt insbesondere für den Militärapparat des Warschauer Paktes, aber auch für die Schwerindustrie und das sowjetische Raumfahrtprogramm, das den Westen mit dem Sputnik 1957 und dem ersten bemannten Raumflug 1961 böse überrumpelt hatte.

Diese Systemkonkurrenz dürfte einen wichtigen Anteil an der geradezu überraschenden Bereitschaft konservativer Parteien im Europa der frühen Nachkriegszeit gehabt haben, den Ausbau von Sozialleistungen und Steuertransfers zu akzeptieren. Vor allem diese Maßnahmen sind auch dafür verantwortlich, dass die Verringerung der Ungleichheit bis zum Ende des Kalten Krieges, also bis in die achtziger Jahre anhält. Insbesondere die vergleichsweise hohen Sozialtransfers kompensieren dabei lange die schon in den fünfziger Jahren wiedereinsetzende Steigerung der Ungleichheit bei den Markteinkommen.[23]

3. Sozialpsychologie

Doch kann man wirklich davon ausgehen, dass hier ein echter Zusammenhang besteht? Kann es nicht ein reiner Zufall sein, dass die Entwicklung von Wohlfahrtsprogrammen und kompensatorischen Steuersystemen ausgerechnet nach dem Ende der großen Kriege stattgefunden hat? Ich habe bereits deutlich gemacht, warum dies äußerst unwahrscheinlich ist: Zum einen findet die Entwicklung nicht in einem oder zwei Fällen statt, sondern in praktisch sämtlichen westlichen Staaten, sie findet statt unter vergleichbaren und extrem ungewöhnlichen Bedingungen nach dem Ende von zwei katastrophalen Weltkriegen und der anhaltenden atomaren Vernichtungsdrohung. Zudem haben die obigen Fallstudien vergleichbare

Beispiele aus anderen Epochen geliefert, in denen Katastrophen oder gewaltsame Auseinandersetzungen ebenfalls ähnliche Folgen hatten. Ich hatte in diesem Zusammenhang auf den Egalitarismus in frühen menschlichen Gesellschaften und die Entstehung der Demokratie in der griechischen Antike hingewiesen – in beiden Fällen herrschte äußerer Druck durch kriegerische Konflikte. Weitere Beispiele lieferten die Gründung von Wohlfahrtseinrichtungen nach den Pestkatastrophen des Mittelalters und die Reformen in Preußen nach der Niederlage von Jena und Auerstedt. Die historische Evidenz ist also ziemlich stark. Letztlich wird hier jedoch ein psychologischer Zusammenhang unterstellt: Gruppen sollten ihre inneren Strukturen ändern, wenn sie unter äußeren Druck geraten.

Bevor ich nach Belegen für einen solchen psychologischen Zusammenhang suche, scheint mir eine weitere Bemerkung über die Natur des gesuchten Zusammenhangs angebracht: Wie bereits erwähnt, wird hier kein Automatismus unterstellt, so als würden externe Bedrohungen den Zusammenhalt von Gruppen quasi erzwingen. Dies ist allein schon wegen der hohen Zahl von Einflussfaktoren unmöglich, die auf menschliche Gesellschaften einwirken und sich dabei gegenseitig verstärken, aber auch neutralisieren können. Doch die Probleme bei der Erfassung solcher Einflüsse erlauben es natürlich nicht, deren Existenz zu ignorieren – insbesondere dann nicht, wenn einzelne Faktoren dominant werden. Und genau darum geht es hier: Behauptet wird also, dass der anhaltende äußere Druck einen wichtigen Einfluss auf die Entwicklung der westlichen Staaten in der Nachkriegszeit ausgeübt hat.

Die »Realistische Theorie des Gruppenkonflikts«

Nun ist dieser Zusammenhang von äußerem Druck und innerem Zusammenhalt nicht neu, seine Kenntnis gehört zum kleinen Einmaleins von Autokraten aller Couleur. Diese schüren äußere Konflikte nur zu gerne, um ihre Macht im Innern zu stabilisieren und von eigenen Versäumnissen abzulenken. Psychologische Theorien und Experimente erlauben allerdings eine wesentlich genauere Bestimmung der Konsequenzen solcher äußeren Konflikte.

Besonders hilfreich ist dabei die *Realistische Theorie des Gruppenkonflikts*,[24] die u. a. auf die zu Beginn dieses Buches bereits vorgestellten Experimente von Muzafer Sherif zurückgeht. Die Theorie beschreibt im Detail, wie sich die Beziehungen und Interaktionsformen innerhalb einer Gruppe ändern, wenn diese in einen Konflikt mit einer anderen Gruppe gerät. Und sie zeigt auch, was sich ändert, wenn der äußere Konflikt vorbei ist. Die Theorie ist experimentell gut bestätigt, was insofern sehr wichtig ist, als man in solchen Experimenten – anders als in historischen Beobachtungen – systematische Eingriffe vornehmen kann. Auf diese Weise kann man gut überprüfen, ob hier nur ein zufälliges Zusammentreffen oder ein echter Wirkungszusammenhang vorliegt.

Die Realistische Theorie des Gruppenkonflikts wurde primär zur Erklärung ethnischer Konflikte insbesondere in den USA angewandt.[25] Es wird sich aber zeigen, dass sich die Theorie ebenso wie die Experimente, auf die sie sich stützt, bestens zum Verständnis der Entwicklungen der Nachkriegszeit eignen. Die wichtigste Voraussetzung der Theorie ist, dass sich das Verhalten von Gruppen wesentlich aus ihrer Beziehung zu anderen Gruppen erklären lässt; dabei spielen vor allem

Konflikte eine wichtige Rolle, aber auch die Kooperation mit anderen Gruppen kann weitreichende Konsequenzen haben.

Die Theorie und die sie stützenden Experimente sagen in der Tat recht genau die Veränderungen voraus, die in den westlichen Staaten nach den großen Kriegen des 20. Jahrhunderts zu beobachten sind. Zentral ist dabei die Erkenntnis, dass äußere Konflikte in der Tat die Solidarität und den inneren Zusammenhalt innerhalb der beteiligten Gruppen verstärken.[26] Experimentell belegen ließ sich dies z. B. daran, dass die Gruppenmitglieder in Konfliktfällen ihre Freunde praktisch ausschließlich in der eigenen Gruppe suchten oder dass sie unter diesen Umständen die Persönlichkeit der anderen Mitglieder ihrer eigenen Gruppe praktisch ausschließlich mit der Bestnote bewerteten. Ebenso wurden deren Leistungen in Geschicklichkeitsspielen dramatisch besser eingeschätzt als die der konkurrierenden Gruppe.[27]

Bemerkenswerterweise stellte Sherif in Konfliktfällen zudem eine stärkere Hinwendung zu demokratischen Verfahren fest[28] – eine Beobachtung, die man auch in der Geschichte immer wieder machen kann: Insbesondere die Entwicklungen in Athen zwischen Solon und Perikles liefern Belege dafür, wie Staaten unterprivilegierten Schichten größere Mitspracherechte einräumen, sobald sie auf deren Mitwirkung in Konflikten angewiesen sind. Noch wichtiger ist, dass die Experimente in Konfliktsituationen eine stärkere Solidarisierung gegenüber schwächeren Mitgliedern der Gruppe zeigen – auch hier hatten wir bereits historische Parallelen festgestellt. Zudem verstärkte sich in den Experimenten der Respekt gegenüber dem Anführer der Gruppe.[29] Schließlich identifizieren sich die einzelnen Mitglieder stärker mit der eigenen Gruppe und ihren Normen; individuelle Präferenzen und Erfahrungen dagegen verloren unter diesen Bedingungen an Bedeutung.[30]

Die zentralen Behauptungen der Realistischen Theorie des Gruppenkonfliktes sind seitdem vielfach bestätigt worden.[31] So konnten z. B. Moskalenko und Mitarbeiter[32] zeigen, dass sich amerikanische Collegestudenten unmittelbar nach den Anschlägen vom 11. September 2001 in viel höherem Maße mit ihrem Land, aber z. B. auch ihrer Universität identifizierten als vor den Anschlägen. Stratos Patrikios und Laura Cram haben kürzlich gezeigt, dass dasselbe für das Verhältnis zu den Symbolen der Europäischen Union im Vereinigten Königreich gilt: Je größer die äußere Bedrohung, desto positiver bewerteten die Briten die Symbole der EU.[33] In dieselbe Richtung weist die Beobachtung, dass George W. Bushs Beliebtheitswerte im Einklang mit dem Ausmaß der terroristischen Bedrohung stiegen und sanken: Je höher die Bedrohung, desto höher waren auch die Beliebtheitswerte von Bush. In einer anderen Studie zeigten Renkema und Mitarbeiter, dass Versuchspersonen sich stärker an den Normen ihrer Gruppe und dem Urteil anderer Gruppenmitglieder orientierten, sobald sie an den eigenen Tod erinnert wurden. Der Effekt trat nicht auf gegenüber Menschen, die nicht Mitglieder der eigenen Gruppe waren.[34]

Ein weiteres wichtiges Indiz liefern schließlich Studien, die noch während der Zeit des Kalten Krieges untersucht haben, wie der Zusammenhalt zwischen den Nato-Staaten durch das Ausmaß der Bedrohung durch den Warschauer Pakt beeinflusst wurde.[35] Im Einklang mit der hier vertretenen These stellte sich dabei heraus, dass der Zusammenhalt wuchs, sobald die äußere Bedrohung zunahm, und schwächer wurde, wenn auch die äußere Bedrohung zurückging. Das ist insofern bemerkenswert, als der Untersuchungszeitraum schon 1973 endete, also in einer frühen Phase der Entspannungspolitik, lange vor dem Ende des Warschauer Paktes. Die Bedrohung war also nach heutigen Maßstäben noch konstant hoch, vor allem die Gefahr eines Atomkriegs bestand im gesamten Untersuchungszeitraum. Wenn sich also schon derart kleine Schwankungen auf den inneren Zusammenhalt des Westens auswirkten, dann sollte man erwarten, dass die Existenz der Bedrohung insgesamt einen erheblichen Einfluss auf den inneren Zusammenhalt des Westens ausübte.

Alle diese Befunde liefern nicht nur eine eindeutige Bestätigung der hier vertretenen Annahme, dass Konflikte zu einer Verstärkung des inneren Zusammenhalts führen. Vor allem die Realistische Theorie des Gruppenkonflikts zeigt außerdem, dass dabei auch demokratische Tendenzen und die Solidarität mit den schwächeren Mitgliedern einer Gruppe verstärkt werden.

Wichtig ist zudem, dass ein hohes Maß an Zusammenhalt die Leistungen einer Gruppe steigert, weil der Austausch zwischen den Gruppenmitgliedern besser funktioniert.[36] Dies würde noch einmal verständlicher machen, warum es nach dem Krieg in so kurzer Zeit gelingt, eine Vielzahl von weitreichenden nationalen und internationalen Vereinbarungen zu treffen. Zieht man in Betracht, dass die Entwicklung von politischen Lösungen für soziale und ökonomische Probleme eine der zentralen Aufgaben von demokratischen Gesellschaften ist, dann ergibt sich eine klare Erwartung: Gesellschaften mit einem hohen sozialen Zusammenhalt sollten hier in der Regel bessere Lösungen finden – was wiederum die Zufriedenheit mit der Gesellschaft und damit den sozialen Zusammenhalt stärken sollte.

Caveat

Nur am Rande möchte ich hier noch einmal daran erinnern, dass sozialer Zusammenhalt nicht die Zauberformel ist, mit der man alle Probleme einer Gesellschaft beseitigen kann. Das liegt nicht zuletzt daran, dass ein solcher Zusammenhalt eine ganze Reihe problematischer Konsequenzen haben kann. Die innere Einheit kann auch zwanghafte Züge annehmen – in jedem Falle schränkt sie den Spielraum des Einzelnen ein. Wie sich im Folgenden noch zeigen wird, geht der Verlust des engen sozialen Zusammenhalts nach dem Ende des Kalten Krieges einher mit einem Gewinn wichtiger Freiheitsrechte und größerer individueller Handlungsspielräume. Eine einfache Rückkehr zur Uniformität der Nachkriegszeit ist also nicht nur unmöglich, sie ist auch offensichtlich nicht wünschbar. Ich werde darauf weiter unten noch eingehen.

Doch es geht an dieser Stelle nicht um eine *Bewertung*, sondern lediglich um eine *Erklärung* der besonderen sozialen und politischen Situation der Nachkriegszeit. Und für diese Erklärung spielt die durch äußeren Druck erzwungene stärkere soziale Homogenität eine zentrale Rolle.

4. Das Ende des Kalten Krieges

Halten wir also zunächst fest, dass die Nachwirkungen der Kriege und die anhaltende Bedrohung durch die Blockkonfrontation nach den Kriegen hohen äußeren Druck auf die westlichen Länder ausüben, der letztlich in einer positiven

Kettenreaktion mündet: Die Kriegszerstörungen hatten zu einer Verringerung der Ungleichheit geführt, die Erinnerung an die Schrecken der Kriege und die anhaltende äußere Bedrohung durch die Blockkonfrontation verstärken dann den sozialen Zusammenhalt, was sich in der Etablierung aufwendiger Wohlfahrtsprogramme und kompensatorischer Steuersysteme niederschlägt. Deren Akzeptanz wurde zusätzlich durch die Konkurrenz zu den sozialistischen Gesellschaftsmodellen des Ostens gesteigert. Diese sorgt für eine weitere Verringerung der Ungleichheit, die ihrerseits den sozialen Zusammenhalt zusätzlich stärkt.

Doch wenn Solidarität und Zusammenhalt zu wesentlichen Teilen auf die äußere Bedrohung zurückzuführen sind, dann sollte man erwarten, dass innerer Zusammenhalt und Solidarität innerhalb der westlichen Staaten abnehmen, sobald die äußere Bedrohung zurückgeht. Das ist die andere Seite der oben beschriebenen Theorien und Experimente: Die Zusammenarbeit in der Nato, die Einstellung zur EU und die zu George W. Bush verschlechterten sich, sobald die äußere Bedrohung zurückging.[37] Dieselbe Schlussfolgerung ergibt sich aus der Realistischen Theorie des Gruppenkonflikts: Wenn Solidarität und innerer Zusammenhalt sich in Konfliktszenarien verbessern, dann sollten sie sich verschlechtern, wenn der Konflikt abnimmt.

Genau das stellte auch Sherif in seinen Experimenten fest. Wie von der Theorie vorausgesagt, führte die Abnahme des äußeren Drucks zu einem Nachlassen des inneren Zusammenhalts. Ablesbar war dies daran, dass die Zahl der Freundschaften zwischen Mitgliedern der eigenen Gruppe zurückging – an ihre Stelle traten Freundschaften mit den Mitgliedern der anderen Gruppe. Auch die Bewertung der eigenen Gruppenmitglieder wurde schlechter – im gleichen Zug verbesserten sich die Einschätzungen der Mitglieder der anderen Gruppe.[38]

Stimmen alle diese Annahmen, dann sollte man erwarten, dass der innere Zusammenhalt in den westlichen Ländern mit der Abnahme der äußeren Bedrohung an Kraft verliert. Und wenn sich die aufwendigen Wohlfahrtsprogramme und die kompensatorischen Steuersysteme mit ihren hohen Spitzensteuersätzen – so wie hier behauptet – tatsächlich auf die äußere Bedrohung und die Systemkonkurrenz zurückführen lassen, dann sollten auch diese Programme in dem Maße zurückgefahren werden, wie äußere Bedrohung und Systemkonkurrenz abnehmen.

Das könnte am Ende auch bedeuten, dass an die Stelle der positiven Kettenreaktion eine negative Kettenreaktion tritt: Nachlassender Druck könnte den sozialen Zusammenhalt schwächen und damit auch die Bereitschaft, kostspielige Sozialprogramme zu finanzieren. Die erhöhte Ungleichheit würde dann ihrerseits den sozialen Zusammenhalt verringern etc. Alles bloße Spekulation? Schauen wir uns an, was nach dem Ende des Kalten Krieges passiert!

Die Lage in der Sowjetunion

Tatsächlich zeichnet sich seit dem Beginn der achtziger Jahre das Ende von Bedrohung und Systemkonkurrenz ab: Zum einen bemühen sich beide Blöcke, die atomare Bedrohung und das Wettrüsten durch Entspannungspolitik und Abrüstungsverträge zu reduzieren. Eine wichtige Rolle spielt dabei die ökonomische Lage in der Sowjetunion. Wie oben bereits erwähnt, stellten die Staaten des Ostblocks und insbesondere die Sowjetunion bis zur Mitte der sechziger Jahre eine ernsthafte Konkurrenz zu den Marktwirtschaften des Westens dar. Doch seit der Mitte der siebziger Jahre ist das Wachstum nur noch schwach; zu Beginn der achtziger Jahre kommt es fast vollständig zum Erliegen. Während die Planwirtschaft sowjetischen Musters mit der Steuerung der Schwerindustrie gut zurande kam, war deren starres Korsett für die Entwicklung der Computerindustrie offenbar völlig ungeeignet.

Hinzu kam der massive Verfall der Ölpreise zwischen 1980 und 1986, an dessen Ende Öl nur noch ein Zehntel des ursprünglichen Wertes[39] hatte. Die bisher in der UdSSR übliche Subventionierung des Haushalts durch die Ölförderung wurde damit massiv erschwert. Der Rüstungswettlauf mit den USA war so kaum noch zu finanzieren. In jedem Falle gingen die hohen Militärausgaben zusehends zu Lasten anderer staatlicher Ausgaben, aber auch auf Kosten des privaten Konsums: Mitte der achtziger Jahre, zu Beginn der Ära Gorbatschow, verschlangen die Militärausgaben dann ein Viertel des Bruttoinlandsprodukts. Zum Vergleich: In der Bundesrepublik wird derzeit eine Anhebung des Militäretats auf 2 % des Bruttoinlandsprodukts als kaum machbar angesehen.

Der ökonomische Rückstand des Ostblocks war seit den siebziger Jahren offensichtlich; das genauere Ausmaß dieses Rückstandes und seine strategischen Konsequenzen waren zumindest den Geheimdiensten und Regierungen der westlichen Staaten bekannt. Ronald Reagan z. B. erhielt unmittelbar vor seinem Amtsantritt am 20. Januar 1981 ein ausführliches Briefing durch die CIA. Es umfasste nicht nur detaillierte Angaben über die verzweifelte ökonomische Situation der UdSSR, sondern beschrieb auch deren mögliche

Konsequenzen: Die politischen Optionen der UdSSR seien aufgrund der schlechten Wirtschaftslage eingeschränkt; der Rüstungswettlauf ebenso wie der Krieg in Afghanistan nur noch auf Kosten des Konsums zu finanzieren. Den Nachfolgern des zu dieser Zeit bereits schwerkranken Parteichefs Breschnew bleibe auf die Dauer nur noch die Wahl zwischen Pech und Schwefel: Entweder man halte an der bisherigen Politik fest und versuche, im Rüstungswettlauf mitzuhalten, dann werde sich der Lebensstandard der Bevölkerung weiter reduzieren – mit allen Risiken, die damit verbunden seien. Oder aber ein jüngerer Führer komme an die Macht, der die alten Prinzipien auf den Prüfstand stelle; dann aber stehe der Supermachtstatus der UdSSR zur Disposition.[40]

Zwar wurde Reagans Aufmerksamkeit zunächst vor allem durch die Größe der Schrift auf den CIA-Dokumenten gefangen genommen.[41] Doch die wichtigste Botschaft kam dennoch bei ihm an. In seinen öffentlichen Reden spricht er fortan nicht nur von den großen ökonomischen Schwierigkeiten der Sowjetunion, sondern ganz explizit auch von deren drohendem Untergang: Der Kommunismus sei ein gleichermaßen trauriges wie bizarres Kapitel der Weltgeschichte, dessen letzte Seiten gerade heute geschrieben würden.[42]

Margaret Thatcher, Reagans wichtigste Mitstreiterin, ist lange Zeit weniger optimistisch, was das Ende des Kommunismus angeht. Die prekäre Lage der sowjetischen Ökonomie und der damit verbundene Machtverfall der UdSSR waren ihr aber nicht weniger klar als Reagan – auch sie war bereits seit den frühen achtziger Jahren über die ökonomischen Probleme in Russland im Bilde.[43]

Nach dem Tode von Breschnews Nachfolger Andropow 1984 hält Thatcher Ausschau nach aussichtsreichen jüngeren

Politikern und stößt dabei unter anderem auf Michail Gorbatschow, den sie kurzerhand zu informellen Gesprächen auf ihren Landsitz einlädt.[44] Gorbatschow muss sich dabei zunächst einer rigorosen Befragung zu den prinzipiellen Nachteilen des sowjetischen Gesellschaftssystems durch die bestens vorbereitete Premierministerin unterziehen, die ihm außerdem offen vorwirft, sich in den gleichzeitig stattfindenden britischen Bergarbeiterstreik einzumischen. Doch kurz bevor es zum Eklat kommt, leitet Thatcher zum entspannten Teil des Abends über. Gorbatschow erklärt dabei spaßeshalber, er wolle Thatcher nicht zum Eintritt in die Kommunistische Partei bewegen, doch beide sprechen auch ganz ernsthaft und offen über die Möglichkeiten einer Reduzierung der militärischen Spannungen. Thatcher kommt danach zu einem sehr positiven Urteil über Gorbatschow, der sich ganz offensichtlich von den Apparatschiks alter Prägung abhebe: Gorbatschow, so hieß es anerkennend, gehöre »zu der Art von Typen, mit denen man ins Geschäft kommen kann.«[45]

Die Kündigung des Nachkriegskonsenses: Thatcher

Zweifellos: 1984 ist der Kalte Krieg noch nicht vorüber, doch die Erinnerungen an die Schrecken der Weltkriege sind verblasst, die Kriegsschäden großenteils beseitigt, und auch das Ende der Bedrohung durch die Konfrontation der Blöcke zeichnet sich langsam ab. Wenn die Nachwirkungen der Kriege und die Bedrohung durch die Konfrontation der Blöcke eine einheitsstiftende Wirkung gehabt haben, dann sollte diese nun nachlassen. Es wäre also zu erwarten, dass der Nachkriegskonsens langsam, aber sicher an Kraft verliert.

Die Interessengegensätze sollten deutlicher werden und vor allem konservative Parteien sollten sich darum bemühen, kompensatorische Steuersysteme mit hohen Spitzensteuersätzen zurückzufahren und teure Wohlfahrtsprogramme zu beschneiden.

Und genau dies passiert von den 80er Jahren an im Zuge einer Neuorientierung der Wirtschafts- und Sozialpolitik, die sich von der auf sozialen Ausgleich bedachten, nachfrageorientierten Politik nach Keynes'schem Muster abwendet und stattdessen eine neoliberale, angebotsorientierte Politik nach dem Vorbild von Milton Friedman und der sogenannten Chicagoer Schule verfolgt. Das Paradebeispiel liefern Margaret Thatcher im Vereinigten Königreich und Ronald Reagan in den USA. Beide spielen mit ihrer neoliberalen Wirtschafts- und Sozialpolitik eine wesentliche Rolle bei der Aufkündigung des sozialen Konsenses der Nachkriegszeit. Wie oben beschrieben, war dieser Konsens in Großbritannien von den drei großen politischen Lagern getragen worden; er umfasste die Sicherung des Wohlfahrtsstaates, eine »Mixed Economy« aus privaten und verstaatlichten Unternehmen, die Einbeziehung der Gewerkschaften, schließlich das Bemühen um Vollbeschäftigung und ein Mindestmaß an ökonomischer Gleichheit.

Margaret Thatcher

Aus den obengenannten Gründen liegt es auf der Hand, dass nicht ein einziger Faktor für die Aufkündigung dieses Konsenses verantwortlich gewesen sein kann, vielmehr spielten in jedem einzelnen Land spezifische lokale Bedingungen eine wichtige Rolle. Im Vereinigten Königreich kommt dabei einer latenten Unzufriedenheit mit der ökonomischen Entwicklung große Bedeutung zu – in der öffentlichen Wahrnehmung war das Land zum »Kranken Mann Europas« geworden. Dabei dürfte die Ölkrise der siebziger Jahre eine wichtige Rolle gespielt haben, die mit einer Verfünffachung der Ölpreise zu einer ernsthaften Beeinträchtigung der Konjunktur in praktisch allen Industrieländern geführt hatte. Doch auch die häufigen Streiks und zweifelhafte gewerkschaftliche Errungenschaften wie die berühmten Heizer auf Elektroloks, die schon in den 1950er Jahren durchgesetzt worden waren, hatten dem Nachkriegskonsens im Vereinigten Königreich zugesetzt. Letzter Auslöser war dann der sogenannte »Winter der Unzufriedenheit« von 1978/1979. Weitreichende Streiks u. a. von Müllmännern, Leichenbestattern und Krankenhausangestellten in einem extrem kalten Winter führten damals zum Rücktritt der Labour-Regierung Callaghan. Bei den anschließenden Neuwahlen hatten die Konservativen unter Margaret Thatcher leichtes Spiel und fuhren einen überzeugenden Wahlsieg über die ursprünglich favorisierte Labour-Partei ein.

Offensichtlich spielte also die spezifische Situation im Vereinigten Königreich eine wichtige Rolle dabei, dass zu *diesem* speziellen Zeitpunkt genau *diese* Regierung an die Macht kam, die genau *diese* Maßnahmen – u. a. die Reduzierung der Macht der Gewerkschaften und eine Privatisierung von Staatsbetrieben – durchsetzte. Doch die Entwicklung im Vereinigten Königreich fügt sich in ein Muster ein, das sich früher oder später in den meisten westlichen Ländern zeigt: Es umfasst vor allem den Verlust eines sozialen Konsenses und den Anstieg der Ungleichheit.

Thatcher folgt in ihrer Politik einem neoliberalen Credo, das auf einem fast grenzenlosen Vertrauen in die wohltätigen Kräfte des freien Marktes basiert. Der Staat soll sich daher nicht nur aus jeglicher unternehmerischen Tätigkeit zurückziehen, auch die Sicherung der Beschäftigung wird den Kräften des Marktes überlassen. Zudem seien Eingriffe durch Gesetze und Vorschriften ebenso wie die Steuern auf ein Minimum zu reduzieren, um die Bedingungen für unternehmerische Initiative soweit wie möglich zu verbessern. Lediglich die Bekämpfung der Inflation bleibt eine staatliche Aufgabe.

Individualismus

Dahinter steht die Vorstellung, dass nicht der Staat, sondern jedes Individuum selbst die Verantwortung für das eigene Schicksal trage. Am deutlichsten kommt sie zum Ausdruck in einer der gleichzeitig berühmtesten und umstrittensten Äußerungen Thatchers, in der sie kurzerhand die Existenz einer Gesellschaft bestreitet:

> So etwas wie eine Gesellschaft gibt es nicht. Es gibt ein lebendes Gewebe von Männern und Frauen und Leuten, und die Schönheit dieses Gewebes und die Qualität unseres Lebens hängt davon ab, wie viel Verantwortung jeder von uns für sein eigenes Leben übernimmt.[46]

Die Individuen würden ihre eigene Verantwortung nicht mehr wahrnehmen, sobald sie darauf hoffen könnten, dass »die Gesellschaft« notfalls einspringt. Außerdem werde damit die Verantwortung nur von einem Individuum auf andere verlagert, nämlich auf diejenigen, die die Leistungen der Gesellschaft finanzieren. Schon allein deshalb müssten die Wohlfahrtsausgaben auf das Nötigste begrenzt werden.

Thatchers Auffassungen sind wiederum alles andere als neu – neu ist allerdings, dass sie zu diesem Zeitpunkt im Vereinigten Königreich wieder mehrheitsfähig werden: Das Interview findet statt kurz nach Thatchers drittem und sehr hohem Wahlsieg im Juni 1987. Zu berücksichtigen ist dabei allerdings auch, dass diese Tendenz zu Individualisierung nicht nur als Reaktion auf das Nachlassen der äußeren Bedrohung zu erklären ist. Sie ist gleichzeitig Bestandteil eines längerfristigen Prozesses der Individualisierung, der fast alle gesellschaftlichen Bereiche erfasst und keineswegs nur als Vorwand für die Durchsetzung neoliberaler Einschnitte ins Sozialsystem fungiert. Individualisierung sorgt auch für zusätzliche Handlungs- und Entscheidungsspielräume, stellt aber gerade damit eine zusätzliche Herausforderung für den sozialen Zusammenhalt dar. Ich werde auf diesen Punkt weiter unten im ersten Abschnitt von Kapitel sechs noch etwas ausführlicher eingehen.

Kommen wir zurück zu Margaret Thatcher, die mit ihrem Credo der individuellen Verantwortung weitreichende Einschnitte in das Sozialsystem des Vereinigten Königreichs rechtfertigt. Thatcher bekämpft die Macht der Gewerkschaften, deren Mitgliederzahl während ihrer elfjährigen Amtszeit um dreieinhalb Millionen einbricht; sie privatisiert einen großen Teil der Staatsbetriebe, darunter British Telecom, British Gas, British Aerospace, British Airways und British Steel,[47] schließlich schafft sie viele Regeln und Gesetze ab, die ihrer Meinung nach die Wirtschaftstätigkeit behindern.

Auch die Sozialleistungen werden massiv abgebaut; in

einem Arbeitspapier erwägen Thatcher und ihr Schatzkanzler Geoffrey Howe sogar die Einführung von Schulgeldern für öffentliche Schulen, drastische Einschränkungen der Sozialleistungen und – vor allem – die faktische Abschaffung des Nationalen Gesundheitsdienstes. Doch der Plan wird schnell wieder fallengelassen, nachdem er schon im eigenen Kabinett zu Tumulten geführt hatte. Thatcher beteuert dann ganz treuherzig auf einem Parteitag, der Nationale Gesundheitsdienst sei bei ihr in besten Händen.[48]

Schließlich reduziert Thatcher die Steuersätze, was vor allem den Spitzenverdienern zugutekommt: Der höchste Steuersatz sinkt während ihrer Amtszeit von 83 %[49] auf weniger als die Hälfte, nämlich 40 %.[50] Die Ermäßigungen bei den niedrigeren Steuersätzen sind wesentlich geringer: Als 1988 der Höchststeuersatz um 20 Prozentpunkte von 60 % auf 40 % reduziert wird, sinkt der Standardsteuersatz nur um gerade einmal zwei Punkte von 27 auf 25 %.[51]

Zusammengenommen führen alle diese Maßnahmen dazu, dass sich die Ungleichheit laut Gini-Index im Vereinigten Königreich in den achtziger Jahren um mehr als 3 Prozentpunkte von 30 % auf 33,5 % erhöht. Hinter diesen auf den ersten Blick wenig spektakulären Zahlen verbergen sich zum Teil dramatische Entwicklungen. So steigt z. B. der Anteil der Rentner unterhalb der Armutsgrenze von 13 % auf 43 %, bei der Zahl der Kinder unterhalb der Armutsgrenze kommt es fast zu einer Verdopplung von 1,7 Millionen zu Thatchers Amtsantritt auf 3,3 Millionen am Ende ihrer Amtszeit.[52]

Den Wohlhabenden dagegen geht es zusehends besser: Erhielten die reichsten zehn Prozent zu Beginn von Thatchers Amtszeit das Fünffache der ärmsten zehn Prozent, so können sie sich am Ende ihrer Amtszeit über das Zehnfache freuen.[53]

Nun könnte man sagen, dass alle diese negativen Entwicklungen der unvermeidliche Preis für die wichtigen ökonomischen Errungenschaften Thatchers gewesen seien. Der Neoliberalismus habe ja niemals bestritten, dass es ihm nicht um soziale Gerechtigkeit gehe, sondern um eine Verbesserung der ökonomischen Leistungen. Wie sehen diese also aus? Die Konservativen hatten die Labour-Partei u. a. wegen der hohen Arbeitslosigkeit kritisiert. Doch die Arbeitslosenstatistik unter Thatcher ist dramatisch schlechter als die der Regierungen vorher und nachher. Lag die Zahl der Arbeitslosen in den 10 Jahren vor Thatchers Amtsantritt bei 4,7 %, so verdoppelt sie sich unter Thatcher auf 9,5 %, um im Jahrzehnt nach ihrer Amtszeit wieder auf 5,6 % zu fallen.

Thatchers Wirtschaftspolitik führt außerdem dazu, dass die Industrie im Norden Englands schwer geschädigt wird. Insgesamt fällt der Beitrag der Industrieproduktion zum Bruttoinlandsprodukt in Thatchers Amtszeit von 40 % auf 34 %. Das Wachstum fällt im Wesentlichen bei Dienstleistungsunternehmen im Süden der Insel an. Hieraus ergeben sich dramatische soziale Verwerfungen zwischen dem Süden und dem Norden, die z. T. bis heute anhalten.[54]

Nicht einmal bei den Wachstumszahlen, die eigentlich die Domäne des Neoliberalismus sein sollten, sticht die Regierungsperiode Thatchers positiv hervor – ganz im Gegenteil! Das durchschnittliche Wirtschaftswachstum liegt mit 2,6 % sowohl unter dem von Thatchers – ökonomisch angeblich inkompetentem – Labour Vorgänger Callaghan (3,2 %) wie auch unter dem ihres Labour Nachfolgers Tony Blair (3,0 %).[55] Zusätzlich ist zu bemerken, dass die Vorgängerregierung in einem wesentlich ungünstigeren ökonomischen Umfeld arbeiten musste: Sämtliche westlichen Volkswirtschaften litten in dieser Zeit unter der Ölkrise. Die Krise endet mit dem Amtsantritt Thatchers, zudem wird Großbritannien durch die Ölfunde in der Nordsee vom Ölimporteur zum Ölexporteur.

Ronald Reagan

Eine ähnliche Entwicklung vollzieht sich unter der Regierung von Ronald Reagan in den USA, die fast zeitgleich ein ganz ähnliches neoliberales Programm umsetzt; dabei unterschieden sich die ökonomischen Verhältnisse in den USA z. T. allerdings deutlich von denen im Vereinigten Königreich. Die amerikanischen Wachstumsraten lagen über den britischen, die Macht der Gewerkschaften war in den USA ohnehin begrenzt, zudem existierten auch keine verstaatlichten Unternehmen. Es gab unter der demokratischen Vorgängerregierung lediglich einen zyklischen Konjunkturabschwung, der – auch hier verstärkt durch die Ölkrise und den Anstieg der Ölpreise – seinen Tiefpunkt im Wahljahr 1980 erreichte.

Reagans demokratischer Vorgänger Jimmy Carter hatte darüber hinaus mit gravierenden außenpolitischen Problemen zu kämpfen: Eine wichtige Rolle spielte dabei der sowjetische Einmarsch in Afghanistan, der weithin als Scheitern der auch von Carter betriebenen Entspannungspolitik verstanden wurde. Hinzu kam die Aufrüstung mit Mittelstreckenraketen in Europa, die Revolution im Iran und – vor allem – die Geiselnahme in der amerikanischen Botschaft in Teheran.

Zu allem Überfluss endete dann der amerikanische Versuch, die Geiseln in der Botschaft zu befreien, in einem kompletten Desaster. Nachdem die Operation wegen des Ausfalls dreier Hubschrauber abgebrochen werden musste, stürzt ein weiterer Hubschrauber beim Start zum Rückflug ab. Um die Katastrophe perfekt zu machen, wurden Leichen der getöteten Soldaten anschließend bei Protestdemonstrationen in Teheran vor den Kameras der internationalen Öffentlichkeit präsentiert – schlimmer hätte es für Carter nicht kommen können.

Und besser nicht für Ronald Reagan, seinen Kontrahenten. Reagans Wahlkampagne konzentriert sich einerseits darauf, seinen Landsleuten das Vertrauen in die Macht und die Größe Amerikas zurückzugeben. Zum zweiten behauptet Reagan, ein Patentrezept gegen die von ihm dramatisch ausgemalte Krise der amerikanischen Wirtschaft zu besitzen: Die Staatsausgaben sollten reduziert werden, die Steuern gesenkt, die Regulierung der Wirtschaft soweit wie möglich abgeschafft und die Inflation bekämpft werden; zudem versprach Reagan, ab 1984 keine neuen Schulden mehr zu machen und das amerikanische Staatsdefizit zu reduzieren.[56]

Steuersenkungen und eine Reduzierung des Staatsdefizits passen nicht recht zusammen, zumal Reagan auch die Militärausgaben weiter steigern wollte. Doch er hatte einen grandiosen Trumpf im Ärmel, die sogenannte »Laffer-Kurve«. Die grundlegende Idee ist ziemlich alt, der Name etwas neuer: Er geht zurück auf den amerikanischen Wirtschaftswissenschaftler Arthur B. Laffer.

Laffer behauptete, dass es bei der Festsetzung der Steuerquote ein Optimum gebe, das dem Staat ein Maximum an Einkommen bringt; verlangt der Staat seinen Bürgern einen höheren oder niedrigeren Anteil ab, dann sinken seine Einnahmen. Im Prinzip ist das eigentlich gut nachvollziehbar:

Wenn der Staat zu niedrige Steuern nimmt, verringern sich seine Einnahmen – im Extremfall auf null, wenn er überhaupt keine Steuern kassiert. Dasselbe passiert, wenn die Steuern zu hoch sind. Will der Staat alles haben, dann lohnt es sich für die Bürger nicht mehr zu arbeiten, und die Konjunktur bricht zusammen: Auch in diesem Falle steht der Staat mit leeren Händen da. Und das heißt: Wenn die Steuern nur hoch genug sind, dann müsste in der Tat eine Steuersenkung zu höheren Steuereinnahmen führen.

Doch wo liegt der magische Punkt, oberhalb dessen Steuersenkungen zu Mehreinnahmen führen? Und: Lag die Steuerquote in den USA tatsächlich über diesem Punkt, so dass eine niedrigere Quote zu höheren Einnahmen führen würde? Das war völlig ungeklärt, doch Reagan ließ sich von solchen Details nicht beirren. Er behauptete einfach, die Laffer-Kurve zeige, dass die von ihm beabsichtigten rigorosen Steuersenkungen das Steueraufkommen steigern würden. Die Steuerminderung werde die Konjunktur stimulieren und damit für zusätzliche Einnahmen sorgen. Daher sei es gar kein Problem, gleichzeitig die Militärausgaben zu steigern und am Ende noch einen ausgeglichenen Haushalt zu präsentieren.

Zudem hatte Reagan zur Rechtfertigung der geplanten Steuersenkungen noch einen zweiten Trumpf im Ärmel. Er ist als »Trickle Down-Theory« berühmt geworden und tut immer noch gute Dienste im Schatzkästlein konservativer Steuersenkungsargumente. Der Trick war nötig, weil von vornherein klar war, dass die Reichsten am meisten von Reagans Steuersenkungen abbekommen würden – man wollte ja nicht zuletzt die Spitzensteuersätze senken. Die Trickle Down-Theory behauptete nun, dass die Reichen ihr Geld ja ausgeben und investieren würden. Nach und nach werde es daher auch in die unteren Stockwerke der Einkommenshierarchie tröpfeln – und alle würden reich und glücklich.

Man sieht, die Annahmen, auf denen Reagans Wirtschaftspolitik basierte, waren gewagt. George H. W. Bush, als Reagans späterer Vizepräsident und direkter Nachfolger gewiss kein linker Hasardeur, sprach von »Voodoo Economics«.[57] Insbesondere gilt dies für die »Laffer-Kurve«. Neuere Berechnungen des Steuerbüros des amerikanischen Kongresses zeigen, dass sich Senkungen der in Amerika üblichen Steuersätze nur zu etwas mehr als einem Viertel durch die bessere Konjunktur refinanzieren. Mit anderen Worten: Fast dreiviertel der Senkungen bleiben dem Staat als Ausfälle bei den Steuereinnahmen.

Und genau das passierte während der Amtszeit Reagans. In den acht Jahren seiner Präsidentschaft kommt es fast zu einer Verdreifachung des amerikanischen Staatsdefizits. Sämtliche Regierungen vor Reagan hatten zusammengenommen eine Billion Dollar Schulden aufgehäuft. Reagan, der eine Senkung des Staatsdefizits versprochen hatte, schaffte alleine nahezu das Doppelte – von einer Selbstfinanzierung der Steuersenkungen konnte also keine Rede sein.

Zugute kamen die Steuersenkungen wie schon gesagt vor allem den oberen Einkommensklassen. Der Spitzensteuersatz fiel von 70 % auf zunächst 50 %, später sogar auf 28 %. Deutlicher noch wird die Bevorzugung höherer Einkommen, wenn man die prozentualen Veränderungen miteinander vergleicht. Bei einem Einkommen von 200 000 Dollar verringerte die Steuerreform von 1981 die Steuerlast um 15 %, verdiente man dagegen weniger als 10 000 Dollar, dann musste man 22 % *mehr* bezahlen.[58]

Hinzu kamen Kürzungen der Sozialprogramme, durch die insgesamt 70 % der Einnahmenminderung kompensiert werden sollten. Insgesamt wurden die Sozialprogramme um 25 Milliarden Dollar reduziert,[59] d. h. ein großer Teil des Geldes, das die Wohlhabenden über die Steuerreform erhielten, wurde bei den Armen durch die Kürzung von Sozialprogrammen eingesammelt. Während die Löhne am unteren Ende der Einkommenshierarchie zurückgingen, stieg der Anteil der oberen 1 % am Gesamteinkommen von 7,4 % zu Beginn von Reagans Amtszeit auf 11 % an ihrem Ende, der Gini-Index steigt in den USA in dieser Zeit um drei Prozentpunkte.[60]

Auch hier stellt sich wieder die Frage, ob die Steuersenkungen nicht immerhin den versprochenen positiven Effekt auf die Konjunktur und die Arbeitslosigkeit hatten. Tatsächlich sind die ökonomischen Daten der Reagan-Administration etwas besser als die von Thatcher, doch die Unterschiede sind nicht dramatisch. Die größte Differenz besteht darin, dass es Reagan im Gegensatz zu Thatcher gelingt, die Arbeitslosigkeit etwas zu reduzieren – um 2 Prozentpunkte von 7 % am Ende der Amtszeit von Carter auf 5 % am Ende seiner eigenen Amtszeit. Zudem steigt die Wachstumsrate des Bruttoinlandsprodukts während der Amtszeit von Reagan geringfügig von 2,9 auf 3,5 %. Doch auch bei Reagan sind die Veränderungen nicht spektakulär, zudem profitiert auch seine Regierung von Maßnahmen der Vorgängerregierung, vor allem aber von den während seiner beiden Amtsperioden dramatisch sinkenden Ölpreise.

Konsequenzen: Die negative Kettenreaktion

Doch natürlich geht es nicht primär um ein Urteil über die wirtschaftspolitischen Leistungen von Reagan und Thatcher. Beide stehen vielmehr als Repräsentanten der Aufkündigung des Nachkriegskonsenses und seiner sozialen und politischen Folgen. Und diese Folgen sind schwerwiegend. Das liegt u. a. daran, dass sich die Aufkündigung des Konsenses auf zwei Ebenen vollzieht, die sich in ihren Wirkungen gegenseitig verstärken. Ich hatte oben argumentiert, dass der Nachkriegskonsens eine Art positive Kettenreaktion auslöst. Hier findet genau das Gegenteil statt: Die Aufkündigung des Konsenses leitet eine negative Kettenreaktion von Prozessen ein, die einander ebenfalls gegenseitig stützen; nun aber beim Abbau von ökonomischer Gleichheit und sozialem Zusammenhalt.

Mit dem Niedergang des Warschauer Paktes lässt nicht nur der äußere Druck nach, vielmehr zeigt sich auch immer deutlicher, dass es keine ernsthafte Alternative zu den kapitalistischen Marktwirtschaften des Westens gibt. Damit wird die Grundlage des Nachkriegskonsenses zwischen Kapital und Arbeit, zwischen konservativen und sozialdemokratischen Parteien mehr und mehr in Frage gestellt. Die politischen Konflikte verstärken sich; zudem werden Wohlfahrtsprogramme und kompensatorische Steuersysteme, die bislang die Ungleichheit weitgehend in Schach gehalten hatten, zunehmend in Frage gestellt.

Die größer werdende Ungleichheit sorgt für zusätzliche soziale Spannungen, die den sozialen Zusammenhalt weiter strapazieren und damit Arrangements erschweren, die die sozialen Spannungen entschärfen könnten. Genau hier setzt dann die negative Kettenreaktion ein, die in genau der entgegengesetzten Richtung verläuft wie die Dynamik der unmittelbaren Nachkriegszeit: Hatten dort die Erinnerung an die Kriege und äußerer Druck dazu geführt, dass Konflikte zwischen den unterschiedlichen Gruppen entschärft und damit Arrangements gefunden werden konnten, die auf die Dauer für zusätzliche Entspannung und Zusammenhalt sorgten, so führt nun das Nachlassen der Erinnerung an die Kriege und der äußeren Bedrohung dazu, dass die zentrifugalen Kräfte in den westlichen Gesellschaften gestärkt werden: Kompromisse werden schwieriger, die einzelnen Gruppen setzen ihre Interessen mit größerem Nachdruck durch, die sozialen Arrangements werden zusehends fragiler, was den Zusammenhalt weiter schwächt und die Kompromissbildung zusätzlich erschwert.

VI. Kapitel
Modernisierung und Rechtspopulismus in der Gegenwart

Ich möchte im Folgenden zeigen, wie sich aus dieser Situation allmählich die rechtspopulistischen Bewegungen entwickeln, die in den letzten Jahren ungeahnte Erfolge erzielt haben. Sie bestimmen mittlerweile große Teile der öffentlichen Debatte, zwingen den etablierten Parteien ihre Themen und zum Teil auch ihre Methoden auf; sie haben in mehreren westlichen Ländern bereits die Macht erobert, anderswo schicken sie sich an, nach der Macht zu greifen.

Doch warum muss man sich in einem Buch über Macht und soziale Intelligenz mit den Erfolgen des Rechtspopulismus beschäftigen? Warum handelt es sich nicht einfach um einen Vorgang, der essentiell zu einer Demokratie gehört? Eine neue Partei entdeckt Themen und Bedürfnisse, die von den bisherigen politischen Kräften ignoriert worden waren. Daraufhin wird sie von vielen Menschen, denen diese Themen und Bedürfnisse wichtig sind, gewählt. Was ist dies anderes als ganz normaler demokratischer Wettbewerb?

Es lohnt sich, hier zunächst einen Schritt zurückzutreten und sich daran zu erinnern, dass Demokratien offensichtlich auf gewisse Rahmenbedingungen angewiesen sind: Wichtig ist insbesondere ein geringes Maß an ökonomischer Ungleichheit, doch auch der soziale Zusammenhalt ist unerlässlich. Es sind genau diese Bedingungen, die sich seit dem Ende des Kalten Krieges merklich verschlechtert haben.

Dies wirft die Frage auf, ob es nicht irgendwelche tatsächlichen Indizien für eine Gefährdung demokratischer Strukturen gibt. Die Erfolge der rechtspopulistischen Bewegungen sind ein solches Indiz – und genau deshalb müssen sie in einem Buch über Macht eine wichtige Rolle spielen! Doch warum sind es ausgerechnet die Rechtspopulisten, die die Demokratie gefährden und nicht etwa, sagen wir, die Partei bibeltreuer Christen?

Eines der zentralen Probleme von Machtstrukturen besteht in der Verhinderung von Machtmissbrauch. Wer Macht besitzt, kann diese immer auch dazu verwenden, noch mehr Macht an sich zu reißen. Ab einem bestimmten Punkt werden die Machtunterschiede so groß, dass Kontrolle kaum noch möglich und ein Missbrauch der Macht kaum noch zu vermeiden ist. Die Jäger und Sammler der Altsteinzeit verhinderten Machtmissbrauch gegebenenfalls durch unmittelbaren Widerstand. Ein Herrscher, der seine Kompetenzen überschritt, musste mit Gegenreaktionen seiner Horde rechnen. In Demokratien wird die Macht durch Institutionen und Regeln kontrolliert: Dazu gehört, dass Ämter nur auf Zeit verliehen werden, die Ausübung an Regeln gebunden ist und die Inhaber der Ämter dabei von anderen Institutionen kontrolliert und gegebenenfalls sanktioniert werden. Eine besondere Rolle spielt dabei das Rechtssystem, dessen Unabhängigkeit zentrale Bedeutung in demokratischen Staaten hat. Wichtig ist außerdem auch die demokratische Öffentlichkeit, die eine informelle Kontrolle ausübt.

Der Rechtspopulismus steht in einer grundsätzlichen Spannung zu diesem System. Eines seiner zentralen Kennzeichen ist die Ablehnung der für die Demokratie konstitutiven Regeln und Institutionen.[1] Zum Ausdruck kommt sie schon darin, dass die Rechtspopulisten häufig als informelle »Bewegungen« auftreten, die sich um einen mehr oder minder charismatischen Führer scharen – nicht als Parteien – mit einer festen Satzung, die Kandidaten benennen, welche nur auf Zeit die Partei repräsentieren. In rechtspopulistischen Bewegungen ist es zuweilen umgekehrt: Nicht die Parteien bestimmen ihre Kandidaten, sondern die Anführer gründen eine Bewegung, die auf sie selbst zugeschnitten ist. Dies galt z. B. schon für einen der Urväter des modernen Populismus, den dänischen Steuerrebellen Mogens Glistrup, der die »Fortschrittspartei« gründete, es gilt für Silvio Berlusconi, den Gründer von »Forza Italia« (Vorwärts Italien) und »Il Popolo della Libertà« (das Volk der Freiheit), es gilt auch für Jörg Haider, der 2005 das »Bündnis Zukunft Österreich« gründet, oder Geert Wilders, der 2006 die »Partij voor de Vrijheid« gründet, deren einziges Mitglied praktischerweise er selbst ist: Das Machtverhältnis zwischen Parteien und ihren Kandidaten wird schon damit auf den Kopf gestellt. Schließlich lassen sich diese Bewegungen weniger von Programmen als vielmehr von Stimmungen leiten, die sich leicht gegen die rechtlichen oder institutionellen Schranken des Systems mobilisieren lassen.

Tatsächlich wenden sich viele rechtspopulistische Bewegungen ganz global gegen das »System«, z. B. gegen die etablierten Parteien und ihre Repräsentanten, gegen »Washington«, gegen »die Medien« oder die »Systempresse«. Zudem zeigen sie eine deutliche Skepsis gegenüber rechtsstaatlichen Prinzipien, gegenüber internationalen Vereinbarungen, aber auch gegenüber den Rechten von Minderheiten. Wie ich weiter unten zeigen möchte, ist das kein Zufall: Rechtspopulistische Parteien gewinnen vor allem dadurch an Zulauf, dass sie die Emotionen und Ressentiments ihrer Wähler bedienen. All das ist nicht nur Rhetorik: Dort wo die Rechtspopulisten an die Macht kommen, zeigen sie, dass es ihnen ernst ist mit diesem Bruch mit den etablierten Verfahren. Die Absetzung von Richtern in Polen ist ein Beispiel, die Schließung von regierungskritischen Tageszeitungen in Ungarn ein anderes, der Umgang mit Migranten in praktisch allen von Rechtspopulisten beherrschten Ländern das wohl offensichtlichste Beispiel.

Führend auf diesem Gebiet ist aber zweifellos der gegenwärtige amerikanische Präsident, der immer wieder versucht hat, das – in den USA traditionell unabhängige – Justizministerium unter seine Kontrolle zu bringen, z.B. um einen unabhängigen Sonderermittler zu entlassen oder seine ehemalige Konkurrentin Hillary Clinton ins Gefängnis zu bringen.[2] Trump illustriert gleichzeitig die zentrale Rolle von autoritären Führern, die aufgrund ihrer persönlichen und ökonomischen Macht auch die z.T. noch wichtigeren informellen Regeln von Machtausübung und öffentlichem Diskurs außer Kraft setzen können – und dies meist unter dem Beifall ihrer Anhänger.

All dies zeigt, dass rechtspopulistische Parteien eben nicht einfach nur eine neue Alternative *innerhalb* des demokratischen Systems sind, sondern vielmehr in einem mehr oder minder starken Spannungsverhältnis zu den demokratischen Regeln und Institutionen stehen und damit eine ernsthafte Gefahr für demokratische Machtstrukturen bilden können. Dies ist der Grund, warum die Erfolge des Rechtspopulismus ein wichtiges Thema innerhalb eines Buches über Macht bilden, zumal sich weiter unten zeigen wird, dass diese Bewegungen auch Überforderungen von sozialer Intelligenz erkennen lassen.

Ich werde im Folgenden zunächst die Bedingungen beschreiben, die die Entstehung des Rechtspopulismus gefördert haben. Die zentralen Faktoren dürften bekannt sein: Hierzu gehört erstens die Schwächung des sozialen Zusammenhalts und zweitens die Steigerung der Ungleichheit, deren Beginn in der Endphase des Kalten Krieges ich oben bereits beschrieben habe. Tatsächlich gehören die Anhänger rechtspopulistischer Bewegungen besonders häufig zu den »Verlierern« in den unteren Bereichen der Einkommensskala, die durch die Modernisierung der letzten Jahrzehnte besonders stark benachteiligt worden sind.

Gleichzeitig profitiert der Rechtspopulismus auch von den »Gewinnern« am oberen Ende der Einkommensskala: Politische Entrepreneure wie Trump, Berlusconi, Blocher oder der tschechische Ministerpräsident Andrej Babiš haben durch die Umverteilung von unten nach oben die Mittel gewonnen, mit denen sie eigene Bewegungen gründen, kontrollieren und finanzieren können. Ungebunden von den demokratischen Verfahren traditioneller Parteien und ihren Programmen können sie so die Ängste und Ressentiments ihrer Wähler nach Belieben aufgreifen und instrumentalisieren. Doch diese objektiven Faktoren liefern nur einen Teil der Erklärung.

Wirklich verständlich machen lässt sich der Siegeszug des Rechtspopulismus in fast der gesamten westlichen Welt erst dann, wenn man psychologische Faktoren einbezieht. Dazu gehört, dass Anhänger rechtspopulistischer Bewegungen häufig besonders emotional auf ihre eigene Lage reagieren – mit Angst, aber auch mit Aggressivität und Ressentiments. Die zunehmende ökonomische Ungleichheit stärkt die Ängste vor sozialem Ausschluss, zumal die Wähler rechtspopulistischer Parteien wie gesagt häufig selbst zu den sogenannten »Verlierern« der ökonomischen Modernisierungsprozesse der letzten Jahrzehnte zählen.

Illustrieren lässt sich die Bedeutung psychologischer Motive besonders gut an dem paradoxen Wahlverhalten der Rechtspopulisten. Obwohl sie häufig ärmer als der Durchschnitt der Wähler sind und stärker unter den Unsicherheiten des Arbeitsmarktes leiden,[3] stimmen sie für Bewegungen, die sich für die Einschränkung von Sozialtransfers und Wohlfahrtsleistungen aussprechen und damit die Situation ihrer unterprivilegierten Wähler weiter zu verschlechtern drohen. Die psychologischen Besonderheiten liefern die Erklärung: Rechtspopulistische Parteien greifen die Ängste und Unsicherheiten ihrer Wähler auf und bieten ein Ventil für deren Ressentiments gegen Minderheiten.

Gleichzeitig setzen sie damit einen wichtigen Kontrollmechanismus demokratischer Systeme außer Kraft. Dieser basiert auf der Annahme, dass Fehlentwicklungen dadurch vermieden werden, dass jede Gruppe Vertreter ihrer substantiellen Interessen ins Parlament wählen kann. Die rechtspopulistischen Wähler tun das nicht: Geleitet von ihren Ängsten und Emotionen entscheiden sie sich für Bewegungen, die ihre sozialen und ökonomischen Interessen mit neoliberalen Wirtschaftsprogrammen, Steuersenkungen und Einschnitten in Wohlfahrtsprogramme verletzen. Die soziale Unterprivilegierung der rechtspopulistischen Wählerklientel wird damit verstärkt, weiterer Verdruss gegenüber dem »System« ist vorprogrammiert.

Zum Abschluss werde ich dann zeigen, dass die psychologische Analyse auch Ansätze zur Bekämpfung des Rechtspopulismus liefern kann. Offensichtlich kann es dabei nicht darum gehen, die soziale und kulturelle Modernisierung wieder zurückzudrehen, um die auf äußerem Druck basierende soziale Uniformität der Nachkriegszeit wiederherzustellen – ganz im Gegenteil: Die Psychologie des Rechtspopulismus erklärt, warum man diese Bewegungen stärkt, wenn man ihnen inhaltlich entgegenkommt. Notwendig ist vielmehr, den sozialen Zusammenhalt zu wahren, *ohne* dabei die gewonnenen Freiheitsspielräume zu gefährden. Ich werde zeigen, dass ein möglichst genaues Verständnis der Ängste bei der Suche nach erfolgversprechenden Ansätzen helfen kann.

1. Individualisierung und Schwächung des inneren Zusammenhalts

Individualisierung und Fragmentierung

Neben der wachsenden Ungleichheit sind wohl die Ausdifferenzierung der westlichen Gesellschaften und der Verlust an innerem Zusammenhalt die zentralen Voraussetzungen für den Erfolg des Rechtspopulismus. Bevor ich im Folgenden zeige, wie sich der soziale Zusammenhalt mit dem Nachlassen der äußeren Bedrohung nach dem Fall des Eisernen Vorhangs abschwächt, möchte ich darauf hinweisen, dass diese Entwicklung von längerfristigen Prozessen überlagert wird, die ganz andere Ursachen haben, schon viel früher beginnen, aber in eine ähnliche Richtung weisen. Sie fördern damit die Heterogenität in den westlichen Gesellschaften zusätzlich.

Dies gilt insbesondere für den Prozess der Individualisierung, wie er von Soziologen wie Norbert Elias,[4] später von Ulrich Beck und der subjektorientierten Soziologie[5] analysiert worden ist. Gemeint ist damit, dass der Lebensweg einzelner Personen immer stärker von deren eigenen Entscheidungen und Präferenzen abhängt.

Der Beginn dieses Prozesses ist schwer zu bestimmen, doch er liegt in jedem Falle weit vor dem Ende der Nachkriegszeit und kann daher nicht auf die spezifischen Bedingungen dieser historischen Phase zurückgeführt werden. Erste Indizien lassen sich spätestens in der Subjektphilosophie der Renaissance ausmachen, z. B. bei Pico della Mirandola,[6] der dem Menschen ganz ausdrücklich die Aufgabe zuweist, sein eigenes Schicksal selbst in die Hand zu nehmen und sich nicht auf vorgeprägte Handlungsschemata reduzieren zu lassen. Eine leicht willkürliche Auswahl weiterer wichtiger Stationen dieses Prozesses kann auf die Autonomiekonzeption Kants,[7] die pessimistische Philosophie von Schopenhauer und seinen Nachfolgern, die die Ansprüche des Individuums ins Zentrum ihrer Kulturkritik stellen,[8] auf den erklärten Egoismus von Max Stirner[9] und schließlich auf leicht übersteigerten Egozentrismus des jungen Ernst Bloch verweisen:

> Denn daß ich Ich bin, ist heilig und sowohl das Mittel der Hilfe wie der eigentliche Spiegel des Reichtums im Wir.[10]

In einer etwas weniger enthusiasmierten Wissenschaftsprosa kann man darauf verweisen, dass dieser Prozess die Handlungsspielräume für jedes einzelne Individuum, z. B. bei der Berufswahl, in der Partnerschaft und der Lebensform, zusehends vergrößert. Die Lebensgeschichte einzelner Perso-

1962

1963

1967

1969

1970

1972

1975

Abb. 5: Abiturienten des Alexander Hegius Gymnasiums in Ahaus zwischen 1962 und 1975. Auffällig ist die starke Uniformität bis 1967: Sämtliche Schüler tragen dunkle Anzüge, helle Krawatte, Mütze und stehen in gerader Haltung mit den Händen an der Hosennaht. Ab 1969 öffnet sich dann innerhalb weniger Jahre der Raum für Individualität in Haltung, Kleidung und Haarschnitt.
Quelle: Jubiläumsband zum 50jährigen Bestehen des Alexander-Hegius-Gymnasiums 1956–2006

nen ist daher immer weniger aus allgemeinen Voraussetzungen wie der Zugehörigkeit zu einer Schicht, einer bestimmten Familie, Region oder dem Geschlecht zu erklären. Stattdessen spielen individuelle Entscheidungen und Vorlieben eine zunehmend größere Rolle. Die Entstehung einer eigenständigen, zum Teil antiautoritären Jugendkultur seit den späten sechziger Jahren, die sich ihrerseits bis heute immer weiter ausdifferenziert, ist ein weiteres Indiz dieser Entwicklung. Sie wird durch das Nachlassen des äußeren Drucks gegen Ende der Nachkriegszeit und dann nach dem Ende des Kalten Krieges gefördert, hat aber zweifellos auch wichtige andere Ursachen.

Politische Ausdifferenzierung in den siebziger Jahren

Eng damit verbunden sind politische Entwicklungen, die seit dem Ende der sechziger Jahre erste Ansätze zu einer Destabilisierung des Nachkriegskonsenses erkennen lassen. Hierzu gehören z. B. die Studentenunruhen, die mit unterschiedlichen Zielrichtungen seit 1968 vor allem in den Vereinigten Staaten, in Frankreich und Deutschland auftreten. Die Unruhen richten sich aktiv gegen die nationalen Regierungen, gegen den Vietnamkrieg, in Deutschland aber auch gegen die Notstandsgesetze und die bislang fehlende Aufarbeitung des Nationalsozialismus. Neue Formen des Protestes und die vielfachen Überschneidungen mit den gleichzeitig entstehenden Subkulturen, aber auch der sexuellen Liberalisierung zeigen, dass eine saubere Trennung von dem oben beschriebenen Prozess der Individualisierung kaum möglich sein dürfte.

Dass es sich hier dennoch um die ersten Schritte zu einer

umfassenden sozialen und politischen Ausdifferenzierung handelt, wird spätestens dann deutlich, wenn man berücksichtigt, dass ungefähr zur gleichen Zeit eine ähnliche Ausdifferenzierung auch auf der rechten Seite des politischen Spektrums mit der Gründung der ersten rechtspopulistischen Bewegungen bzw. ihrer Vorläuferorganisationen stattfindet: In Frankreich wird der Front National (1972) gegründet, Vorläufer des heutigen Rassemblement National, in der Schweiz die bis heute bestehende Schweizerische Volkspartei (1971), die sich allerdings erst seit den neunziger Jahren zu einer rechtspopulistischen Partei entwickelt hat, in Dänemark die Fortschrittspartei (1972) unter Mogens Glistrup, aus der später die Dänische Volkspartei entstanden ist. Die Erfolge all dieser Bewegungen halten sich jedoch vorerst in engen Grenzen. Lediglich Mogens Glistrup gelingt mit seinem medienwirksamen Protest gegen das dänische Steuersystem schon 1973 ein nennenswerter Wahlerfolg. Dennoch übt auch die Fortschrittspartei bis zu ihrem faktischen Aufgehen in der Dänischen Volkspartei nur geringen politischen Einfluss aus, nicht zuletzt wohl, weil ihr die Regierungsbeteiligung verwehrt bleibt.

Hinzu kommt der Verlust sozialer Bindungen durch halbwegs konsistente Milieus, wie sie z. B. lange in der Arbeiterschaft existierten.[11] Richard Sennett hat den Zerfall dieser Milieus und seine gravierenden Konsequenzen bereits vor der Jahrtausendwende untersucht[12] und kam dabei zu dem Schluss, dass die zunehmende Fragmentierung von Gesellschaft und Arbeitswelt weitreichende Konsequenzen haben werde.

Gegenwart

Heute sind wir 20 Jahre weiter, und die Konsequenzen sind für alle sichtbar. Es dürfte schwierig sein, genau zu bestimmen, zu welchen Anteilen der Verlust des sozialen Zusammenhalts der längerfristigen Tendenz zur Individualisierung oder aber dem Nachlassen des äußeren Drucks nach dem Fall des Eisernen Vorhangs zuzuschreiben ist. Doch schon allein die sichtbare Beschleunigung dieser Entwicklung nach dem Ende der Nachkriegszeit spricht dafür, dass das Nachlassen des äußeren Drucks hier eine wichtige Rolle spielt.

Tatsächlich hat sich der Nachkriegskonsens über zentrale politische und gesellschaftliche Themen weitgehend aufgelöst. Zwar gibt es in Deutschland noch beträchtliche Übereinstimmungen innerhalb der Mehrheitsgesellschaft, wie sie durch die klassischen Parteien von CDU / CSU und FDP über SPD und Grüne bis zu großen Teilen der Linken repräsentiert wird. Doch diese Parteien stehen spätestens seit dem Auftreten der AfD nicht mehr für die gesamte Gesellschaft; zumindest die SPD hat ihren Status als Volkspartei längst verloren. Bezieht man die Rechtspopulisten und ihre Anhänger ein, dann zeigt sich, dass auch bei uns ein umfassender Grundkonsens seit einiger Zeit verlorengegangen ist.

Dies liegt nicht nur an der bloßen Ausdifferenzierung in einzelne Subkulturen und Milieus, die sich kulturell, ökonomisch und politisch voneinander unterscheiden. Noch wichtiger dürfte sein, dass sich die einzelnen Milieus immer stärker voneinander abschotten, so dass eine Verständigung zusehends schwieriger wird, wie kürzlich die Arena Analyse gezeigt hat.[13] Den Autoren zufolge »mehren sich heute die Zeichen, dass die Distanz zwischen regionalen und sozialen

Gruppen eher größer wird und dass dieses Auseinanderentwickeln von vielen sogar gewollt wird.«[14] Hieraus ergeben sich zunehmende Risse im sozialen Gefüge, die zu echten Konflikten führen können.

Sichtbar wird dies auch an den Veränderungen in der Parteienlandschaft. So waren im Bundestag von 1960 an zweiundzwanzig Jahre lang nur drei Parteien vertreten: CDU / CSU, SPD und FDP. Der Ausdifferenzierungsprozess beginnt wiederum mit dem Beginn der achtziger Jahre durch den Einzug der Grünen. 1990 erhöht sich die Zahl durch die damalige PDS, heute die Linke, auf fünf, und seit der letzten Bundestagswahl 2017 hat sich die Zahl der Parteien durch die AfD auf sechs verdoppelt.

Entscheidend ist dabei nicht die bloße Erhöhung der Zahl der Parteien. Als Indiz für einen Verlust an sozialer Kohäsion taugt diese Entwicklung vielmehr deshalb, weil sich das politische Spektrum zunächst auf der Linken, dann auf der Rechten zusehends erweitert hat und damit die Konsensfindung zunehmend erschwert – insbesondere wenn es um die Regierungsbildung geht. Demonstriert wurden diese Probleme im Detail durch die Regierungsbildung nach der Bundestagswahl 2017: Koalitionsregierungen fordern Kompromisse, doch die werden schwieriger, wenn die potentiellen Regierungsparteien jeweils radikalere Konkurrenten haben. So befürchteten CDU und vor allem CSU in den Koalitionsverhandlungen mit der SPD, dass eine zu weiche Haltung in der Asylfrage Wähler zur AfD treiben würde. Umgekehrt stand die SPD unter dem Druck von Grünen und Linken, was Kompromisse in der Asyl- und Sozialgesetzgebung anging.

In Demokratien mit einem Mehrheitswahlrecht, also in den Vereinigten Staaten und in Großbritannien, sind Veränderungen in der Parteienlandschaft schwerer möglich, da nur solche Parteien öffentliche Aufmerksamkeit erregen, die in einer größeren Zahl von Wahlkreisen die Mehrheit gewinnen. Dies gelingt im Allgemeinen nur zwei, maximal drei Parteien. Doch das Nachlassen des sozialen Zusammenhalts macht sich auch in solchen Systemen bemerkbar.

Zum einen ist es möglich, dass sich die gestiegene Vielfalt *innerhalb* bestehender Parteien widerspiegelt – Parteien können also heterogener werden und damit ein größeres politisches Meinungsspektrum abbilden. Dies gilt z. B. für die gegenwärtige Situation der Republikaner in den USA: Mittlerweile sind die Gegensätze zwischen den einzelnen Strömungen innerhalb der Partei allerdings so groß, dass es ihnen oft schwerfällt, sich auf einen Beschluss zu einigen. Das beste Beispiel dafür lieferten die fehlgeschlagenen Bemühungen, die Reform des Gesundheitssystems der Vorgängeradministration von Barack Obama abzuschaffen: Obwohl es sich um *den* zentralen Punkt der republikanischen Agenda handelte, scheiterten die unterschiedlichen Fraktionen der republikanischen Kongressabgeordneten mehrfach bei dem Versuch, sich auf einen gemeinsamen Vorschlag zu einigen.

Zum zweiten kann der Abstand *zwischen* den bestehenden Parteien weiter größer werden – linke Parteien können weiter nach links rücken, konservative Parteien weiter nach rechts. Die Entwicklung der Tories unter Margaret Thatcher oder die der Labour-Partei unter Jeremy Corbyn, schließlich das Verhältnis von Republikanern und Demokraten in den USA liefern dafür klare Beispiele.

Tatsächlich zeigt z. B. eine Langzeitstudie des Pew Research Centers,[15] wie stark die Auffassungen von Republikanern und Demokraten in wichtigen politischen Fragen wie

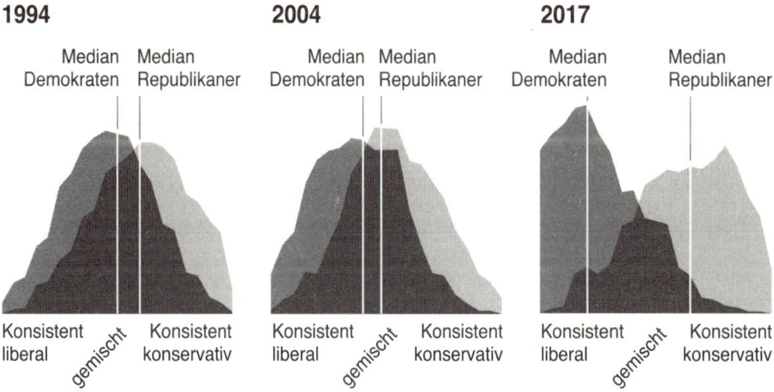

Abb. 6: Studie des unabhängigen Pew Research Centers zum Konsenszerfall in den USA. Abgebildet werden die Auffassungen von Anhängern der Republikaner (hellgrau) und Demokraten (dunkelgrau) zu wichtigen politischen und sozialen Fragen. Siehe Kommentar im Text. Quelle: Doherty, Carroll , Jocelyn Kiley und Bridget Johnson. 2017. The Partisan Divide on Political Values Grows Even Wider: Pew Research Center

Homosexualität, Immigration, Armutsbekämpfung oder Rassendiskriminierung in den letzten zweieinhalb Jahrzehnten auseinandergetrieben sind. Gab es zu Anfang des Untersuchungszeitraums kurz nach dem Ende des Kalten Krieges noch substantielle Übereinstimmungen zwischen beiden Lagern auf praktisch allen wichtigen Feldern der Politik, so sind diese Übereinstimmungen bis heute weitgehend verschwunden. Die religiöse Inbrunst, mit der die Republikaner gegen Obamas Reform des Gesundheitssystems zu Felde zogen, ist dabei nur ein Beispiel für diese massive Verhärtung der Fronten, die den politischen Prozess in den USA an vielen Stellen lähmt.

Die Veränderung hat übrigens nicht nur damit zu tun, dass die Anhängerschaft der Republikaner nach rechts gerückt ist.

Mindestens genauso wichtig scheint dieser Untersuchung zufolge eine Bewegung nach links aufseiten der Demokraten gewesen zu sein; sie setzt zudem früher ein, nämlich zwischen 1994 und 1999. Zunächst verringern sich dann die Meinungsunterschiede noch einmal, weil die Republikaner in den folgenden fünf Jahren ebenfalls nach links rücken, bevor bei ihnen dann zwischen 2004 und 2011 eine Bewegung in die umgekehrte Richtung einsetzt: Die Republikaner rücken bis 2014 wieder nach rechts, während gleichzeitig die Demokraten sich weiter nach links bewegen, was sich dann bis 2017 noch einmal verstärkt.

Im Ergebnis ist zwischen 1999 und 2017 der Prozentsatz der Demokraten, die links vom Median der Republikaner stehen, von 64 auf 95 % angestiegen. Bei den Republikanern wuchs der Anteil derjenigen, die rechts vom Median der Demokraten stehen, in einem ähnlichen Maße von 70 auf 97 %.[16] Statistisch hat sich damit der Anteil politisch begründeter Unterschiede an der Gesamtheit der Meinungsunterschiede in den USA mehr als verdoppelt – alle anderen Faktoren wie z. B. ethnische Zugehörigkeit, Geschlecht, Religion und Bildung fallen in ihrer Bedeutung weit dahinter zurück.

Es versteht sich von selbst, dass diese Erkenntnisse aus den USA nicht einfach auf die – in vielerlei Hinsicht unterschiedliche – Situation in Europa zu übertragen sind. Wie oben gezeigt, geht die Entwicklung diesseits des Atlantiks aber in die gleiche Richtung. Auch in Europa hat sich der Nachkriegskonsens weitgehend aufgelöst. Insofern sollte man die Daten aus den USA berücksichtigen, wenn man nach Erklärungen für die politischen Veränderungen hierzulande fragt.

Dennoch lässt sich der Eindruck nicht vermeiden, dass die Veränderungen sowohl bei der Ungleichheit wie bei dem

Verlust des sozialen Zusammenhalts in den USA stärker ausgeprägt sind als in den meisten westeuropäischen Ländern. Es liegt nahe, hier darauf zu verweisen, dass die USA stärker als die meisten anderen Staaten vom Nachlassen des äußeren Drucks nach dem Ende des Kalten Krieges betroffen waren: Anders als die mittleren Mächte wie England, Frankreich oder Deutschland, die auch nach dem Ende der Blockkonfrontation über einen Mangel an Gegenspielern und Konkurrenten nicht zu klagen hatten, gibt es für die USA als letzter Supermacht nach dem Niedergang der Sowjetunion keinen direkten Konkurrenten auf Augenhöhe mehr. Dies mag sich in Zukunft wieder ändern, doch es könnte erklären, warum die politischen Lager in den USA sich besonders weit voneinander entfernt haben und mittlerweile auch in außenpolitischen Fragen nicht mehr mit einer Zunge sprechen.

In jedem Falle wird es angesichts dieses Verlustes an innerem Zusammenhalt immer schwieriger, politische Kompromisse zwischen den unterschiedlichen Parteien zu finden. Auch die Härte der Auseinandersetzungen nimmt zu. In den USA hat dies dazu geführt, dass politische Debatten sich zunehmend aus dem Parlament in die Gerichtssäle verlagern. Angegriffen werden dabei sowohl die Gesetze der jeweiligen Gegenseite wie auch deren politische Akteure. Zudem kommt es oft genug vor, dass die regierende Partei sich bemüht, die Beschlüsse ihrer Vorgängerregierung der jeweils anderen Partei wieder rückgängig zu machen. Der Versuch der Republikaner, die Gesundheitsreform Obamas abzuwickeln, ist dabei nur ein Beispiel. Ähnliches gilt für den Klima- und Umweltschutz.

Für die Entwicklung des Rechtspopulismus ist dieser Verlust an gesellschaftlichem Zusammenhalt nicht nur deshalb wichtig, weil sich damit die Spielräume für die Artikulation radikaler Positionen vergrößern. Mindestens genauso wichtig sind die Ängste, die der Verlust des Zusammenhalts bei der rechtspopulistischen Klientel auslöst.[17] Dass der Rechtspopulismus selbst zu diesem Zerfall beiträgt, kann die Ängste seiner Anhänger nicht mindern, zumal aus ihrer Perspektive natürlich die Gegenseite die Schuld trägt.

Das »Parteigängergehirn«

Schaut man sich die Propaganda rechtspopulistischer Bewegungen an, dann gewinnt man zuweilen den Eindruck, deren Anhänger lebten in einer ganz anderen Welt. Die übliche Erklärung dafür lautet, dass sich die Rechtspopulisten in abgeschlossene soziale Netzwerke zurückgezogen hätten und sich dort nur noch von ihren eigenen Echokammern beschallen ließen. Informationen aus der demokratischen Öffentlichkeit, die ihr Weltbild in Frage stellen könnten, würden schon durch technische Vorkehrungen ausgefiltert. Tatsächlich ist die Existenz solcher »Echokammern«, die die eigenen Ressentiments und Vorurteile immer noch weiter verstärken, gut belegt.[18] Doch mittlerweile scheinen technische Vorkehrungen gar nicht mehr nötig zu sein, um widersprechende Informationen auszublenden: Das Gehirn der Rechtspopulisten besorgt dies längst selbst.

Gezeigt hat dies Jay van Bavel, der in diesem Zusammenhang von einem »Parteigängergehirn« spricht. Gemeint ist damit, dass die Zugehörigkeit zu einer Gruppe tiefgreifenden Einfluss auf unsere Meinungen und Wahrnehmungen ausübt. Im Prinzip ist diese Geschichte sogar schon sehr viel älter – wir hatten oben bereits kurz darüber gesprochen. Schon in den 1950er Jahren hatte der amerikanische Sozialpsychologe Solomon Asch nachgewiesen, dass Versuchspersonen sich unter dem Einfluss einer dominanten Gruppenmeinung bei ganz einfachen Wahrnehmungsaufgaben zu offensichtlich falschen Urteilen verleiten lassen.[19] Neuere Experimente sprechen dafür, dass die Gruppe nicht nur das Urteil, sondern auch die unmittelbare Wahrnehmung beeinflusst: Wir nehmen also die Dinge offenbar so wahr, wie es die Meinung in unserer Gruppe vorgibt.[20]

In der letzten Zeit ist gezeigt worden, dass politische Überzeugungen einen ganz ähnlichen Einfluss auf die Wahrnehmung sehr einfacher Sachverhalte ausüben: So behaupteten z. B. 15 % der Anhänger Donald Trumps, sie würden auf den Fotos der Inaugurationsfeier ihres Heroen mehr Besucher sehen als auf den Fotos von Obamas Inaugurationsfeier. Das war ganz offensichtlich falsch, aber es spricht vieles dafür, dass die Trump-Anhänger nur berichteten, was ihr Wahrnehmungssystem ihnen unter dem Einfluss ihrer politischen Überzeugungen vorgespielt hatte.[21] Selbst die Erinnerung wurde von der Parteizugehörigkeit geprägt: Viele Trump-Anhänger berichteten von skandalösen Ereignissen um Hilary Clinton – doch die Ereignisse hatten niemals stattgefunden. Die Trumpisten standen damit allerdings nicht allein: Auch Clinton-Anhänger hatten erfundene negative Berichte über Trump für bare Münze genommen.[22]

Offenbar leben beide Gruppen in ganz unterschiedlichen Welten. Finstere Manipulationen oder Echokammern waren dazu gar nicht notwendig – unser Gehirn schafft das wie gesagt von ganz allein. Und es ist wirklich *unser* Gehirn – nicht nur das der Anhänger von Trump, Wilders und der AfD:

a)

Jeder ist diesen Prozessen der Selbstmanipulation unterworfen, jeder hat also Grund, nach dem Knick in der eigenen Optik zu suchen.

Diese Beeinflussung der eigenen Wahrnehmung durch die Parteizugehörigkeit trägt bei zu einem sich selbst verstärkenden Prozess, der die Kluft zwischen den Gruppen zunehmend vertieft. Wenn wir bevorzugt das wahrnehmen und glauben, was der Meinung unserer Gruppe entspricht, so führt dies zu einer weiteren Polarisierung der Meinungen, was wiederum die Wahrnehmungen noch weiter auseinandertreiben lässt. Dies vertieft dann die Kluft zwischen den Gruppen noch weiter – und so fort.

b)

Abb. 7a und b: Fotos der Inaugurationsfeiern von Trump (links) und Obama (rechts). 15 % der Anhänger Trumps behaupteten, auf dem linken Bild seien mehr Menschen zu sehen als auf dem rechten. Quelle: Trump's Inauguration vs. Obama's: Comparing the Crowds. By TIM WALLACE, KAREN YOURISH and TROY GRIGGS New York Times, JAN. 20, 2017

In dieselbe Richtung weist eine neuere Untersuchung von Karlsen und Mitarbeitern.[23] Zwar können die Autoren zeigen, dass Echokammern im Internet weniger weit verbreitet sind, als üblicherweise angenommen wird. Wer häufig im Internet diskutiert, kommt nämlich im Allgemeinen auch in Kontakt mit Webseiten und Diskussionspartnern, die gegenteilige Ansichten vertreten. Große Wirkungen hat dies allerdings nicht – im Gegenteil: Weit entfernt davon, durch Widersprüche und Gegenargumente zum Nachdenken gebracht zu werden, fühlen sich die meisten Diskussionsteilnehmer in ihrer eigenen Position *gestärkt*, wenn ihnen jemand widerspricht. Mehr als 70 % der Diskutanten, die sich oft durch Kontroversen herausgefordert sehen, geben an, dass sich ihre eigenen Meinungen dadurch gefestigt hätten. Ganze 6 % gestehen zu, unter solchen Umständen die Meinung geändert zu haben. Konfrontation und harte Gegenargumente bieten also offenbar keinen gangbaren Weg, Einfluss auf andere auszuüben. Die einzige halbwegs erfolgversprechende Strategie, so zeigen die Autoren, besteht in ausgewogenen, nicht konfrontativen Argumenten, in denen das Für und Wider zur Sprache kommt. Ich werde auf diesen Punkt am Ende dieses Kapitels zurückkommen, wenn es um mögliche Strategien gegen den Rechtspopulismus geht.

2. Ungleichheit und Globalisierung

Die Schwächung des sozialen Zusammenhalts beeinträchtigt keineswegs nur das Meinungsklima oder die Atmosphäre zwischen den unterschiedlichen Gruppen, die eine Gesellschaft ausmachen. Wie oben bereits beschrieben, hat dieses Auseinanderstreben vielmehr drastische Folgen auch für die soziale Ungleichheit – und die sind genau spiegelbildlich zu den Konsequenzen des Nachkriegskonsenses. Wir hatten gesehen, dass der Zusammenhalt in der Nachkriegszeit nicht nur Kompromissfindung und Entschlussfassung erleichterte.

Er ermöglichte auch eine massive Reduzierung der ökonomischen Ungleichheit, weil sich auch konservative Parteien zu weitreichenden sozialen und finanziellen Zugeständnissen bereitfanden. Da die Verringerung der Ungleichheit ihrerseits den sozialen Zusammenhalt stützte, hatten wir es hier mit einem sich selbst verstärkenden Prozess zu tun.

Wie wir ebenfalls bereits gesehen hatten, schwächt sich die Dynamik dieses Prozesses mit dem Nachlassen der äußeren Bedrohung seit dem Ende der siebziger Jahre ab – die neoliberale Politik von Thatcher und Reagan kann als erste Reaktion auf diese Abschwächung verstanden werden. Im Folgenden möchte ich zunächst kurz den Anstieg der Ungleichheit bis in die Gegenwart verfolgen und dann auf die Globalisierung eingehen.

Entwicklung der Ungleichheit bis in die Gegenwart

Kurz zusammengefasst kann man feststellen, dass sich die Ungleichheit bei den Einkommen seit den achtziger Jahren bis heute in praktisch allen westlichen Ländern deutlich erhöht hat. Während in den meisten kontinentaleuropäischen Ländern ebenso wie in Japan und Kanada moderate Steigerungen zwischen zwei und vier Prozentpunkten zu verzeichnen sind, steigert sich die Ungleichheit in den USA auf einem bereits hohen Niveau um 7 Prozentpunkte auf nunmehr 40 %, im Vereinigten Königreich sogar um 10 Prozentpunkte auf nunmehr 36 %.[24]

Schon die Veränderungen in einigen kontinentaleuropäischen Ländern gelten nach dem von Atkinson vorgeschlagenen Kriterium von 3 Prozentpunkten im Gini-Index als

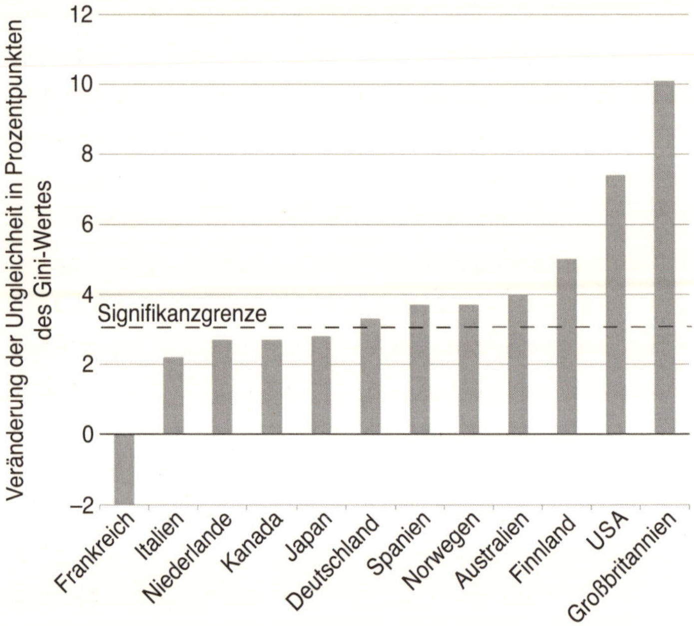

Abb. 8: Veränderungen des Gini-Wertes von den 80er Jahren bis ca. 2010 in Prozentpunkten. Die gestrichelte Linie zeigt, ab wann die Veränderungen signifikant, also statistisch aussagekräftig sind. Quelle: Atkinson, A. B. 2015. Inequality : what can be done? Cambridge, Massachusetts: Harvard University Press, S. 81.

aussagekräftig.[25] Dies gilt z. B. auch für die Entwicklung in der Bundesrepublik zwischen dem Beginn der achtziger und dem Ende des ersten Jahrzehnts nach der Jahrtausendwende; es gilt umso mehr für die USA, die mehr als das Doppelte dieses Wertes erreichen, und erst recht für das Vereinigte Königreich, das auf mehr als das Dreifache dieser drei Prozentpunkte kommt.

Verglichen mit der Situation in den Schwellen- und Entwicklungsländern ist das Ausmaß der gesellschaftlichen Ungleichheit in den westlichen Industriestaaten jedoch noch relativ moderat. So lag der Gini-Wert für Länder wie Brasilien, Peru oder Mexiko 2013 zwischen 47 und knapp 55 %, in Südafrika gar bei 63 %. Besser ist die Lage in ehemals kommunistischen Ländern: In Polen und Ungarn liegt der Gini heute um die 30 %, in der Slowakei sogar bei nur 26 %; in China (42 %) und Russland (40 %) liegen die Werte allerdings höher.[26]

Kommen wir zurück zur Steigerung der Ungleichheit in den westlichen Ländern. Nachdem in der Zeit des Kalten Krieges ein außerordentlich geringes Maß an Ungleichheit geherrscht hatte, befinden wir uns nun offenbar auf dem besten Wege dazu, das wesentlich höhere Niveau an Ungleichheit wieder zu erreichen, so wie es vor den großen Kriegen geherrscht hat. Dennoch mögen solche einstelligen oder knapp zweistelligen Steigerungen zunächst wenig beeindruckend aussehen. Das gilt aber nur so lange, bis man sich vergegenwärtigt, welche gewaltigen Summen sich hinter diesen nüchternen Zahlen verbergen – wie viel Geld also der Allgemeinheit zugunsten der höchsten Einkommensklassen entzogen werden muss, um solche Effekte zu erziehen. Für die USA bedeutet die Steigerung der Ungleichheit um 7 Prozentpunkte beispielsweise, dass pro Jahr mehr als eine halbe Billion Dollar zusätzlich der Allgemeinheit verlorengeht.[27] Pro Haushalt macht dies im Vergleich zu 1980 durchschnittlich einen Verlust von fast fünftausend Dollar im Jahr aus.

Auf globaler Ebene sind die Unterschiede noch eklatanter, und zwar insbesondere dann, wenn man auf die Vermögen schaut. Nach Angaben der Nichtregierungsorganisation Oxfam aus dem Jahre 2017 kommen die acht reichsten Menschen mittlerweile auf dasselbe Vermögen wie die gesamte ärmere Hälfte der Weltbevölkerung, also wie 3,7 Milliarden Menschen.[28] Die konkreten Zahlen tun hier nur begrenzt etwas zur Sache – natürlich hat Oxfam ein sicheres Gespür dafür, wie man mit Zahlen Aufmerksamkeit erregt. Doch die Verhältnisse wären auch dann aberwitzig, wenn sich die achthundert reichsten Menschen zusammentun müssten, um das Vermögen der ärmeren Hälfte der Weltbevölkerung aufzuwiegen. Das war nicht immer so – vielmehr ist das Vermögen der Milliardärselite allein zwischen 2010 und 2016 laut Oxfam um 44 Prozent angestiegen; mittlerweile verfügt dieser kleine Personenkreis über 1,7 Billionen Dollar. Das Vermögen der ärmeren Hälfte der Weltbevölkerung dagegen ist seit 2011 praktisch im gleichen Maße zurückgegangen, genauer um 41 %. Sollten diese Zahlen stimmen, dann könnte man den Besitz der Hälfte der Weltbevölkerung glatt verdoppeln, würde man das Vermögen von ganzen acht, in Worten: acht! Menschen auf sie verteilen.[29] Noch einmal: Die konkreten Zahlen mögen umstritten sein – die dahinterstehende Tendenz ist es nicht.

Doch man muss gar nicht in die etwas irritierende Welt der Hyperreichen vordringen, um die Absurdität der Ungleichheit und deren immenses Wachstum in den letzten Jahrzehnten zu erkennen. Dies zeigt eine Untersuchung von Lawrence Mishel und Alyssa Davis, die sich mit den Gehältern ganz normaler Vorstandsvorsitzender von großen Unternehmen befasst haben, wie es sie zu Tausenden gibt. Mishel und Davis zeigen, dass die Vorstandsvorsitzenden der größten amerikanischen Unternehmen Mitte der sechziger Jahre das Zwanzigfache des durchschnittlichen Arbeitslohns erhielten. Das war schon nicht schlecht, und auch die Steigerungsraten in den folgenden Jahren waren ordentlich – vor allem wenn man sie mit denen normaler Angestellter vergleicht. Ende der siebziger Jahre gab es das Dreißigfache, Ende der achtziger immerhin das Sechzigfache. Doch das war noch längst nicht alles. Der eigentliche Sprung kommt auch hier nach dem Fall des Eisernen Vorhangs: Gut zehn Jahre später, im Jahre 2000, wurden die CEOs (Chief Executive Officers) mit Geld geradezu überschüttet: Nunmehr erhielten sie das 376fache des Gehaltes normaler Angestellter.[30] Im Verlaufe der Finanzkrise gingen die Einkünfte der Topmanager etwas zurück, doch mittlerweile haben sie sich ganz gut erholt: Heute erhalten die CEOs wieder mehr als das Dreihundertfache eines normalen Angestelltengehaltes!

Das hat im Übrigen nicht nur mit den massiven Steigerungen der Vergütung der amerikanischen CEOs seit der Finanzkrise zu tun. Es liegt auch daran, dass die Gehälter der Arbeiter in den Firmen der CEOs seit 2009 gesunken sind, und zwar um 1,7 %.[31] Dagegen haben die Gehälter der Chefs seit 1978 um fast 1000 % zugelegt. Sie haben damit nicht nur die Arbeiter und Angestellten hinter sich gelassen, sondern auch den Aktienmarkt, der in derselben Zeit »nur« um 100 % gewachsen ist.[32]

Üblicherweise werden diese Unterschiede mit den grandiosen Leistungen der CEOs erklärt. Es handle sich hier um Leistungsprämien, die es in anderen Bereichen ebenfalls gebe. So würden eben auch Universitätsabsolventen wesentlich mehr verdienen als Arbeitnehmer ohne einen solchen Abschluss. Das stimmt – aber nur im Prinzip, und selbst da muss man sehr prinzipientreu sein. Die Unterschiede sind nämlich in praktisch allen vergleichbaren Fällen unvergleichlich geringer, vor allem haben sie sich in den letzten Jahrzehnten nicht signifikant geändert: In Amerika verdienten Hochschulabsolventen 1979 1,4-mal soviel wie Arbeitnehmer ohne einen solchen Abschluss; heute sind es 1,8-mal so viel – kein Vergleich also mit den Verhältnissen und den Steigerungen bei Managern.

Natürlich könnte es sein, dass die Manager in den letzten Jahrzehnten einfach so viel klüger geworden sind als der Rest der Menschheit, doch das wäre ein veritables psychologisches Wunder. Zudem sprechen ihre faktischen Leistungen dagegen – man muss in diesem Zusammenhang nur an die Finanzkrise denken: Entstanden ist sie nicht zuletzt durch das Versagen einer ganzen Generation von Finanzmanagern, die die Risiken ihrer eigenen Produkte irgendwann nicht mehr durchschauten.

Wenn es wirklich um Leistung ginge, sollte man zudem Unterschiede zwischen den CEOs erwarten. So wie beim Fußball eben: Wenn einige in der Tabelle aufsteigen, steigen andere ab. Die absolute Elite sollte also zulegen, doch gleichzeitig sollten die Gehälter bei den weniger erfolgreichen Managern zurückgehen, zumindest sollten sie weniger stark steigen. Doch Mishel und Davis zeigen, dass dies nicht der Fall ist. Sämtliche Manager schaffen es bei der Bezahlung auf die ersten Tabellenplätze, ihr Gehalt hängt also offenbar nicht ab von ihrer Leistung.[33] Der Grund ist einfach – es handelt sich nicht um ein psychologisches Wunder, vielmehr münzen die CEOs ihre Macht einfach in Geld um:

> Das Wachstum der Vergütungen von CEOs spiegelt nicht einfach den höheren Wert hochbezahlter Spitzenkräfte in einem Rennen um die besten Köpfe (dem »Markt für Fähigkeiten«) wider. … Die Bezahlung der CEOs ergibt sich nicht aus einer höheren Leistung der Manager, sondern aus ihrer Macht, Zugeständnisse zu erzwingen.[34]

Das hat eine wichtige Konsequenz: Wenn die hohen Gehälter der Topmanager nicht auf deren Leistungen zurückzuführen sind, dann muss man auch nicht befürchten, dass die Wirtschaft leiden würde, wenn man die Vergütungen ein wenig reduzieren würde.

Die Situation in Deutschland

Wie oben bereits erwähnt, ist die Ungleichheit bei den Einkommen in den angelsächsischen Ländern allgemein und insbesondere in den USA wesentlich höher als in den kontinentaleuropäischen Ländern, zu denen auch die Bundesrepublik gehört. Auch hier hat die Ungleichheit jedoch deutlich zugenommen – zwischen 1980 und 2019 immerhin um mehr als 3 %. Nach dem obenerwähnten Kriterium von Atkinson handelt es sich also um einen signifikanten Anstieg.[35]

Auch hier verbergen sich hinter der einstelligen Prozentzahl eine Reihe Entwicklungen, die keineswegs harmlos sind. Auf eine hatte ich bereits hingewiesen – Topmanager verdienen mittlerweile auch in Deutschland unverhältnismäßig viel mehr als ihre Angestellten, genauer gesagt 54-mal so viel.[36] Diese Entwicklung ist Teil eines allgemeinen Trends, der auch in Deutschland die höheren Gehälter weit stärker steigen lässt als die Bezüge in den mittleren und unteren Einkommensklassen. So ist das verfügbare Einkommen in der oberen Einkommensklasse in Deutschland zwischen 1991 und 2014 um mehr als 17 % gestiegen, das der mittleren Einkommensklasse hat noch um 10 % zugenommen, während die untere Gruppe sich mit gerade einmal 3 % zufriedengeben musste – verteilt über mehr als ein Jahrzehnt![37] Vermutlich waren die tatsächlichen Unterschiede noch ein ganzes Stück größer, da vor allem die obersten Einkommensklassen mit den gegenwärtigen Verfahren nur unzureichend erfasst werden können. Schließlich kommt hinzu, dass die Größe der mittleren Einkommensgruppe seit Jahren abnimmt, während die Zahl der Empfänger besonders hoher und besonders niedriger Einkommen zunimmt – auch dies trägt zu einer Verstärkung der Ungleichheit bei.[38]

Einer der Gründe dafür, dass sich der Anteil der Bezieher mittlerer Einkommen zugunsten der besonders hohen und besonders niederen Bezüge verringert hat, könnte in der technischen Entwicklung, insbesondere der Digitalisierung liegen. Computer vermögen Menschen nämlich vor allem bei Routinetätigkeiten leicht zu ersetzen – dies gilt nicht zuletzt für qualifizierte Routinetätigkeiten, mit denen bislang ein mittleres Einkommen zu erzielen war. Diese Aufgaben werden in zunehmendem Maße von Computern erledigt – die damit durchschnittlich bezahlte Arbeitsplätze ersetzten. Einfache Servicetätigkeiten im unteren Einkommenssegment lassen sich dagegen schlecht von Computern übernehmen. Sie bleiben ebenso erhalten wie besonders qualifizierte Arbeitsplätze in den höheren Einkommensklassen, die sich schlecht für die Computerisierung eignen.[39] Insofern trägt die Digitalisierung zur Steigerung der Einkommensungleichheit bei.

Immerhin sollte man aber auch hinzufügen, dass die gerade erwähnten »hohen« Einkommen nicht zu vergleichen sind mit den Bezügen der CEOs amerikanischer Großkonzerne. Während als Spitzenverdiener in der deutschen Statistik schon zählt, wer mehr als das anderthalbfache des Medianeinkommens erhält, werden die amerikanischen

CEOs wie gesagt mit der dreihundertfachen Summe der Durchschnittsverdiener überschüttet.

Über die Ursachen dieser Entwicklung in den USA hatten wir schon gesprochen – entscheidende Bedeutung hatte hier offenbar die neoliberale Politik mit ihren Steuersenkungen, der Deregulierung, Privatisierung und dem Abbau von Sozialleistungen, die in den USA mit Reagan beginnt und auch von den nachfolgenden Regierungen bis Clinton fortgesetzt werden. Die Entwicklung wird einerseits erleichtert durch die Abschwächung des sozialen Zusammenhalts in den USA, gleichzeitig sorgt sie selbst für eine Verstärkung dieses Effekts.

Ähnliche Beobachtungen lassen sich auch in Deutschland machen, wo gegen Ende der 90er Jahre Steuern gesenkt und Sozialleistungen zurückgefahren wurden. Die ausgleichende Wirkung von staatlichen Transfers und Wohlfahrtsleistungen ging damit zurück. Im Endeffekt wurde damit z. B. das oberste Prozent der Haushalte zwischen 1998 und 2015 um knapp 5 % entlastet, während die unteren 5 % um knapp 6 % belastet wurden:[40] Die Reduzierung staatlicher Transfers, die in den angelsächsischen Ländern bereits zu Beginn der 80er Jahre einsetzt, erfasst mit zehn Jahren Verzögerung also auch die Bundesrepublik – im Prinzip haben wir es auch hier mit den bereits bekannten Entsolidarisierungseffekten am Ende der Nachkriegszeit zu tun.

Soziale Trennung in Wohnvierteln

Diese Entwicklung macht sich mittlerweile auch in der Struktur von Städten bemerkbar, wie eine kürzlich veröffentlichte

Studie des Wissenschaftszentrums Berlin gezeigt hat.[41] Die Autoren belegen, dass sich die soziale Trennung in deutschen Städten immer weiter verstärkt. Gemeint ist damit, dass die Einwohnerschaft einzelner Stadtviertel immer homogener wird, weil bestimmte soziale Gruppen sich immer mehr in bestimmten Stadtvierteln konzentrieren. Gutverdienende Angestellte und Akademiker in schön renovierten Altbauvierteln der Innenstädte, Hartz IV-Empfänger in den Plattenbausiedlungen am Stadtrand. Tatsächlich lässt sich vor allem in Ostdeutschland beobachten, dass die Trennung nach sozialen Schichten dort am stärksten ist, wo der Bombenkrieg die Altstädte weitgehend verschont hat – wie etwa in Potsdam, Halle oder Erfurt. Dort wurden in der Nachkriegszeit Plattenbausiedlungen in den Außenbezirken gebaut, die mittlerweile vielfach zu sozialen Brennpunkten geworden sind. In Städten wie Dresden oder Magdeburg, in denen die Innenstadt weitgehend zerstört war, ist die soziale Trennung wesentlich schwächer: Hier wurden Plattenbauten auch in den Bombenlücken der Innenstädte errichtet.[42]

Die Entwicklung hat sich offenbar in der letzten Zeit deutlich beschleunigt; in einigen Außenbezirken lebt mittlerweile die Hälfte der Bewohner von Hartz IV – unter anderem deshalb, weil die in der Grundsicherung enthaltenen Mietzahlungen nur bis zu einer bestimmten Höhe gewährt werden: Wer in einer teureren Gegend wohnt, muss also umziehen. Die Hartz IV-Regeln tragen daher mit zur sozialen Trennung bei.[43]

Kinder aus Akademikerfamilien kommen somit im Alltag kaum mehr mit Kindern aus einkommensschwächeren Schichten zusammen, bei den Erwachsenen ist es nicht viel anders. Und da Schulen häufig ihre Schüler aus den umliegenden Wohnvierteln beziehen, setzt sich die soziale Trennung auch im Klassenzimmer fort. Dies wiederum kann zu gravierenden Qualitätsunterschieden zwischen den Schulen führen: Während sich die Lehrer in den privilegierten Innenstadtbezirken auf behütete Mittelschichtkinder konzentrieren können, müssen die Schulen in den Randbezirken sich vermehrt mit Kindern beschäftigen, deren Eltern viel zu sehr mit der eigenen Existenzsicherung beschäftigt sind, als dass sie ihre Kinder bei den Hausaufgaben unterstützen könnten. Diese Kinder haben dann auch auf ihrem späteren Bildungs- und Berufsweg noch schlechtere Chancen: Die Ungleichheit pflanzt sich auf die nächste Generation fort.

Tatsächlich zeigt die Untersuchung, dass die Qualität der Schulen ein wesentliches Motiv dieser sozialen Trennung ist: Offenbar verlassen vor allem Mittelschichtfamilien Quartiere mit einem hohen Anteil unterprivilegierter Familien, weil sie befürchten, dass ihre eigenen Kinder sonst in ihrer schulischen Entwicklung behindert werden. Interessanterweise ist die Trennung nach Stadtvierteln nämlich dort schwächer, wo es in der Nähe Privatschulen gibt: Die Familien schicken ihre Kinder dann dorthin und können sich den Umzug sparen.[44] Die soziale Trennung wird dadurch natürlich nicht abgemildert; im Klassenzimmer bleiben die Kinder aus jeweils einer Schicht nach wie vor unter sich.

Die Autoren konnten zudem zeigen, dass sich der Prozess selbst verstärkt, sobald erst einmal ein bestimmter Grad an Konzentration einer bestimmten Schicht erreicht ist: Erhöht sich der Anteil von gutverdienenden Mittelschichtfamilien in einem Viertel, dann sorgt dies für einen Anstieg von Mieten und anderen Lebenshaltungskosten, so dass ärmere Familien das Quartier verlassen müssen. Umgekehrt liefert ein gewisser Grad der Abwanderung von Mittelschichtfamilien auch den Verbleibenden ein Motiv, sich nach einer neuen Wohnung umzuschauen. Je weiter der Prozess fortgeschritten ist, desto aufwendiger wird es für die Städte daher auch, korrigierend einzugreifen.[45]

Globalisierung

Ein weiterer wichtiger Faktor, der die soziale und ökonomische Situation in den westlichen Ländern nach dem Fall des Eisernen Vorhangs beeinflusst, ist die Globalisierung. Wir hatten gesehen, dass nach den großen Kriegen und unter dem Druck der Blockkonfrontation in kürzester Zeit eine Vielzahl internationaler Organisationen gegründet und Abkommen geschlossen worden waren. Damit sollten die internationale Zusammenarbeit gestützt, die atomare Konfrontation verhindert und nicht zuletzt die internationalen Handelsbeziehungen verbessert werden.

Die Erfolge der Globalisierung zeigen, dass diese Ziele offenbar erreicht wurden. Mitverantwortlich dafür waren auch Verbesserungen der Transportmöglichkeiten und vor allem die Digitalisierung. Möglich wurde damit die Verteilung der Produktion auf eine Vielzahl unterschiedlicher Standorte. Das machte die Produktion zwar preiswerter, ließ sie andererseits aber auch wesentlich komplexer werden. So werden beispielsweise die einzelnen Komponenten eines Autos mittlerweile von einer Vielzahl von Zulieferern in den unterschiedlichsten Ländern produziert. Sie müssen zudem zu einem genau festgelegten Zeitpunkt an einem bestimmten Ort zur Verfügung stehen und zudem klar definierte Eigenschaften aufweisen, damit sie mit den anderen Komponenten des Autos reibungslos zusammenarbeiten.

Doch die Globalisierung erfasst nicht nur klassische Industrieprodukte wie Autos, sondern auch Dienstleistungen wie z. B. die Programmierung oder Verwaltungstätigkeiten. Das Internet hat maßgeblich dazu beigetragen, dass auch solche Dienstleistungen weitgehend ortsunabhängig werden und damit ebenfalls international gehandelt werden können: Die Programmierer amerikanischer Softwareunternehmen oder Sachbearbeiter europäischer Banken konnten fortan auch in Entwicklungsländern ihrer Arbeit nachgehen.

Fragt man nach den Auswirkungen der Globalisierung auf die Ungleichheit, dann muss man zwischen den internationalen und den nationalen Wirkungen unterscheiden. International scheinen die Effekte eher positiv zu sein: Die Globalisierung hat maßgeblich dazu beigetragen, dass das Wohlstandsgefälle zwischen Industrie- und Entwicklungsländern zurückgegangen ist.

Die Reduzierung des internationalen Wohlstandsgefälles ergibt sich vor allem daraus, dass die Industrieländer Wissen und Kapital in Entwicklungs- und Schwellenländer exportieren, sie in internationale Handelsbeziehungen integriert und auch Arbeit dorthin verlagert haben.[46] All dies vergrößert den Wohlstand in den Entwicklungsländern – auch wenn längst nicht alle Bürger dieser Länder an den Segnungen teilhaben.

Ganz anders sieht es auf der nationalen Ebene innerhalb der Industrieländer aus – hier sind die Effekte eher negativ. Die Globalisierung trägt hier zu einer Steigerung der Ungleichheit bei. Darüber hinaus sorgt sie für eine massive Zunahme von Komplexität und internationaler Abhängigkeit und vergrößert damit die Unsicherheit in den unteren Einkommensschichten, die von diesen Abhängigkeiten besonders betroffen sind. Dies liegt vor allem daran, dass im Zuge der Globalisierung sehr viele Staaten mit vergleichsweise niedrigem Lohnniveau dem internationalen Arbeitsmarkt beigetreten sind – auch hier spielt das Ende der Blockkonfrontation eine wichtige Rolle.

Allein die Öffnung der ehemaligen Sowjetunion, Chinas und Indiens verdoppelte die Zahl der international verfügbaren Arbeitskräfte von 1,46 auf 2,93 Milliarden.[47] Das Angebot an Arbeit, insbesondere an billiger Arbeit, stieg damit. Als Folge gerieten die vergleichsweise hohen Löhne und sozialen Standards in den entwickelten Ländern unter Druck. Gleichzeitig war in Indien, China und der ehemaligen Sowjetunion nur sehr wenig Kapital vorhanden. Damit kam es zu einer fundamentalen Veränderung des Verhältnisses von Kapital und Arbeit, was zur Folge hatte, dass nunmehr pro Arbeitsplatz 40 % weniger Kapital zur Verfügung stand.[48] Die Folgen sind leicht zu erraten: Einerseits nimmt die Nachfrage nach dem mittlerweile knappen Kapital zu und lässt damit dessen »Preis« steigen, d. h. die Kapitalverzinsung erhöht sich. Das kommt vor allem den vermögenden Teilen der Bevölkerung in den westlichen Ländern zugute. Mit den Löhnen passierte genau das Umgekehrte: Arbeitskräfte sind nunmehr reichlich vorhanden – die Löhne sollten also sinken. Hiervon sind die weniger begüterten Schichten betroffen.

Beide Effekte tragen zu der oben beschriebenen Steigerung der Ungleichheit in den westlichen Industrieländern,[49] insbesondere zu den geringen Steigerungsraten der Löhne am unteren Ende der Einkommenshierarchie bei. Die Wirkung wurde dadurch verstärkt, dass sie nicht nur Industriearbeiter, sondern auch gut ausgebildete Angestellte betraf, weil auch komplexere Dienstleistungen in andere Länder ausgelagert werden konnten – in den Vereinigten Staaten betrifft dies nicht weniger als 30 % der gesamten Arbeitsleistung.[50]

Auch die Arbeitsbedingungen veränderten sich zuungunsten vieler Arbeitnehmer in den führenden Ländern der OECD.[51] So hatte schon die ökonomische Liberalisierung dafür gesorgt, dass Schutzvorschriften abgeschafft wurden; außerdem waren viele vormals öffentliche Unternehmen formell oder auch de facto in Privatbesitz übergegangen und arbeiteten nunmehr nach privatwirtschaftlichen Prinzipien. In Deutschland lässt sich das am besten an dem Absinken der Gehälter von Paketfahrern und Lokführern nach der Privatisierung ablesen. Schließlich versuchten viele Unternehmen, den Druck und die Unsicherheit, unter denen sie aufgrund der verschärften Konkurrenz selbst standen, an ihre Arbeitnehmer weiterzugeben.[52] In Deutschland sind die Folgen befristete Arbeitsverträge, Minijobs oder eine Ausweitung der Zeitarbeit.[53]

Konsequenzen der Ungleichheit

Vielfach wird die steigende Ungleichheit damit gerechtfertigt, dass sie zu besseren ökonomischen Ergebnissen führe. Dieser Vorstellung zufolge steht die Wirtschaftspolitik in einem prinzipiellen Zielkonflikt zwischen Gleichheit und Effizienz: Ökonomische und soziale Gleichheit gibt es nur auf Kosten des Wirtschaftswachstums. Wer Gleichheit haben will, der muss auf zumindest einen Teil der Segnungen einer modernen Marktwirtschaft verzichten: Die gescheiterten sozialistischen Systeme des Ostblocks, so scheint es, haben dies offenbar zur Genüge illustriert.

Mittlerweile gibt es jedoch eine größere Zahl von Belegen dafür, dass dieses Bild nicht stimmt. Einige davon hatten wir bereits kennengelernt: So haben die neoliberalen Reformen von Reagan und Thatcher zwar zu sehr viel mehr Ungleichheit geführt. Die ökonomischen Erfolgsbilanzen beider Regierungen sind jedoch bestenfalls durchwachsen. Umgekehrt zeigen die skandinavischen Volkswirtschaften, dass ein hohes Maß an sozialer und ökonomischer Gleichheit sehr wohl mit wirtschaftlichen Erfolgen einhergehen kann. Dies zeigt sich am Wirtschaftswachstum ebenso wie an der Produktivität: In beiden Bereichen haben die skandinavischen Länder immer wieder zur Spitzengruppe der OECD-Länder gehört.[54] Der jüngste Global Competitiveness Index des World Economic Forum (2017/18) nennt zwei skandinavische Länder unter den ersten zehn: Schweden liegt vor Japan und dem Vereinigten Königreich auf Platz 7, Finnland auf Platz 10, zudem folgen Norwegen und Dänemark auf den Plätzen 11 und 12.[55]

Studien des internationalen Währungsfonds und der OECD haben diese Beobachtungen mittlerweile untermauert, mehr noch: Geringe Ungleichheit ist nicht nur nicht nachteilig, sie bietet sogar handfeste Vorteile. So scheinen Länder mit geringerer Ungleichheit in der Regel ein höheres Wachstum und längere Wachstumsphasen zu haben als Länder mit einer höheren Ungleichheit. Wachstumshemmend hat sich dabei insbesondere die Steigerung der Ungleichheit zwischen 1990 und 2010 ausgewirkt: Ohne sie wäre das Wachstum z. B. in den USA, Deutschland oder dem Vereinigten Königreich um etwa ein Fünftel höher gewesen.[56]

Ungleichheit hat zudem weitreichende Folgen für die Gesundheit: So ist die Lebenserwartung in den unteren Einkommenssegmenten um bis zu 11 Jahre niedriger; chronische Erkrankungen und Depressionen treten hier zwei- bis dreimal so häufig auf. Auch im Alter sind die Beeinträchtigungen umso höher, je niedriger das Einkommen ist.[57]

Gravierend sind auch die Auswirkungen auf das Bildungssystem. So hängt der Bildungserfolg von Kindern z. B. in den USA massiv vom Bildungserfolg der Eltern ab. Kinder, deren Eltern einen College-Abschluss besaßen, hatten in den USA in den neunziger Jahren eine Chance von 70 %, selbst das College zu besuchen. Hatten ihre Eltern dagegen die Highschool nicht abgeschlossen, sank diese Chance auf 15 %.[58] Es ist nicht weiter überraschend, dass dieser Effekt sich in den USA in den vergangenen Jahrzehnten massiv verstärkt hat, und zwar wiederum in besonderem Maße nach dem Ende der Nachkriegszeit.[59]

Schließlich gibt es Belege dafür, dass Ungleichheit die Lebenszufriedenheit beeinträchtigt. So verglichen Morawetz et al. die Zufriedenheit der Einwohner in zwei weitgehend ähnlichen israelischen Dörfern miteinander. In einem Punkt allerdings gab es massive Unterschiede: In dem einen Dorf war die Ungleichheit sehr niedrig, im andern sehr hoch. Es stellte sich heraus, dass die Zufriedenheit der Einwohner des Dorfes mit der höheren Gleichheit wesentlich höher war. [60]

In einer systematischen Studie konnten Alesina et al. dann weitere Belege dafür liefern, dass Zufriedenheit in einer Gruppe beeinträchtigt wird, wenn die Ungleichheit zu groß wird. Der Effekt war in Europa stärker als in den USA. Interessanterweise scheint das eigene Einkommen dabei keine entscheidende Rolle zu spielen: Wir fühlen uns in einer egalitären Gesellschaft also nicht etwa deshalb wohler, weil dort unsere eigene Chance auf ein angemessenes Einkommen größer ist, vielmehr scheint die Ungleichheit selbst den Unterschied zu machen – ganz egal wie sie sich auf unsere eigene ökonomische Situation auswirkt.[61]

3. Ökonomie des Rechtspopulismus

»Gewinner« und »Verlierer« der Modernisierung

Die bislang beschriebene soziale und kulturelle Ausdifferenzierung, die Abschwächung des sozialen Zusammenhalts und vor allem die Zunahme der Ungleichheit sorgen dafür, dass die Gesellschaft sich stärker als zuvor in »Gewinner« und »Verlierer« teilt. Im Folgenden möchte ich beschreiben, wie diese ökonomischen Veränderungen zur Entstehung des Rechtspopulismus beitragen.

Die »Gewinner«

Die Gewinner der Modernisierung hatten wir zum Teil schon kennengelernt – es sind die Mitglieder ökonomisch und sozial privilegierter Schichten, die sich über eine z. T. drastische Steigerung ihrer Einkommen, niedrigere Steuern und größere Freiheitsspielräume freuen können. Dabei kommt es vor allem an der absoluten Spitze der Einkommens- und Vermögenshierarchie zu einer Konzentration von Reichtum und

Macht, die ganz handgreiflich demonstriert, warum sich Demokratie und Ungleichheit schlecht miteinander vertragen. Wir hatten bereits gesehen, dass schon die ökonomischen Eliten der Antike keine großen Schwierigkeiten hatten, ihren Reichtum in politische Macht umzusetzen – nicht zuletzt, um damit noch mehr Reichtum anzuhäufen, der sich wiederum in mehr politische Macht ummünzen ließ.

Heute ist dies nicht anders. Tatsächlich üben viele Mitglieder dieser obersten Einkommens- und Vermögensklasse vor allem in den Vereinigten Staaten über Spenden, Medien und Stiftungen massiven Einfluss auf Parteien, Öffentlichkeit und sogar auf die Universitäten aus. Und zuweilen greifen die Hyperreichen sogar selbst ins politische Geschehen ein. Doch schauen wir uns die einzelnen Punkte der Reihe nach an.

Parteispenden sind eine klassische Form der Einflussnahme von wohlhabenden Bürgern auf die Politik. Vielen Bürgern der Bundesrepublik dürften noch die Parteispendenaffären der 80er und 90er Jahre im Gedächtnis sein, in denen in der Regel Industrieunternehmen politische Parteien illegal gefördert hatten. Dabei ging es meist darum, politische Entscheidungen im eigenen Interesse zu beeinflussen oder ganz allgemein »Pflege der politischen Landschaft« zu betreiben. Letzteres ist die schon legendäre Beschreibung solcher Aktivitäten durch den Flick-Manager Eberhard von Brauchitsch, der sich auf diesem Gebiet durch Höchstleistungen hervorgetan hatte. So hatte z. B. Franz-Josef Strauß in der Flick-Affäre 750 000 DM erhalten, bei Kohl landete etwas mehr als eine halbe Million, zudem wurden auch FDP und SPD mit milden Gaben bei Laune gehalten. Insgesamt verteilte der Flick-Konzern 26 Millionen Mark, u. a. um Steuern in Höhe von fast einer Milliarde Mark zu umgehen, die eigentlich anlässlich eines größeren Aktiengeschäftes fällig gewesen wären. Die Sache glückte, weil die zuständigen Finanzminister, die bei der Verteilung von finanziellen Gaben ebenfalls bedacht worden waren, die erforderliche Genehmigung erteilten.[62]

In anderen Fällen bezahlten reiche Einzelpersonen auch schon mal Anzeigen für Politiker ihrer Wahl. So ließ der Milliardär Carsten Maschmeyer im Landtagswahlkampf 1998 zugunsten des damaligen niedersächsischen Spitzenkandidaten Gerhard Schröder eine großformatige Anzeige schalten: »Der nächste Kanzler muss ein Niedersachse sein.« Maschmeyer und Schröder hatten Erfolg – dennoch bleiben diese Formen der politischen Beeinflussung sowohl in ihrem finanziellen Einsatz wie auch in ihren Wirkungen um Größenordnungen unter dem, was sich mittlerweile vor allem in den Vereinigten Staaten etabliert hat. So verfügte Hillary Clinton in den Präsidentschaftswahlen 2016 über einen Etat von 1,4 Milliarden Dollar – Donald Trump über eine knappe Milliarde.

Schon diese Möglichkeiten der finanziellen Einflussnahme verschieben die politische Macht in der Demokratie zugunsten derjenigen Bürger, die über die nötigen finanziellen Ressourcen verfügen. Doch immerhin ist zumindest die Einflussnahme durch Wahlkampffinanzierung allgemein bekannt, und auch das Verhalten der geförderten Kandidaten steht unter öffentlicher Beobachtung.

Andere Formen der Einflussnahme geschehen mehr oder minder verdeckt und erscheinen daher wesentlich problematischer. Auf die Flick-Affäre habe ich bereits verwiesen. Ein Beispiel aus neuerer Zeit liefert die von den Gebrüdern Koch finanzierte Stiftung »Americans for Prosperity«, die ganz gezielt Einfluss zugunsten niedrigerer Steuern und einer Zurückdrängung des Staates ausübt. Die Stiftung hat dabei z. B. die Tea-Party-Bewegung in der Republikanischen Partei maßgeblich unterstützt, Politiker gefördert, die den Klimawandel leugnen, und ganz gezielt in Volksabstimmungen, z. B. zum öffentlichen Nahverkehr in den USA, eingegriffen.

So gelang es der Stiftung z. B., eine Abstimmung in Nashville zum Ausbau des öffentlichen Nahverkehrs zu drehen: Ursprünglich existierte eine große Mehrheit für den Plan, der nicht nur vom populären Bürgermeister der Stadt und den örtlichen Geschäftsinhabern unterstützt wurde. Dafür sprachen auch Untersuchungen, die zeigten, dass damit der überhandnehmende Individualverkehr in der Stadt reduziert, die Wirtschaft gestärkt und auch der Ausstoß an Treibhausgasen zurückgehen würde. Doch nach dem Eingreifen der von den Gebrüdern Koch finanzierten Stiftung kippte die Stimmung: Der Plan wurde mit großer Mehrheit abgelehnt.[63] Und Nashville ist kein Einzelfall. Auch in Arizona, Arkansas, Michigan und Utah versuchen die Kochs, Abstimmungen über den öffentlichen Nahverkehr in ihrem Sinne zu beeinflussen.

Doch die Kochs gehen noch weiter: Sie finanzieren auch in großem Umfang Lehrstühle und wissenschaftliche Programme an amerikanischen Universitäten, z. B. an der George-Mason-Universität in Washington D. C. Kürzlich auf gerichtlichen Druck veröffentlichte Dokumente zeigen dabei, dass die Kochs hier – wie offenbar in anderen Fällen auch – direkten Einfluss auf die Berufungsverfahren genommen hatten. Sie bestanden darauf, dass nur solche Wissenschaftler berufen wurden, die ihre eigene neoliberale Ideologie des freien Marktes vertraten. Die Versuche, wissenschaftliche

Ergebnisse zu beeinflussen, sind Legion. Doch selten wird finanzielle Macht in einem solchen Umfang und mit direkter Billigung einer Universität verwendet, um bestimmten politischen Positionen und Interessen akademische Weihen zu verschaffen.[64]

Eine der neueren Entwicklungen besteht schließlich im Aufkauf ganzer Zeitungen durch Hyperreiche. Ihnen kommt dabei zupass, dass Zeitungen angesichts der Konkurrenz durch Nachrichten und Werbung im Internet häufig relativ preiswert zu haben sind. Ironischerweise profitieren Internet-Milliardäre damit von den Schwierigkeiten, in die sie selbst die traditionellen Medien gestürzt haben. So wurde die »Washington Post« kürzlich durch Jeff Bezos, den Gründer von Amazon, gekauft; Marc Benioff, der Gründer des Software-Unternehmens »Salesforce«, legte sich das »Time Magazine on Sunday« zu; Laurene Powell Jobs, Witwe des Apple Gründers Steve Jobs, erwarb große Anteile an »The Atlantic«, und Michael R. Bloomberg kaufte sich die »Business Week«. Auch wenn viele der neuen Besitzer bislang eher liberale Positionen vertraten, als Retter der von ihnen erworbenen Zeitschriften gefeiert wurden und natürlich heilige Eide schworen, sich niemals in Redaktionsbelange einzumischen: Klar ist offenbar auch, dass sie auf diese Weise massive Einflussmöglichkeiten gewinnen und bei Bedarf nutzen können:[65] Finanzielle Macht lässt sich auch so recht einfach in politische Macht umsetzen, ökonomische Ungleichheit zieht somit politische Ungleichheit nach sich.

Die bisherigen Beispiele zeigen nur allgemein, wie die steigende Ungleichheit zu einer Verzerrung von politischen Willensbildungsprozessen, wissenschaftlicher Forschung und öffentlicher Meinungsbildung zugunsten der Besitzer großer Vermögen führt. Doch es gibt eine ganze Reihe von Beispielen dafür, dass gerade der Rechtspopulismus von diesen Verzerrungen besonders profitiert.

Tatsächlich spielen Superreiche eine wichtige Rolle in rechtspopulistischen Bewegungen. Beispiele sind – natürlich – Trump, der auf Platz 258 der Forbes Liste (2018) der reichsten Amerikaner steht, Silvio Berlusconi, vierfacher Ministerpräsident, Gründer der Bewegung Forza Italia (»Vorwärts Italien«, von 2009–2013 auch »Il Popolo della Libertà«) und einer der reichsten Italiener, Christoph Blocher, einer der reichsten Männer der Schweiz, langjähriger Vorsitzender und politischer Kopf der rechtspopulistischen Schweizerischen Volkspartei, schließlich Andrej Babiš, zweitreichster Bürger Tschechiens, Gründer der Protestbewegung ANO (»Aktion unzufriedener Bürger«) und seit 2017 Ministerpräsident des Landes.

Mit Ausnahme von Trump, der immerhin auf eine lange Karriere als Reality-TV-Star zurückblicken kann und von wichtigen Sendern (Fox News) und Webseiten (Breitbart News) gestützt wird, üben alle genannten Milliardäre neben ihren politischen Ämtern über Beteiligungen an Medien- oder Verlagshäusern auch direkten Einfluss auf die Öffentlichkeit in ihren Ländern aus: Dies gilt insbesondere für Silvio Berlusconi, der große Anteile an Medien- (Mediaset) und Verlagshäusern (Mondadori) besitzt, es gilt für Christoph Blocher, dem große Anteile der Basler Zeitung gehören, es gilt auch für Andrej Babiš, der über seine Agrofert Holding an einer Reihe von Zeitungen, Fernsehsendern und Internetportalen beteiligt ist.

Daneben gibt es noch weiterere Milliardäre, die den Rechtspopulismus stützen, ohne selbst politische Ämter zu bekleiden. Hierzu gehören die bereits genannten Koch Brüder, Rupert Murdoch, der über seine News Corporation Zeitungen u. a. in Australien und England (Sunday Times, News of the World, The Sun, Times) und den USA (Wall Street Journal) kontrolliert. Vor allem aber besitzt Murdoch die Fox Broadcasting Company, die die rechtskonservativen Fox News betreibt, ein Fernsehprogramm, das zu den entschiedensten Unterstützern von Donald Trump gehört. Letzteres gilt auch für das ebenfalls rechtskonservative Internetportal Breitbart News, das lange Zeit von Steve Bannon geleitet wurde. Bannon war zeitweilig Trumps wichtigster Berater und Chefstratege; derzeit bemüht er sich mit glücklicherweise mäßigem Erfolg, den europäischen Rechtspopulismus zu stärken. Finanziert wird Breitbart News von dem Milliardär Robert Mercer, der zusammen mit seiner Tochter Rebekah zu den wichtigsten Unterstützern Trumps zählt; zudem finanziert die Mercer Family Foundation Organisationen, die den Klimawandel abstreiten. Mittlerweile gibt es Indizien dafür, dass auch die AfD sich über die Unterstützung eines ihr wohlgesinnten Milliardärs freuen kann: Offenbar fördert der deutsche Milliardär August von Finck jr. die Partei seit einiger Zeit mit höheren Summen.[66]

All dies sind nur Beispiele, die auf allgemein zugänglichen Informationen basieren und nur die öffentlich bekannte Spitze politischer Einflussnahmen der Superreichen betreffen. Doch die wenigen Fälle zeigen noch einmal, wie einfach und direkt sich finanzielle Macht in massiven politischen Einfluss umsetzen lässt, der das demokratische Prinzip, demzufolge jeder Bürger eine Stimme hat, ad absurdum führt.

Natürlich unterstützen nicht alle Superreichen den Rechtspopulismus – auch in anderen Parteien und Bewegungen spielen wohlhabende Finanziers oder Politiker eine wichtige Rolle. Es ist auch mehr als fraglich, ob Superreiche tatsächlich von sich aus eine besondere Vorliebe für rechtspopulistische Positionen haben. Selbst Donald Trump war vor dem Beginn seiner Präsidentschaftswahlkampagne nicht durch explizit konservative Positionen aufgefallen, z. T. waren ihm die entscheidenden Schlagworte unbekannt, zudem hatte er häufiger für die Demokraten als für die Republikaner gespendet. Innerhalb seiner Kampagne wurde dies anfangs als großes Problem gesehen, allerdings als eines, das sich glücklicherweise mit finanziellen Mitteln wieder aus der Welt schaffen ließ.[67]

Aber rechtspopulistische Bewegungen bieten Superreichen besondere Chancen für die Realisierung ihrer politischen Ambitionen. Zum einen verfügen diese Bewegungen meist über keine feste Parteistruktur. Reiche Seiteneinsteiger müssen also nicht mit Parteimitgliedern konkurrieren, die auf eine jahrzehntelange Karriere, den notwendigen Stallgeruch und ein Netzwerk von Unterstützern innerhalb der Partei zählen können.

In den Augen der Anhänger rechtspopulistischer Bewegungen sind solche Insider des politischen Betriebs prinzipiell durch ihre Nähe zum »System« verdächtig. Politische Außenseiter, wie es die Superreichen in der Regel sind, besitzen schon allein deshalb einen unschätzbaren Vorteil. Dies gilt umso mehr, als diese Bewegungen – anders als traditionelle Parteien – in der Regel nicht über einen eingespielten Apparat und eine halbwegs gesicherte Finanzierung verfügen. Die finanziellen Möglichkeiten der Superreichen sind hier also besonders willkommen. Trump trat zwar als Kandidat der Republikanischen Partei auf, doch auch er agierte großenteils unabhängig und zum Teil sogar gegen das Establishment der Partei, das sich erst sehr spät auf seine Seite schlug.

Wichtig ist außerdem die bereits erwähnte Affinität der rechtspopulistischen Klientel zu autoritärem Denken. Während Reichtum und die damit verbundene Macht in traditionellen Parteien eher verdächtig sind – zumal unter den Mandatsträgern, die gegebenenfalls mit den Reichen um Ämter konkurrieren müssen –, stellen sie in rechtspopulistischen Bewegungen einen unschätzbaren Vorteil dar, weil sie ihren Inhabern in den Augen der Anhänger die gewünschte Autorität verschaffen.

Aus all diesen Gründen ist ein Engagement in rechtspopulistischen Bewegungen für die Inhaber großer Vermögen, die nach politischem Einfluss suchen, besonders attraktiv: Sie müssen hier nicht mit gut etablierten Parteiangehörigen konkurrieren, sie werden nicht von einem Parteiprogramm eingeschränkt, das sie daran hindern könnte, die Ressentiments und Stimmungen ihres Publikums aufzugreifen, sie können ihre ökonomische Macht voll ausspielen, und sie treffen schließlich auf eine Wählerschaft, die ein starkes Bedürfnis nach autoritärer Führung hat. Rechtspopulistische Bewegungen bieten somit besonders günstige Bedingungen dafür, Geld in politische Macht umzusetzen.

Die »Verlierer«

Das Gegenstück zu den gerade diskutierten »Gewinnern« der Modernisierung bieten Gruppen am unteren Ende der Einkommensskala, Menschen mit schlechter Ausbildung, schlechten Jobs, einem hohen Arbeitsplatzrisiko und einem geringen Einkommen. Für sie hat sich in der Literatur der – in meinen Augen etwas zynische – Ausdruck »Modernisierungsverlierer« etabliert. Ihre Situation ist das genaue Gegenteil derjenigen am oberen Ende des sozialen Spektrums. Zwar waren die heutigen »Verlierer« auch schon zu Zeiten des Kalten Kriegs benachteiligt. Doch wie sich oben bereits andeutete, haben Liberalisierung und Globalisierung ihre Situation noch einmal weiter verschlechtert. Die Gehälter am unteren Ende der Einkommensskala steigen kaum noch oder gehen sogar herunter, die Sozialtransfers sinken, außerdem sind unterprivilegierte Gruppen stärker von den Unsicherheiten betroffen, die vor allem von der Globalisierung ausgehen. In diesem Sinne heißt es bei Lengfeld zur Situation in Deutschland:

> Zu den Verlierern der wirtschaftlichen Modernisierung Deutschlands der letzten 25 Jahre [zählen] vor allem Personen, … die einen geringen Bildungsgrad aufweisen und einfache berufliche Tätigkeiten, vor allem im gewerblichen Bereich, ausüben. Dazu kommen Personen mit niedrigem Einkommen und solche, die aufgrund ihrer geringen Qualifikation dauerhaft Lohnersatzleistungen beziehen und daher geringe Chancen auf stabile Integration in den Arbeitsmarkt haben.[68]

Im Prinzip müsste es sich bei diesen Menschen um potentielle Wähler linker Parteien, also der SPD und insbesondere der Linken handeln – also derjenigen Parteien, die sich mit besonderem Nachdruck um die Belange unterprivilegierter Bevölkerungsgruppen kümmern. Umgekehrt sollte man erwarten, dass diese Gruppen rechtspopulistische Bewegungen meiden: In der Regel vertreten diese Bewegungen ökonomische und gesellschaftspolitische Positionen, die eher privilegierten Schichten zugutekommen, zumal die Wortführer dieser Gruppen – wie gerade beschrieben – häufig genug selbst ökonomisch massiv privilegiert sind.

Dies gilt nicht zuletzt für Donald Trump, der gleich zu Beginn seiner Amtszeit mit besonderer Vehemenz daran ging, die Krankenversicherungsreform von Obama, die vor allem den ärmeren Bevölkerungsschichten zugutekam, aus den Angeln zu heben. Nachdem dies aufgrund von unüberbrückbaren Differenzen in seiner Partei misslang, setzte er anschließend eine Steuerreform durch, die ebenfalls die Bezieher oberer Einkommen – und damit nicht zuletzt ihn selbst und sein Kabinett – massiv bevorzugte.

Ähnliches gilt für den Brexit, dessen Konsequenzen ebenfalls vor allem unterprivilegierte Gruppen schädigen werden, es gilt aber auch für die AfD: Während sie bislang über praktisch kein sozialpolitisches Programm verfügt, sind ihre wirtschaftspolitischen Vorstellungen am Ordoliberalismus der Freiburger Schule orientiert.[69] Ihr 2016 – also nach der Trennung von ihrem explizit wirtschaftsliberalen Flügel um Bernd Lucke und Hans-Olaf Henkel – beschlossenes Grundsatzprogramm argumentiert ausdrücklich gegen eine höhere Staatsquote, d. h. gegen soziale Transfers durch Steuern und Subventionen:

> Je mehr Wettbewerb und je geringer die Staatsquote, desto besser für alle. Denn Wettbewerb schafft die Freiheit, sich zu entfalten und selbst zu bestimmen, privates Eigentum an Gütern und Produktionsmitteln erwerben zu können, eigenverantwortlich Verträge zum eigenen Vorteil und

> zum allgemeinen Wohl zu schließen, zwischen verschiedenen Anbietern, Produkten, Dienstleistungen oder Arbeitsplätzen wählen zu können, ertragsbringende Chancen zu nutzen, aber auch ein mögliches Scheitern selbst zu verantworten.[70]

Angesichts solcher wirtschaftsfreundlichen Programme ist es nicht weiter verwunderlich, dass ein Zusammenhang zwischen Ungleichheit und Rechtspopulismus immer wieder bestritten worden ist.[71] In jedem Falle können rein ökonomische Gründe allein sicher nicht ausschlaggebend für den Erfolg der Rechtspopulisten sein – ich werde auf diesen Punkt noch ausführlicher zurückkommen. Dennoch gibt es eine ganze Reihe von Indizien dafür, dass zumindest bestimmte unterprivilegierte Gruppen, die eigentlich zur Stammklientel gewerkschaftsnaher, linker Parteien zählen sollten, sich verstärkt den Rechtspopulisten zugewandt haben. Dies gilt für die Wähler von Trump, dem es gelungen ist, auf breiter Front die bislang demokratisch wählende weiße Arbeiterschaft für sich zu gewinnen,[72] es gilt für den Brexit, dessen Unterstützer ebenfalls besonders häufig aus unterprivilegierten Schichten stammen,[73] und es gilt für die AfD.

Tatsächlich haben soziologische Untersuchungen aus der letzten Zeit gezeigt, dass die sogenannten Modernisierungsverlierer eine besonders starke Neigung haben, die AfD zu wählen. Sämtliche Merkmale, die diese Gruppe charakterisieren, steigern gleichzeitig die Bereitschaft, die AfD zu wählen: Dies gilt für ein niedriges Einkommen ebenso wie für geringe Bildung, aber auch für einen unsicheren sozialen Status wie insbesondere Arbeitslosigkeit.

Die Effekte sind z. T. dramatisch. So verdreifacht sich z. B.

die Neigung, die AfD zu wählen, bei einer Person mit geringer Bildung im Vergleich zu einem Wähler oder einer Wählerin mit Abitur[74] – ein Effekt, der sich ähnlich auch bei den Brexiteers zeigt.[75] Angehörige der untersten Einkommensschicht wählen zu 15 % die AfD, in der Mittel- und Oberschicht sind es gerade noch 9 %. Noch deutlicher fallen die Effekte aus, wenn man Arbeitslose und Arbeiter einerseits und Beamte und Angestellte andererseits miteinander vergleicht: Bei den Arbeitslosen kommt die AfD auf 28 %, bei den Arbeitern auf 20 % und bei den Beamten und Angestellten bleiben ihr gerade mal 9 %.[76]

Dazu passt, dass die AfD bei der letzten Bundestagswahl mit 34 % den höchsten Anteil an Arbeitern hatte. Die Bedeutung dieser Zahl wird klar, wenn man berücksichtigt, dass die SPD als ehemalige Arbeiterpartei auf gerade mal 17 % kommt. Zudem hat die AfD den zweithöchsten Anteil an Gewerkschaftern unter ihren Wählern, die zudem auf das niedrigste Einkommen pro Haushalt kamen, sofern man dessen Größe berücksichtigt.[77] Schließlich hat die AfD ihre Hochburgen häufig in den Randbezirken der Städte, in denen sich – als Folge der oben beschriebenen sozialen Trennung – unterprivilegierte Schichten konzentrieren wie etwa in Potsdam-Schlaatz oder Halle-Neustadt.

4. Psychologie des Rechtspopulismus

Rechtspopulismus und Angst

Doch wie passt das zusammen? Warum wenden sich Arbeiter und Arbeitslose ab von den Parteien, die sich z.T. jahrzehntelang mit großen Erfolgen für ihre Interessen eingesetzt haben, und wählen stattdessen eine Partei, die verspricht, die staatlichen Unterstützungen niedrig zu halten, und die an Sozialpolitik eingestandenermaßen gar nicht interessiert ist?

Die Erklärung dieses »Rechtspopulistischen Paradoxons«, so möchte ich hier zeigen, ist wiederum psychologisch. Rechtspopulisten handeln nicht einfach nach ihren rationalen ökonomischen Interessen, vielmehr lassen sie sich von psychologischen Faktoren leiten: von ihren Ängsten, ihren Unsicherheiten und ihren Ressentiments. Und rechtspopulistische Parteien binden ihre Wähler an sich, weil sie in Programm, Rhetorik und Auftreten genau diese Ängste und Ressentiments aufgreifen.

Die Berücksichtigung dieser psychologischen Faktoren ist wichtig nicht nur für die Erklärung des Wahlverhaltens der rechtspopulistischen Klientel, sie ist auch unerlässlich, wenn man wirksame Strategien gegen diese Bewegungen entwickeln will. Es hat dann nämlich wenig Sinn, auf diese Ängste einzugehen, indem man Anleihen bei dem Programm der Rechtspopulisten macht. Man bestätigt damit nur die Ängste als berechtigt und bestärkt die Wähler in ihrer Entscheidung für diese Bewegung. Dies erklärt, warum bürgerliche Parteien im Allgemeinen wenig Erfolg haben, wenn sie sich den Programmen rechtspopulistischer Bewegungen nähern.

Notwendig ist es vielmehr, an den *Ursachen* dieser Ängste anzusetzen. Dazu sind keine Kompromisse mit der Agenda der Rechtspopulisten nötig: Ökonomische Ungleichheit z. B. ist auch aus Sicht vieler liberaler Parteien höchst problematisch, und auch der soziale Zusammenhalt lässt sich verbessern, ohne dabei die menschenverachtende, der Sache nach wirkungslose Symbolpolitik der Rechtspopulisten zu übernehmen. Dabei muss man sich allerdings darüber im Klaren sein, dass Wirkungen nicht sofort eintreten werden. Zwar ist zu erwarten, dass die Beseitigung der Ursachen auch zu einer Verringerung der Ängste führen wird. Aber das kann eine gewisse Zeit dauern. Bis dahin kann man nicht davon ausgehen, dass Parteien, die sich für eine Verringerung der ökonomischen Ungleichheit einsetzen, sofort die Stimmen der rechtspopulistischen Klientel gewinnen werden. Notwendig ist also eine langfristig angelegte Strategie.

In jedem Falle konkurrieren die psychologischen Motive nicht etwa mit den gerade beschriebenen ökonomischen Faktoren, vielmehr wirken beide in der Regel zusammen: So stellen z. B. die gerade genannten ökonomischen Probleme einen wichtigen Grund für die Ängste und Ressentiments von rechtspopulistischen Wählern dar.

Einen ersten Hinweis auf die besondere Rolle von Angst und Bedrohung bei den Wählern rechtspopulistischer Bewegungen geben schon die oben zitierten Studien zur sozialen Lage von AfD-Wählern. Die Autoren untersuchten nämlich nicht nur die objektive Situation dieser Personengruppe, sondern auch deren subjektives Empfinden. Und dabei stellte sich heraus, dass das Gefühl der Benachteiligung und

Bedrohung durch die wirtschaftlichen und politischen Entwicklungen der eigenen Gegenwart bei den Wählern der AfD besonders stark war.[78]

Auch eine Studie des Deutschen Instituts für Wirtschaftsforschung zeigte, dass die Wähler der AfD besonders unzufrieden mit ihrer persönlichen Lage sind, zudem spielen Ängste für sie eine besondere Rolle. Sie betreffen insbesondere die Migration, aber auch eine angebliche Zunahme der Kriminalität, die Gefahr kriegerischer Auseinandersetzungen, die Möglichkeit eines Auseinanderbrechens der Gesellschaft und schließlich auch den Verlust der Rente.[79] Ähnliche Ergebnisse lieferten psychologische Studien bei Trump-Anhängern, deren Denken ebenfalls von Ängsten dominiert wird. In ihren Augen ist die Welt ein besonders gefährlicher Ort.[80]

Die besonders hohe Angstbereitschaft konservativer Wähler im Allgemeinen lässt sich auch in Experimenten bestätigen. Sie zeigen gleichzeitig, dass sich die Anhänger liberaler Parteien durch eine stärkere Tendenz zur Neugier auszeichnen. Dodd und Mitarbeiter[81] präsentierten liberalen und konservativen Wählern einerseits besonders positive, andererseits negative, angsteinflößende Bilder. Beide Gruppen reagierten völlig unterschiedlich: Anhänger liberaler Parteien konzentrierten ihre Aufmerksamkeit auf die positiven Bilder; zudem reagierten sie hier besonders stark und schnell. Die negativen Bilder dagegen wurden von ihnen großenteils ignoriert. Bei den Konservativen war es genau umgekehrt: Sie waren besonders empfänglich für die unangenehmen Bilder, während sie die positiven weniger stark wahrnahmen. Offensichtlich handelt es sich hier nicht um bewusste Entscheidungen, sondern um sehr basale, vorbewusste psychologische Einstellungen, die man selbst nur schwer beeinflussen kann. Diese Einstellungen prägen unsere Urteile über politische Programme und Strategien, ohne dass uns selbst dies bewusst wäre.

Ein ähnliches Muster zeigt sich, wenn man konservative und liberale Wähler um die Beurteilung von Politikern bittet. Während konservative Wähler vor allem negativ auf die Politiker der Gegenseite reagierten, standen bei den liberalen Wählern die positiven Reaktionen auf die Politiker der eigenen Seite im Vordergrund.

Politische Entrepreneure vom Schlage eines Trump, Berlusconi, Bannon oder Höcke verstehen es meisterhaft, diese Ängste und Ressentiments rechtspopulistischer Wähler aufzugreifen, und zwar ganz direkt und unmittelbar in Reden, Programmen und symbolischen Aktionen. Das mühselige Kleinklein realer Verbesserungen überlassen sie anderen – die Ergebnisse solcher Bemühungen tauchen ohnehin nur in irgendwelchen Statistiken auf, die die rechtspopulistischen Wähler für eine Erfindung der »Systempresse« halten. Trump z. B. verteidigt seine verängstigten Wähler höchstpersönlich gegen die Schurken dieser Welt, ganz egal, ob diese aus Brüssel, Teheran, aus Peking, Pjöngjang, Berlin, Ottawa oder aus Mexiko City stammen. Und er macht dies nicht mit komplizierten vertraglichen Vereinbarungen, deren Text ohnehin niemand liest, sondern mit handgreiflichen Maßnahmen: Eine Mauer wird gebaut – auch wenn die nach allen Erfahrungen gut zu überwinden sein wird. Und wer dennoch durchkommt, der wird an der Grenze aufgegriffen und ins Gefängnis gesteckt. Arbeitsplätze werden verteidigt, indem man Konkurrenten mit Zöllen belegt, und die Sicherheit des eigenen Landes wird garantiert, indem man droht, potentielle Angreifer mit »Feuer und Zorn« zu vernichten.

Dass alle diese Maßnahmen und Drohungen vermutlich wenig an den realen Verhältnissen ändern, spielt dabei keine Rolle. Entscheidend ist ihre psychologische Wirkung bei der rechtspopulistischen Klientel. Und die reagiert, auch das zeigt das Beispiel Donald Trump, begeistert auf diese Art von handgreiflicher und spektakulärer Symbolpolitik: Endlich ist da jemand, der die eigenen Ängste nicht nur aufgreift, sondern auch etwas Sicht- und Spürbares unternimmt! Schließlich erklärt die Psychologie der Angst, warum sich Rechtspopulisten nicht dadurch umstimmen lassen, dass man ihnen entgegenkommt: Mit solchen Konzessionen erkennt man ihre Ängste ja als berechtigt an!

Nationalismus

Wir hatten oben gesehen, dass der Verlust des sozialen Zusammenhalts eine wichtige Rolle unter den Motiven rechtspopulistischer Wähler spielt und zudem offenbar auch einer der Auslöser für die Ängste der Rechtspopulisten ist. Ökonomische Unsicherheit, soziale Ungleichheit, der Verlust gemeinschaftsbildender Rituale und Konventionen, aber möglicherweise auch der zunehmende kulturelle Abstand zu den tonangebenden urbanen Eliten scheinen zudem Ängste vor gesellschaftlicher Ausgrenzung hervorzurufen. Wie gravierend die psychologischen Folgen solcher Ausgrenzung sein können, hat die oben bereits erwähnte Forschung zum Ostrazismus deutlich gemacht: Menschen reagieren darauf mit schmerzähnlichen Symptomen; Fallstudien sprechen zudem dafür, dass auch schwere gesundheitliche Folgen eintreten können.[82]

Insofern ist es nicht verwunderlich, dass rechtspopulistische Bewegungen auf diese Angst vor Ausgrenzung reagieren. Allerdings tun sie dies auf ihre Art und Weise, nämlich durch die Betonung von Nationalität und Heimatverbundenheit, also mit Strategien, die – aus ihrer eigenen Sicht – die Zugehörigkeit ihrer Mitglieder betonen. Sie stellen dem Gefühl des Ausgeschlossenseins die nationale und regionale Zugehörigkeit entgegen, der vermeintlichen Beliebigkeit einer multikulturellen Gesellschaft die kulturelle und ethnische Identität. Beides scheint eine Sicherheit zu geben, die von der Modernisierung nicht betroffen ist. Soziale Inklusion mag durch die zunehmenden ökonomischen und kulturellen Unterschiede gefährdet sein, die Staatszugehörigkeit muss mit Migranten geteilt werden, die früher oder später ebenfalls Anspruch auf einen Pass des Heimatlandes erheben können.

Die Zugehörigkeit zu Nation und Heimat dagegen scheint unverfügbar – zumindest aus der Sicht der Rechtspopulisten: Einerseits sind Migranten ausgeschlossen, auf der anderen Seite ist die eigene Nationalität auch dann nicht gefährdet, wenn die eigene soziale Teilhabe aufgrund einer prekären Lebenssituation in Frage steht: Deutscher, Amerikaner, Däne oder Franzose bleibt man dann immer noch. Und weil man in den Augen echter Nationalisten allein schon durch die eigene Nationalität besser ist als die Angehörigen anderer Nationen, fällt für einen selbst immer noch ein schönes Gefühl der Überlegenheit ab. Das lässt sich weiter verstärken durch die Abwertung von Minderheiten und Angehörigen anderer Nationen: durch Fremdenfeindlichkeit.

Im Prinzip handelt es sich hier um ein Reaktionsmuster,

das Wilhelm Heitmeyer schon vor knapp dreißig Jahren an rechten Jugendlichen in der damaligen Bundesrepublik nachgewiesen hat. Heitmeyer konstatierte damals schon einen Verlust des sozialen Zusammenhalts aufgrund von Individualisierung und sozialer Ausdifferenzierung. Dieser Prozess biete zwar zusätzliche Freiheitsspielräume für alle diejenigen, die aufgrund von individueller Leistungsfähigkeit und sozialer Lage die neuen Möglichkeiten zu nutzen verstehen. Doch nicht alle profitieren davon – eine Entwicklung, die zu größeren Unterschieden führt, produziert notwendigerweise »Verlierer« – wir hatten dies bereits gesehen.

Nationalistische Ideologien und Fremdenfeindlichkeit als ihr Gegenstück sind in diesem Falle einfach deshalb attraktiv, weil sie die Zugehörigkeit zur eigenen Gruppe und die Überlegenheit über andere Ethnien ganz unabhängig von Leistung oder sozialer Zugehörigkeit garantieren. In diesem Sinne beschreibt Heitmeyer die Perspektive von Jugendlichen mit einer Affinität zu nationalistischen bzw. fremdenfeindlichen Positionen:

> Fremdenfeindlichkeit kann hier als ein politisches Mittel greifen, wenn ›natürliche‹ Vorrechte und Hierarchien als politischer Ansatz ›sinnhaft‹ erscheinen, um Stabilität (wieder) herzustellen. Der Ansatzpunkt liegt darin, nichtbearbeitete ökonomisch-sozial verursachte Entfremdungsangst in Überfremdungsangst umzuwandeln.[83]

Umso besser, wenn sich dazu noch das Versprechen gesellt, die eigene Nation wieder »groß« zu machen: Von dieser Größe profitiert eben auch das eigene Selbstbewusstsein der Rechtspopulisten. Dies erklärt auch, warum die Anhänger rechtspopulistischer Bewegungen so allergisch auf internationale Institutionen und Verträge reagieren: Sie heben die Abgrenzung nach außen auf, indem sie die nationalen Besonderheiten in einer großen internationalen Gemeinschaft untergehen lassen. Damit schwächen sie das Gefühl der Zusammengehörigkeit innerhalb der eigenen Nation, das den Rechtspopulisten so wichtig ist.

Dabei geht es nicht allein um ideologische Fragen. Die Entscheidung, wer zur eigenen Gruppe gehört und wer nicht, hat wichtige praktische Konsequenzen – Konsequenzen, die für unterprivilegierte Gruppen von größerer Bedeutung sind als für Menschen, die weiter oben in der sozialen Hierarchie stehen. Unterprivilegierte konkurrieren nämlich mit Migranten um wichtige Ressourcen – um Arbeitsplätze, Wohnungen und staatliche Wohlfahrtsleistungen. Wenn Migranten nicht »dazugehören«, dann kann man diese Konkurrenz leichter loswerden. Umgekehrt können die Rechtspopulisten sich in dem Gefühl sonnen, qua Nationalität Anspruch auf Vergünstigungen zu haben, von denen andere ausgeschlossen sind.

Linke Parteien können hier aus grundsätzlichen Überlegungen nicht mithalten: Die zentrale Legitimationsfigur, mit der sie die von ihnen erhobenen Ansprüche und Forderungen rechtfertigen, ist universalistisch und rational. Heimat und Nation können da keine Ansprüche auf besondere Ansprüche begründen. Höhere Löhne und bessere Sozialleistungen werden vielmehr damit begründet, dass so eine Ungleichheit beseitigt oder verringert werden kann, die prinzipiell ungerecht ist, ja gegen fundamentale Menschenrechte verstößt. Und diese Rechte gelten zumindest in der Theorie für alle, egal woher sie kommen, welche Hautfarbe sie haben, welches Geschlecht und welche sexuelle Orientierung. Man muss sich dazu nur noch einmal den Text der Hymne des Sozialismus, der Internationale durchlesen: Sie wendet sich an alle Völker, nicht nur an das eigene, und sie beruft sich nicht auf die Vorrechte irgendwelcher Gruppen, sondern auf das Menschenrecht, also ein Recht, das jedem als Mensch zusteht.

Natürlich haben die realexistierenden Mitglieder realexistierender linker Parteien oder gar Staaten in ihrer politischen Praxis diese hochherzigen Ideale häufig genug missachtet. Doch schon das bloße Bekenntnis zu universalistischen Prinzipien lässt diese Parteien für Rassisten und Nationalisten uninteressant werden – und beeinflusst schon dadurch die praktische Politik dieser Parteien. Zudem erschweren diese Prinzipien die Begründung dafür, dass jemand irgendwelche Vergünstigungen erhalten sollte, nur weil er Angehöriger einer Gruppe, einer Nation oder gar einer Ethnie ist. Dies macht auch verständlicher, warum linke Parteien in der Migrationsfrage immer wieder sehr liberale Positionen bezogen haben – auch wenn diese zu Nachteilen für ihre eigene Klientel führen mochten.

Autoritäre Dynamik

Rechtspopulistische Demagogen profitieren darüber hinaus von der Vorliebe ihrer Wähler für autoritär auftretende Führer oder gar für »gute Diktatoren«, die nicht reden, sondern handeln.

Damit kommen wir zur zweiten psychologischen Besonderheit rechtspopulistischer Wähler – ihrem Bedürfnis nach Autorität und hierarchischen Strukturen. Feststellen lässt sich dieses Bedürfnis bei den Wählern Trumps ebenso wie bei den Anhängern rechtspopulistischer Bewegungen in Belgien, Frankreich und Italien.[84] Trump-Anhänger unterscheiden sich damit nicht nur von der Gesamtbevölkerung, vielmehr stechen sie auch unter den Anhängern republikanischer Präsidentschaftskandidaten heraus – obwohl auch die vergleichsweise starke autoritäre Persönlichkeitsmerkmale zeigten: 49 % der republikanischen Wähler wiesen hier den Maximalwert auf; bei den Demokraten war der Anteil nur halb so hoch.[85]

Beobachtet und beschrieben worden ist diese Neigung zu Autorität und Hierarchie bereits in der Mitte des vergangenen Jahrhunderts von Theodor W. Adorno und seinen Mitarbeitern in der berühmten Studie über den »Autoritären Charakter«.[86] Die Autoren zeigten, dass Menschen mit diesem Persönlichkeitsprofil besonders anfällig für antidemokratische Propaganda sind.[87] Sie haben nicht nur ein sehr positives Verhältnis zu autoritären Strukturen, sondern auch eine stark ablehnende Haltung gegenüber Minderheiten, ein hierarchisches Welt- und Gesellschaftsbild und schließlich eine starke Aversion gegen neue Erfahrungen.

Angesichts der Überschneidungen dieser Charakterzüge mit der Programmatik rechtspopulistischer Bewegungen ist es nicht weiter verwunderlich, dass autoritäre Persönlichkeitszüge unter den Anhängern solcher Bewegungen sehr stark ausgeprägt sind. Tatsächlich haben sich die Grundzüge des von Adorno beschriebenen Persönlichkeitsprofils des Autoritären Charakters[88] in neueren Untersuchungen bestätigt – auch wenn die ursprüngliche Studie gravierende methodische Probleme aufweist.[89]

Das Modell der »Autoritären Dynamik«

Anders als von Adorno angenommen, wird das Verhalten von Menschen mit einem autoritären Persönlichkeitsprofil jedoch keineswegs permanent durch dieses Profil bestimmt. Unter normalen Umständen, so hat Karen Stenner[90] in einer überzeugenden, großangelegten Studie gezeigt, verhalten sich Menschen mit einem »autoritären Charakter« völlig unauffällig – also so wie alle anderen auch.

Zum Vorschein kommen die autoritären Charakterzüge erst dann, wenn die Betroffenen sich selbst und die sozialen und politischen Strukturen, in denen sie leben, bedroht fühlen. Nur unter diesen Bedingungen, so konnte Stenner in Experimenten zeigen, befürworten Menschen mit einem autoritären Persönlichkeitsprofil radikale Maßnahmen, die die persönliche Freiheit einschränken und die staatliche Autorität sichern sollen. Auch andere Studien zeigen, dass sich der Anteil von Wählern mit autoritären Vorstellungen in dem Maße steigert, wie die Bedrohung anwächst.[91] Es fällt nicht schwer zu erkennen, dass die Veränderungen seit der Jahrtausendwende vor allem aus der Sicht unterprivilegierter Gruppen bedrohlich erscheinen konnten.

Umgekehrt lässt Stenners Modell erwarten, dass Menschen mit einem autoritären Persönlichkeitsprofil sich in Zeiten wie denen des Kalten Krieges mit ihrem hohen Maß an sozialem Zusammenhalt im Wesentlichen unauffällig verhalten sollten. Dies gilt auch deshalb, weil diese Gruppe offenbar besonders empfänglich für die einheitsstiftende Wirkung der äußeren Bedrohung durch die Blockkonfrontation gewesen sein sollte – ich werde auf diesen Punkt und die unterschiedlichen Wirkungen von innerer und äußerer

Bedrohung in Kürze noch einmal zurückkommen. Das Ende dieser äußeren Bedrohung, der Verlust des sozialen Zusammenhalts nach dem Ende des Kalten Krieges, die steigende ökonomische Ungleichheit und insbesondere die Unsicherheiten und Risiken der Globalisierung stellen dann genau jene Form innerer Bedrohung dar, die den autoritären Charakter zutage treten und zur Forderung nach radikalen Maßnahmen motivieren sollte.

Stenners Modell der Autoritären Dynamik kann zudem die zentrale Bedeutung erklären, die die Asylkrise für Entstehung und Erfolg rechtspopulistischer Bewegungen gespielt hat. Diese Krise hat nicht nur in der Bundesrepublik die innere Vielfalt weiter erhöht, vielmehr hat hier der Staat aus Sicht der Rechtspopulisten gemeinsame Sache mit »Eindringlingen« gemacht und damit seinerseits den inneren Zusammenhalt gebrochen. Mit der Öffnung der Grenzen hat er in dieser Krise zudem genau jene Schwäche gezeigt, die von Menschen mit einer autoritären Disposition als bedrohlich erfahren wird und damit deren autoritäre Verhaltensweisen auslöst.

Schließlich erklärt die Theorie der Autoritären Dynamik auch die Vorliebe rechtspopulistischer Wähler für autoritäre Führer vom Schlage eines Putin, Erdoğan, Berlusconi, Haider oder Trump. Gerade mit ihrem herrischen Auftreten kommen sie dem Verlangen rechtspopulistischer Wähler nach starker staatlicher und besser noch: persönlicher Autorität entgegen.

Trump ist der unbestrittene Meister in dieser Sparte des politischen Schauspiels, aber die anderen geliebten Führer stehen ihm in dieser Sache wenig nach – man denke nur an die herrlichen Fotos von Putin auf Bären, beim Flug mit Kranichen in einem Gleitschirm, im U-Boot oder mit einem Gepard. Trumps sportliche Aktivitäten beschränken sich auf Golf, doch er macht dies wett durch seine Selbstinszenierung als Milliardär mit eigenem goldverziertem Wolkenkratzer, einem eigenen Flugzeug und einer ganzen Reihe von Golfresorts, bei denen ebenfalls mit Gold und anderen Kostbarkeiten nicht gespart wurde.

Wichtiger noch, dass Trumps Propaganda, sein Wahlkampf, aber auch seine Twitter-Botschaften genau diesem Persönlichkeitsprofil seiner Wähler entsprechen:[92] Ähnlich wie Berlusconi, Haider oder LePen tritt er selbst auf als die Autorität, der sich alle anderen zu unterwerfen haben. Deutlich wird dies an dem herrischen Gehabe in seinen Fernsehshows (»You're fired«) und insbesondere an seinen Wahlkampfauftritten. Vielfach fanden diese auf Flugplätzen statt, so dass Trump vor den Augen seiner Anhänger in seinem eigenen Jet einschweben konnte.

Gleichzeitig macht er sich die Aggression gegenüber Minderheiten zunutze, insbesondere gegen Mexikaner, Muslime und Migranten, und reagiert auf die Befürchtungen seiner Anhänger mit der oben bereits erwähnten inszenierten, aber handgreiflichen Symbolpolitik: Den Drohgebärden gegenüber anderen Ländern, dem Bau einer Mauer gegen mexikanische Immigranten, der Schließung der Grenzen für Menschen aus muslimischen Ländern und der Einführung von Schutzzöllen.

Schließlich wird auch die Ablehnung seiner Anhänger gegenüber allem Neuen bedient. Am deutlichsten tritt dies in seinem zentralen Slogan zutage: Es geht nicht darum, die amerikanische Gesellschaft durch neue Ideen weiter zu entwickeln, das Ziel liegt vielmehr in der Vergangenheit: Nicht vorwärts, sondern zurück zur früheren Größe Amerikas: »Make America Great Again!«

Das rechtspopulistische Paradoxon

Spätestens hier ergibt sich die Lösung des rechtspopulistischen Paradoxons quasi von selbst: Warum also wählen viele unterprivilegierte Wähler keine linken Parteien, obwohl diese sich doch mit Erfolg für die ökonomischen und sozialpolitischen Interessen dieser Wähler einsetzen? Warum unterstützen sie stattdessen rechtspopulistische Bewegungen, die mit ihren häufig neoliberalen Programmen und ihrer sozialpolitischen Ignoranz die Lage unterprivilegierter Wähler nur noch weiter verschlimmern? Der Grund ist, dass die Rechtspopulisten es eben meisterhaft verstehen, die Ängste und Ressentiments dieser Wähler aufzugreifen, deren Bedürfnis nach autoritären Führergestalten bedienen und schließlich noch dem Nationalismus dieser Wähler entgegenkommen. Die Erklärung beruft sich also primär auf psychologische Merkmale, auf die Ängste und Ressentiments, die ihrerseits allerdings viel mit der ökonomischen Lage der Betroffenen zu tun haben. Viel, aber nicht alles: Natürlich finden sich diese Ängste und Ressentiments auch bei Wählern, denen es ökonomisch vergleichsweise gutgeht. Dies ist ein wichtiger Teil der Erklärung dafür, dass – natürlich – nicht alle Rechtspopulisten ökonomisch unterprivilegiert sind.

Äußere und innere Bedrohung

Doch warum führt *diese* Bedrohung durch Migration, den Verlust des inneren Zusammenhalts und die Infragestellung staatlicher Autorität zu einer völlig anderen Reaktion als die Bedrohung durch die Blockkonfrontation in der Zeit des Kalten Krieges? Warum stützt sie nicht den inneren Zusammenhalt, sondern schwächt ihn zusätzlich?

Der entscheidende Grund ist, dass wir es in den Zeiten des Kalten Krieges mit einer *äußeren Bedrohung, einer Vernichtungsdrohung* zu tun hatten, die die *gesamte* Gesellschaft betraf und daher die Kooperation der gesamten Gesellschaft erforderte. Das Überleben der eigenen Gesellschaft ist genau das gemeinsame Ziel, das sich in den Sherif-Experimenten als Hebel für den Zusammenhalt der Gruppe erwiesen hatte. Und es handelt sich nicht um *irgendein* Ziel – es geht um Sein oder Nichtsein der gesamten Gruppe, um die Vernichtung in einem Atomkrieg, der alles Leben auf der Erde hätte auslöschen können.

Die beiden Blöcke stehen einander gegenüber wie die beiden Camps am Beginn von Sherifs Experiment: Hier wie dort führt der äußere Druck dazu, dass sich die Gruppen nach innen zusammenschließen[93] und nach außen auf die gegnerischen Gruppen mit Abgrenzung und Abwertung reagieren.

Am Ende der Nachkriegszeit verliert die äußere Bedrohung an Bedeutung – das gemeinsame Ziel und der gemeinsame Gegner entfallen. Damit lässt der innere Zusammenhalt nach, so dass die Gegensätze im Innern der westlichen Gesellschaften stärker zutage treten können. In der Folge wächst die Konkurrenz zwischen einzelnen Gruppen *innerhalb* des

Staates, die jeweils ihre eigenen Ziele verfolgen. Im Extremfall wird nun die interne Konkurrenz zur Bedrohung – zur *inneren Bedrohung*. Die sozialpsychologischen Mechanismen, die bislang nach außen gewirkt hatten, richten sich nun nach innen: Abgrenzung und Abwertung verlagern sich jetzt auf das Verhältnis zu Gruppen im Innern der Gesellschaft, zumal der Burgfrieden durch den äußeren Druck entfallen ist.

Besonders deutlich wird dies im Verhältnis von liberalen Parteien und Rechtspopulisten in der Migrationsfrage. Aus der verqueren Sicht der Rechtspopulisten werden der Staat und seine liberalen Repräsentanten zu Gegnern, weil sie mit den »islamischen Feinden« gemeinsame Sache gemacht haben. Als Bedrohung werden also nicht nur die Migranten begriffen, sondern auch die liberalen Parteien, ihre Anhänger und deren Repräsentanten: Angela Merkel, die von den Rechtspopulisten vor allem wegen ihrer Flüchtlingspolitik bekämpft wird; doch auch Obama oder »Washington« in den USA oder die bisherigen europafreundlichen Regierungen im Vereinigten Königreich gelten als Kollaborateure einer feindlichen Macht und nicht etwa als loyale Anführer der eigenen Nation, die sich gegen den »Ansturm« von außen verteidigen muss.

Kurz: Während die äußere Bedrohung den inneren Zusammenhalt stärkt, führt die innere Bedrohung dazu, den ohnehin in Frage gestellten Zusammenhalt innerhalb der einzelnen westlichen Staaten weiter zu schwächen. Und Rechtspopulisten sollten aufgrund ihrer hohen Empfänglichkeit für Ängste besonders stark auf solche Bedrohungen reagieren: Sie sollten also zunächst während der äußeren Bedrohung der Nachkriegszeit zu den vehementen Verteidigern dieses Systems zählen. Doch sobald sich der innere Zusammenhalt nach dem Ende des Kalten Krieges abschwächt und die staatliche Autorität in Frage gestellt wird, sollten sie zu den lautstärksten Kritikern des Systems werden.

Die Theorie der Systemrechtfertigung

Stenners Modell der autoritären Dynamik wird hier zusätzlich bestätigt durch die »Theorie der Systemrechtfertigung«. Die Theorie versucht zu erklären, warum unterprivilegierte Gruppen vor allem in den USA ein politisches System verteidigen, das ihnen massive Nachteile beschert. Stützen kann sich die Theorie der Systemrechtfertigung auf Untersuchungen an unterprivilegierten Gruppen in den USA, aber auch auf zahlreiche Experimente.[94]

Wiederum spielen Bedrohungsszenarien eine wichtige Rolle. Die Theorie belegt nicht nur die vertraute Tatsache, dass äußere Bedrohung den inneren Zusammenhalt stützt, vielmehr liefert sie Belege dafür, dass dies insbesondere für unterprivilegierte Gruppen gilt – und die spielen in rechtspopulistischen Bewegungen ja eine besondere Rolle. Gruppen am unteren Ende der sozialen Hierarchie neigen also dazu, das eigene System im Falle von äußeren Bedrohungen *stärker* zu verteidigen, als es privilegierte Teile der Bevölkerung tun! Die Erklärung lautet wiederum, dass unterprivilegierte Schichten ohnehin in einer prekären Lage sind und dass sich diese Lage in Zeiten einer allgemeinen Bedrohung noch überproportional verschärft. Das eigene politische System wird in dieser Situation offenbar als ein Schutz vor der äußeren Bedrohung erfahren. Die Oberschicht dagegen benötigt diesen Schutz in geringerem Maße, verfügt sie doch im Allgemeinen über eigene Reserven, um die negativen Auswirkungen solcher Krisen zumindest teilweise zu kompensieren.

Ganz anders sieht es aus, sobald die äußere Bedrohung nachlässt: Dann entfällt das Motiv, die Unzufriedenheit mit dem eigenen System, seinen Institutionen und seinen Repräsentanten zurückzuhalten – man sollte hier also besonders heftige und emotional gefärbte Kritik unterprivilegierter Schichten erwarten. Und genau diese Art von emotional gefärbter, grundsätzlicher Kritik kommt von rechtspopulistischen Bewegungen.

Rechtspopulismus – eine Überforderung sozialer Intelligenz?

Eine der zentralen Thesen dieses Buches lautet, dass Macht auf sozialer Intelligenz basiert. Die Funktion von Machtstrukturen kann daher beeinträchtigt werden, wenn die soziale Intelligenz der Gruppenmitglieder überfordert wird. Dies kann z. B. passieren, wenn die Gruppen zu groß oder die Abhängigkeitsbeziehungen zu komplex werden, wie dies z. B. in der Neolithischen Revolution geschah: Die Einführung von Ackerbau, Viehzucht und Privateigentum sowie das Bevölkerungswachstum machten die sozialen Verhältnisse vielschichtiger und die Gruppen größer, so dass die psychologischen Mechanismen, die bislang Egalität und Kooperation gesichert hatten, nicht mehr funktionierten.

Es spricht einiges dafür, dass eine vergleichbare Überforderung unserer sozialen Intelligenz eine wichtige Rolle auch bei der Entstehung des Rechtspopulismus spielt. Ein erstes Indiz ist das gerade beschriebene »Rechtspopulistische Paradoxon«, also die Tatsache, dass Rechtspopulisten Parteien wählen, die eigentlich ihre eigenen Interessen verletzen. Doch die Überforderung reicht offenbar tiefer: Erklären lassen sich dieses Wahlverhalten und die ihm zugrunde liegenden Ängste und Ressentiments ja offenbar als Reaktion darauf, dass die Rechtspopulisten von der Komplexität einer individualisierten Gesellschaft mit ihren vielfältigen globalen Abhängigkeitsbeziehungen und Unsicherheiten überfordert werden.

Doch die Überforderung betrifft eben keineswegs nur die Rechtspopulisten selbst – sie ist eine Angelegenheit der *gesamten* Gesellschaft, also auch jener liberalen Mittelschichten, die sich als die entschiedensten Gegenspieler des Rechtspopulismus begreifen. Uns allen fehlen die Antworten auf die Probleme, die sich aus dem Verlust des sozialen Zusammenhalts ergeben, aus der überhandnehmenden ökonomischen Ungleichheit und den Unsicherheiten und Ungerechtigkeiten, denen vor allem die Angehörigen unterprivilegierter Schichten ausgesetzt sind. Offensichtlich ist auch unsere eigene soziale Intelligenz überfordert. Uns allen fehlen im Moment die Mittel und Wege, die Funktionsfähigkeit unserer Gesellschaft sicherzustellen. Der Rechtspopulismus ist Symptom und Produkt dieser Unfähigkeit, allerdings leider ein Symptom, das die Probleme auf mittlere Sicht drastisch verschärfen wird.

Dies liegt nicht zuletzt daran, dass die Rechtspopulisten einen wichtigen Kontrollmechanismus demokratischer Systeme außer Kraft setzen – ich hatte dies oben bereits angedeutet. Die Grundannahme demokratischer Systeme besteht darin, dass soziale Gruppen ihre Interessen vertreten und damit Fehlentwicklungen zu ihren eigenen Lasten vermeiden. Wenn die Globalisierung also dazu führt, dass sich die

Situation von unterprivilegierten Schichten verschlechtert, können diese Gruppen Parteien wählen, die sich für eine Verbesserung ihrer Situation einsetzen. Damit werden nicht nur Fehlentwicklungen korrigiert. Langfristig wird damit auch die Stabilität des demokratischen Systems gestärkt, das auf diese Weise zumindest im Prinzip die Interessen aller berücksichtigen kann. Am schönsten beschrieben worden ist dies wohl von Rousseau im GESELLSCHAFTSVERTRAG[95].

Die rechtspopulistischen Wähler verhalten sich jedoch ganz anders als erwartet. Geleitet von ihren Ängsten und Emotionen entscheiden sie sich für Bewegungen, die ihre sozialen und ökonomischen Interessen mit neoliberalen Wirtschaftsprogrammen, Steuersenkungen und Einschnitten in Wohlfahrtsprogramme verletzen. Trumps Steuerreform, seine Versuche, die Gesundheitsreform Obamas abzuschaffen, oder die zu erwartenden sozialen Folgen des Brexits, die vor allem dessen unterprivilegierte Befürworter treffen werden, liefern nur die offensichtlichsten Beispiele.

Demokratien können so in eine Abwärtsspirale geraten. Die Unzufriedenheit mit dem System vergrößert sich durch die Politik der Rechtspopulisten weiter – zumal auch die Zahl der Bürger, deren Lage sich verschlechtert, zunimmt. Die Kritik an den systemtragenden Parteien wird größer, Populisten, die die Unzufriedenheit anfachen, gewinnen weiter an Zulauf, der soziale Zusammenhalt wird noch stärker strapaziert, was die Findung von Kompromissen weiter erschwert. All dies kann für eine weitere Verschlechterung der Lage sorgen, die ihrerseits die Unzufriedenheit noch einmal vergrößert etc.

Die Menschheit hat eine etwas gemischte Bilanz bei der Bewältigung solcher Überforderungen ihrer sozialen Intelligenz. Wie wir gesehen haben, hat es meist größerer Katastrophen bedurft, um die Ungleichheit zu verringern und den Zusammenhalt wiederherzustellen. Doch zuweilen sind unsere Vorfahren der Probleme Herr geworden, indem sie neue Regeln und Institutionen entwickelt haben. Eine der besten Erfindungen war dabei zweifellos die Demokratie. Doch auch die Nachkriegszeit des 20. Jahrhunderts hat uns ein bemerkenswertes Erbe von demokratischen Strukturen, Wohlfahrtssystemen und später auch Freiheitsrechten hinterlassen, das wir nicht aufs Spiel setzen sollten. Weil wir auch nicht darauf warten können, bis die nächste Katastrophe Einheit und Gleichheit wiederherstellt, werden wir uns wohl ein paar Gedanken darüber machen müssen, welche anderen Mittel uns zur Verfügung stehen. Grundlage dieser Gedanken sollte ein möglichst umfassendes Verständnis der psychologischen Mechanismen sein, die unser soziales Miteinander bestimmen.

Ziel dieses Buches ist es, das Bewusstsein für die Notwendigkeit dieses Verständnisses sozialpsychologischer Mechanismen zu schärfen und gleichzeitig selbst zu diesem Verständnis beizutragen. Zweifellos ist hier noch sehr viel Arbeit zu tun. Doch auch der bisherige Kenntnisstand erlaubt schon gewisse Rückschlüsse darauf, wie wir mit den vorhandenen Problemen umgehen. Ich werde am Ende dieses Buches einige Vorschläge dazu machen.

Zusammenfassung: Macht, soziale Intelligenz und Rechtspopulismus

Die zentrale These dieser Studie lautet, dass Machtstrukturen, anders als es die Konflikttheoretiker der Macht um Weber und Hobbes behauptet hatten, nicht primär auf Gewalt, sondern auf sozialer Intelligenz basieren. Wichtigstes Ziel ist die Reduzierung von Gewalt und letztlich die möglichst reibungslose Zusammenarbeit der Mitglieder einer Gruppe, denn vor allem dazu sind Gruppen da – vielleicht mit der Ausnahme von Kampfsportclubs und Boxvereinen. Gruppen verbessern die Lebensmöglichkeiten ihrer Mitglieder durch gegenseitige Kooperation. Nur deshalb hat sich die soziale Existenz in der Evolution als erfolgreiches Modell durchgesetzt. Gewaltsame Konflikte können auch Einsiedler miteinander austragen, dazu benötigen sie keine Gruppe.

Machtstrukturen erfordern soziale Intelligenz. Und das umso mehr, je weitgehender die Konfliktvermeidung, je intensiver die Kooperation und je komplexer die Gruppe sein soll. Beobachten ließ sich dies schon bei sehr einfachen Lebewesen: Die Zahl der Konflikte wird bei ihnen dadurch reduziert, dass Tiere nach einer Niederlage weiteren Auseinandersetzungen aus dem Wege gehen. In der weiteren Entwicklung von Machtstrukturen werden die Konfliktvermeidungsstrategien wesentlich effektiver, erfordern aber gleichzeitig auch höhere kognitive Fähigkeiten: Bei der Unterwerfungsstrategie müssen Tiere z. B. in der Lage sein, ihre bisherigen Gegner wiederzuerkennen, bei der Unterordnungsstrategie müssen sie sogar aus dem Verhalten der anderen Gruppenmitglieder ablesen, welche Rolle ein potentieller Gegner in der Rangordnung der Gruppe einnimmt. Möglich werden damit feste

Hierarchien, die nicht nur zu einer massiven Verringerung gewaltsamer Konflikte führen, sondern auch die Kooperationsmöglichkeiten zwischen den Gruppenmitgliedern verbessern. Beobachten lässt sich dies z. B. bei unseren nächsten Verwandten im Tierreich, den Menschenaffen.

Die strikte Hierarchie von Affenhorden mit einem Alphamännchen an der Spitze wird dann in den frühen menschlichen Gesellschaften durch ein halbwegs egalitäres Modell ersetzt. Die frühen Jäger und Sammler lebten großenteils in Gruppen mit schwachen Hierarchien, die ein hohes Maß an Kooperation ermöglichten: Beute und Werkzeuge wurden geteilt, und die Gruppenmitglieder achteten darauf, dass die Anführer die recht engen Grenzen ihrer Macht nicht überschritten. Zurückführen lässt sich dieser prinzipielle Unterschied zwischen den hierarchischen Machtstrukturen bei Affen und dem kooperativen Charakter menschlicher Gesellschaften wiederum auf die höhere soziale Intelligenz von Menschen.

Es gibt eine ganze Reihe von Gründen, warum kooperative Machtstrukturen höhere Ansprüche an die kognitiven Fähigkeiten der Beteiligten stellen. Erforderlich sind solche Fähigkeiten zum einen, um die Zusammenarbeit zu regeln bzw. um überhaupt zu erkennen, an welcher Stelle ein eigener Beitrag zu einer gemeinsamen Aktivität sinnvoll sein könnte. Intelligenz ist aber auch vonnöten, um einzusehen, dass man zunächst etwas tun muss, um später die dazugehörige Belohnung zu erhalten. Und schließlich benötigen die Gruppenmitglieder Intelligenz, um sicherzustellen, dass die Belohnung in einem angemessenen Verhältnis zum eigenen Aufwand steht. Das ist vor allem wichtig, um Trittbrettfahrer auszuschließen – Mitglieder, die die Güter einer Gemeinschaft in Anspruch nehmen, ohne sich angemessen an ihrer Herstellung zu beteiligen.

Wie wir gesehen haben, gibt es in der Tat eine Vielzahl von Untersuchungen, die zeigen, dass Menschen die für die Kooperation kritischen Formen von sozialer Intelligenz in wesentlich höherem Maße als Affen besitzen: Anders als Affen richten sich Menschen nach Fairnessprinzipien, wenn es darum geht zu teilen, sie erkennen die Intentionen anderer und richten sich in ihrem Handeln danach, schließlich bemerken Menschen Regelverletzungen und sind bereit, diese zu sanktionieren, selbst wenn dies einen gewissen Aufwand für sie selbst bedeutet, Affen gelingt dies nicht.

Doch ganz offenbar bleibt die soziale Entwicklung nicht bei den steinzeitlichen Horden von Jägern und Sammlern stehen. Mit der Neolithischen Revolution werden die Gruppen größer, es werden Überschüsse erwirtschaftet. Später entstehen Städte, zudem erfordert der Ackerbau eine Art Kalender, was wiederum basale astronomische Kenntnisse voraussetzt. Langsam etablieren sich Privatbesitz, Arbeitsteilung und wichtige kulturelle Fähigkeiten. Damit kommt es zu einem weiteren Anstieg der Anforderungen an die soziale Intelligenz, und an die Stelle der Egalität steinzeitlicher Horden treten ökonomische Ungleichheit und soziale Hierarchien.

In den griechischen Stadtstaaten entwickeln sich dann neue, institutionelle Formen von sozialer Intelligenz, die zu einer gleichmäßigeren Verteilung der Macht führen. Hierzu gehören z. B. demokratische Regeln und Verfahren, gesetzliche Prinzipien und Volksversammlungen, wie sie z. B. in der attischen Demokratie seit dem sechsten vorchristlichen Jahrhundert etabliert werden. Doch die Entwicklung demokratischer Herrschaftsverhältnisse findet nicht im luftleeren Raum statt, sondern steht unter dem Einfluss ökonomischer und sozialer Faktoren.

So sprechen psychologische und ökonomische Theorien, aber auch historische Fallstudien dafür, dass die Entwicklung demokratischer Strukturen ein Mindestmaß an Gleichheit voraussetzt – andernfalls schlägt früher oder später die ökonomische Ungleichheit in politische Ungleichheit um. Ein weiterer wichtiger Faktor ist der äußere Druck, verursacht vor allem durch – akute oder latente – militärische Konflikte: Druck stärkt nicht nur den sozialen Zusammenhalt, sondern auch die Bereitschaft zum sozialen Ausgleich. Beides spielt offenbar eine wichtige Rolle bei der Entstehung der attischen Demokratie.

Die genauere Analyse der Geschehnisse in der Nachkriegszeit des 20. Jahrhunderts zeigte, dass beide Faktoren auch hier eine entscheidende Rolle spielen: Unter dem Druck der Nachwirkungen des Krieges und der anhaltenden Blockkonfrontation rücken die westlichen Staaten und ihre Bürger zusammen. Sie entwickeln dabei eine bemerkenswerte Bereitschaft, innere und äußere Gegensätze zu überwinden. Ergebnisse sind eine Vielzahl wichtiger außenpolitischer Vertragswerke und Institutionen sowie im Innern ein umfassender Nachkriegskonsens, der die Etablierung aufwendiger Wohlfahrtssysteme und kompensatorischer Steuersätze erlaubt. Zusammen mit der rein physischen Zerstörung materieller Werte durch den Krieg führen diese Maßnahmen zu einer drastischen Verringerung der Ungleichheit und damit zu einer weiteren Verbesserung der Bedingungen für den Erhalt und Ausbau demokratischer Machtstrukturen.

Die Nachkriegszeit, die nach wie vor unsere Maßstäbe

von sozialer Gerechtigkeit und funktionierenden demokratischen Prozessen bestimmt, erweist sich damit als ein historischer Sonderfall; umgekehrt stellt die Gegenwart mit ihrem viel schwächeren sozialen Zusammenhalt und ihrer höheren Ungleichheit eine Art Rückkehr zur historischen Normalität dar. Dies sollte man berücksichtigen, wenn man etwas an den gegenwärtigen Missständen ändern möchte.

Es ist wahr: Soziale Entwicklungen folgen niemals einfachen Gesetzen – menschliche Gesellschaften sind nun einmal unendlich viel komplexer als frei fallende Körper, Hebelarme oder Pendel, auf die sich die Gesetze der klassischen Mechanik beziehen. Und selbst wenn hier kein bloßer Zufall waltet, überlagern sich in den meisten Fällen so viele Faktoren, dass Ursache und Wirkung nur noch schwer einander zuzuordnen sind – zumal man natürlich auch keine kontrollierten Experimente mit einer gesamten Gesellschaft machen kann.

Doch auch komplexe Zusammenhänge folgen nicht dem Zufallsprinzip. Tatsächlich ließ sich die Entwicklung in der Nachkriegszeit in wesentlichen Punkten durch die zuvor beschriebenen sozialpsychologischen und ökonomischen Zusammenhänge erklären. Doch wenn Zusammenhalt und sozialer Ausgleich zu maßgeblichen Teilen von der Bedrohung durch Krieg und Blockkonfrontation in der Nachkriegszeit bestimmt werden, dann sollte man erwarten, dass sie in dem Maße revidiert werden, wie die Erinnerung an die Schrecken des Krieges verblasst und die Bedrohung durch die atomare Vernichtung nachlässt. Genau dies geschieht tatsächlich, seitdem die Schwächen des Warschauer Paktes vom Ende der siebziger Jahre an immer deutlicher sichtbar werden. Die neoliberale Politik von Thatcher und Reagan ist ein erstes wichtiges Zeichen dieser Entwicklung, die zu einem weiteren Nachlassen des inneren Zusammenhalts in den westlichen Ländern und zu einer Steigerung der Ungleichheit führt.

Verstärkt werden diese Entwicklungen durch Einflussfaktoren, die in eine ähnliche Richtung wirken, obwohl sie weitgehend unabhängig sind vom Nachlassen der äußeren Bedrohung am Ende der Nachkriegszeit. Dies gilt zum einen für die Globalisierung, die für eine weitere Zunahme von Ungleichheit und sozialer Unsicherheit sorgt, und es gilt ebenso für die seit langem zunehmende Individualisierung, die zu einer zusätzlichen Herausforderung des sozialen Zusammenhalts führt.

Gerade die Individualisierung zeigt aber auch, dass eine Lösung der Probleme, mit denen wir es hier zu tun haben, nicht einfach darin bestehen kann, die Entwicklungen zurückzudrehen, die sich seit der Nachkriegszeit vollzogen haben. Einmal ganz abgesehen davon, dass dies faktisch unmöglich sein dürfte, wäre es auch kaum wünschenswert: Gerade die Individualisierung hat nämlich auch für wichtige zusätzliche Freiheitsspielräume gesorgt.

Auf der anderen Seite hat der Verlust des sozialen Zusammenhalts zusammen mit der Zunahme von Ungleichheit und sozialer Unsicherheit einen idealen Nährboden für die Entwicklung rechtspopulistischer Strömungen geschaffen, wie sie nach der Jahrtausendwende immer weiter an Zulauf gewinnen. Auch hier zeigte sich, dass eine Erklärung nicht nur objektive soziale und ökonomische Faktoren wie den Verlust des sozialen Zusammenhalts und die Zunahme der Ungleichheit berücksichtigen muss. Verstehen lassen sich die Erfolge der Rechtspopulisten erst, wenn man die psychologischen Besonderheiten ihrer Wähler mit in Rechnung stellt, insbesondere ihre Empfänglichkeit für Ängste und Ressentiments.

Hinzu kommt Disposition zur Orientierung an politischen und sozialen Autoritäten und zur Befürwortung sozialer Hierarchien. Außerdem neigen Menschen mit dieser Disposition dazu, die eigene Zugehörigkeit zur Mehrheitsgesellschaft oder gar »Nation« durch die Ausgrenzung von Minoritäten weiter hervorzuheben. Dieses primär durch Emotionen und Ressentiments getriebene Verhalten erklärt zudem die immer wieder betonte »Systemfeindlichkeit« rechtspopulistischer Wähler, also ihre Ablehnung von abstrakten Regeln und universalistischen Prinzipien, auf denen demokratische Rechtsstaaten basieren. An die Stelle rechtsstaatlich geregelter Verfahren sollen unmittelbare Reaktionen treten, an die Stelle formeller Machtstrukturen persönliche Beziehungen, wenn möglich zu Autoritäten, die die eigenen Ängste und Bedürfnisse aufgreifen.

Genau dies unterscheidet rechtspopulistische Bewegungen von den angeblichen »Systemparteien.« Sie greifen die emotionalen Bedürfnisse ihrer Wähler auf, sie artikulieren die Ressentiments gegen Minoritäten sowie die Wut auf die etablierten Parteien und Medien. Ihre Anführer sind in der Regel Meister der politischen Inszenierung und befriedigen mit ihrem herrischen Auftreten und ihren symbolischen Reaktionen auch die Autoritätsbedürfnisse ihrer Wähler.

Erklären lässt sich damit auch eine auffällige Paradoxie im Verhalten vieler Rechtspopulisten: Obwohl sie selbst häufig sozial und ökonomisch unterprivilegiert sind, entscheiden sie sich für eine Bewegung, die sich wenig für Sozialpolitik interessiert und im Zweifel eher eine Politik verfolgt, die die Lage ihrer Anhänger eher noch zu verschlechtern droht. Mit dieser Verletzung ihrer eigenen Interessen setzen die Rechtspopulisten zudem einen wichtigen Kontrollmechanismus demokratischer Systeme außer Kraft und drohen damit eine Kettenreaktion heraufzubeschwören, die zu weiterer Unzufriedenheit mit dem »System« führen kann. Die Attraktivität rechtspopulistischer Bewegungen erklärt sich wiederum psychologisch: aus ihrer Fähigkeit, auf die emotionalen Bedürfnisse und Ressentiments ihrer Klientel zu reagieren. Mit ihrem Nationalismus vermitteln sie ihren Anhängern nicht nur das Gefühl der Zugehörigkeit, sondern machen sie zu einer bevorzugten Gruppe, die besondere Rechte und Leistungen beanspruchen kann.

Ein letzter Punkt scheint hier von Bedeutung: Machtstrukturen, so hatte ich gezeigt, basieren auf sozialpsychologischen Fähigkeiten der Lebewesen, die diese Strukturen entwickeln und in ihnen leben. Je höher die soziale Intelligenz, desto besser funktioniert dieses Zusammenleben im Allgemeinen. Stimmen die obigen Beobachtungen, dann gelingt uns dies besonders gut in Situationen der äußeren Bedrohung, führt diese doch zu einer Stärkung des inneren Zusammenhalts. Man wagt sich wohl nicht zu weit auf spekulatives Glatteis, wenn man vermutet, dass dieses Verhalten sich in der Entwicklungsgeschichte der Menschheit als sehr nützlich erwiesen haben dürfte: Unglücklicherweise führen Menschen seit jeher Kriege gegeneinander.[96] Gruppen, die ihre internen Differenzen nicht überwinden, um sich gemeinsam zu verteidigen, dürften schlechte Chancen gehabt haben, in solchen Auseinandersetzungen zu überleben. Mit anderen Worten: Kriegerische Auseinandersetzungen stellen also ein sehr starkes Selektionskriterium für den inneren Zusammenhalt von Gruppen dar.

In Friedenszeiten, wenn Gruppen nicht unter äußerem Druck stehen, hat Uneinigkeit keine derart katastrophalen Konsequenzen – insofern war sie in derartigen Situationen leichter zu tolerieren. Möglicherweise hatte dies ursprünglich sogar positive Konsequenzen, z. B. weil Gruppen damit ein breiteres Spektrum an Verhaltensweisen und eventuell ganz neue Lösungen entwickeln konnten – zur Not auch auf Kosten des sozialen Zusammenhalts, der unter diesen Bedingungen nicht mehr die oberste Priorität haben musste. Auch mit dem nachlassenden äußeren Druck seit dem Ende des Kalten Krieges haben sich schließlich wichtige Freiheitsspielräume entwickelt, auf die heute kaum jemand verzichten will.

Doch gleichzeitig hat der Verlust des sozialen Zusammenhalts angesichts der langen Friedensphase seit den großen Kriegen des 20. Jahrhunderts bedrohliche Züge angenommen, zumal sich auch die ökonomische Ungleichheit wie üblich in dieser Phase der Stabilität massiv vergrößert hat.

Offenbar hat uns die Evolution wesentlich besser auf Konflikte vorbereitet als auf das Leben unter den halbwegs friedlichen Umständen, wie wir sie heute vorfinden. Anders ausgedrückt: Unsere soziale Intelligenz ist offenbar auf Phasen der äußeren Bedrohung und insbesondere auf physische Konflikte besser eingestellt als auf die ganz anderen Herausforderungen, die in Friedenzeiten auftreten. Fehlt der äußere Druck, dann nehmen die inneren Konflikte zu, die Ungleichheit steigt, es entstehen zentrifugale Kräfte, die die Gruppen auseinanderzutreiben drohen. Dass unsere soziale Intelligenz in solchen Situationen überfordert ist, zeigt sich aber auch daran, dass Gruppenmitglieder in solchen Situationen ihre eigenen Interessen verletzen.

Fazit – Was kann man tun?

Soweit so schlecht – doch was kann man tun? Noch einmal: Wir benötigen nach wie vor ein besseres Verständnis der sozialen Dynamik, die uns in diese Lage gebracht hat. Nur wenn wir die zugrundeliegenden sozialpsychologischen Mechanismen genau verstehen, wird es möglich sein, etwas wirklich Erfolgversprechendes gegen den Rechtspopulismus zu unternehmen.

Das heißt aber nicht, dass wir bis zum Abschluss dieser Untersuchungen die Hände in den Schoß legen und einfach nur abwarten müssten. Die bereits vorliegenden Erkenntnisse liefern schon wichtige Hinweise auf mögliche Gegenmaßnahmen. Ich möchte dabei keine falschen Erwartungen wecken: Ich werde keine konkreten politischen Programme und schon gar keine Patentlösungen aus der Tasche zaubern, die die Probleme der Gegenwart mit einem Schlage lösen können. Aber ich möchte zeigen, welche grundlegenden Schlussfolgerungen sich aus den bisherigen Überlegungen ergeben, wenn es darum geht, die aktuelle Situation zu bewältigen. Viele der Maßnahmen werden unspektakulär sein; häufig wird es auch nur um eine Bestätigung oder Intensivierung bereits vorhandener Maßnahmen gehen.

Wir hatten gesehen, dass Rechtspopulismus nicht auf *einer* Ursache basiert. Er stellt eine komplexe und zum Teil widersprüchliche Reaktion auf ein ganzes Bündel von Ursachen dar. Doch wir hatten auch festgestellt, dass Unsicherheiten und Bedrohungsgefühle zu den wichtigsten Triebkräften des Rechtspopulismus zählen. Warum bemühen wir uns nicht stärker, diese Unsicherheiten zu verringern? Ideologische Zugeständnisse an Halbnazis sind dazu nicht erforderlich: Soziale Sicherheit ist ein zentrales Thema der Sozialpolitik aller liberalen und linksliberalen Parteien. Denkbar wäre z. B. eine Verstärkung der Grundsicherung, die die Unsicherheiten auffangen könnte, wie sie von der Globalisierung ausgehen. Auch der Schutz gegen basale Lebensrisiken, also vor Krankheit, sozialem Abstieg und Kriminalität spielt eine wichtige Rolle – gerade für unterprivilegierte Gruppen.

In der Bundesrepublik ist eine Verbesserung der Krankenversicherung sicherlich nicht das vordringlichste Thema. Hier spielt die soziale Trennung in Wohnvierteln, die der AfD große Erfolge beschert hat, eine wichtigere Rolle. In der Regel sind die Lebensbedingungen in den Außenbezirken, in denen sich die Sozialhilfeempfänger konzentrieren, wesentlich schlechter als in wohlhabenden Innenstadtbezirken. Auch die Qualität der Schulen lässt dort zu wünschen übrig, was dazu führt, dass die Kinder die sozialen und ökonomischen Nachteile ihrer Eltern erben werden. All dies spricht dafür, die Lebensbedingungen in den unterschiedlichen Vierteln einer Stadt soweit wie möglich einander anzugleichen. Dies gilt insbesondere für die Schulen, zumal schlechte Schulen zu den wichtigsten Gründen zählen, warum Mittelschichtfamilien sozial gemischte Quartiere verlassen. Sie setzen damit früher oder später einen Teufelskreis in Gang, der dafür sorgt, dass am Ende die ärmsten Familien in den unattraktivsten Wohnvierteln unter sich sind.

Auch sonst spielt das Bildungssystem eine wichtige Rolle,

wenn es darum geht, Kinder aus den unterschiedlichsten Schichten nicht nur zusammenzubringen, sondern ihnen allen halbwegs gleiche Chancen zu bieten. Bildung ist umso wichtiger, als die Affinität zum Rechtspopulismus mit steigender Bildung abnimmt: Die Konsequenzen dieser Maßnahme würden zwar nicht sofort sichtbar, aber eine Auseinandersetzung mit dem Rechtspopulismus wird ohnehin in längeren Zeiträumen denken müssen.

Eine zentrale Quelle der Verunsicherung ist die soziale und politische Ungleichheit. Eine substantielle Verringerung wäre zwar mehr als wünschenswert, doch nach allem, was wir oben gesehen hatten, sind große Fortschritte hier auf absehbare Zeit nicht wirklich realistisch. Nichts spricht jedoch gegen den Versuch, zunächst einen weiteren Anstieg der Ungleichheit zu verhindern.

Sollte dieser Versuch erfolgreich sein, dann kann man immer noch anspruchsvollere Ziele formulieren, also eine echte Reduzierung der Ungleichheit. Denkbar sind dabei zum einen steuerliche Maßnahmen. So könnte man die Gehälter von Managern dadurch begrenzen, dass Firmen diese Gehälter nur bis zu einer bestimmten Höchstgrenze von der Steuer absetzen können. Firmen, die dann weiterhin Fabelgehälter bezahlen wollen, würden sich dann zumindest durch höhere Steuerzahlungen am Gemeinwesen beteiligen.

Doch auch der Druck der öffentlichen Meinung kann etwas bewirken. Mittlerweile werben viele Unternehmen mit umweltfreundlicher Produktion – offensichtlich als Reaktion auf öffentlichen Druck. Warum akzeptieren Konsumenten höhere Preise, die in den Taschen selbstverliebter Topmanager landen? Warum achten sie nicht auf eine gerechte Bezahlung der Mitarbeiter solcher Firmen? Dass öffentlicher

Druck wirksam ist, zeigt im Übrigen die Tatsache, dass die Gehälter von deutschen Vorstandschefs offenbar weniger stark gestiegen sind, seit das Thema im allgemeinen Bewusstsein an Bedeutung gewonnen hat. Es spricht einiges dafür, dass die öffentliche Empörung über die z.T. märchenhafte Vergütung von Vorstandschefs hier eine gewisse Rolle gespielt hat. Natürlich ist dies noch kein dauerhafter Trend, aber vielleicht ein Ansatz, aus dem sich ein solcher Trend entwickeln könnte.

Zweifellos sind in all diesen Fällen genauere Analysen erforderlich – was die Wirksamkeit, aber auch was mögliche Nebenwirkungen betrifft. Selbst im besten Falle ist nicht zu erwarten, dass die rechtspopulistische Klientel danach in Scharen wieder zu den liberalen Parteien zurückkehrt – aber wenn Ängste und Unsicherheiten zu den Ursachen des Rechtspopulismus zählen, dann sollte deren Reduzierung früher oder später auch den Zulauf zu diesen Bewegungen verringern.

Selbstverständlich kann man die Verantwortung nicht allein dem Staat überlassen – der soziale Zusammenhalt hängt vor allem vom Verhältnis der Bürger zueinander ab. Die kulturelle Vielfalt, die in den letzten Jahrzehnten auch unabhängig vom Einfluss von Migranten entstanden ist, verlangt wahrscheinlich auch eine andere Kultur des Umgangs miteinander. Bislang erscheint es allerdings in vielen Fällen so, als würden die einzelnen Fraktionen in unterschiedlichen Welten leben. Tatsächlich scheinen politische Unterschiede mehr und mehr auf den Alltag überzugreifen. Wie wir gesehen hatten, prägen sie die Wahrnehmung, aber auch das persönliche Lebensumfeld. Zudem hat auch das linksliberale Milieu, zu dem ich mich übrigens selbst zähle, eine Tendenz, unter sich zu bleiben: In schön sanierten Altstadtvierteln und auf guten Schulen.

Darüber hinaus gibt es Indizien dafür, dass sich politische Überzeugungen mittlerweile auch im Konsumverhalten widerspiegeln – Facebook weiß vermutlich wesentlich mehr darüber. Von Bedeutung ist das, weil politische Einstellungen damit zu einem Teil der Identität zu werden drohen. Analysiert worden ist dies kürzlich von Robert Talisse.[1] Talisse argumentiert, dass das Übergreifen des Politischen auf den Alltag und die eigene Identität dazu führt, dass wir die Distanz zu unseren politischen Auffassungen verlieren. Wir neigen dazu, sie mit dem gleichzusetzen, was richtig und vernünftig ist. Wie kann daher jemand in diesen grundsätzlichen Fragen anderer Meinung sein? Und wenn, dann muss er irrational oder gar böswillig sein. Politische Divergenzen werden damit leicht von bloßen Meinungsunterschieden zu existentiellen Fragen; der Raum für vernünftige Kompromisse schrumpft.

Diese Probleme betreffen den gesamten politischen Diskurs, doch sie wirken sich offenbar dort am stärksten aus, wo die kulturellen, sozialen und politischen Unterschiede am größten sind – also gegenüber der potentiellen Klientel von Rechtspopulisten. Talisse schlägt vor, Bereiche und Tätigkeiten zu bestimmen, die aus der politischen Auseinandersetzung herausgehalten werden. Ich bin mir nicht sicher, dass dies funktioniert. Aber man könnte versuchen, die verlorene Distanz zu den eigenen politischen und kulturellen Präferenzen herzustellen und sich selbst immer wieder klarzumachen, dass es sich dabei um Meinungen und Einstellungen handelt, zu denen es auch für vernünftige Menschen eine ganze Reihe von Alternativen gibt.

Möglicherweise helfen auch Veränderungen der Regeln,

nach denen unsere politischen Institutionen funktionieren. Bislang treten dabei unterschiedliche Parteien gegeneinander an, die dazu neigen, die Unterschiede hervorzuheben – schon um sich genügend öffentliche Aufmerksamkeit zu sichern. Offenbar können sie damit weiter zur Gefährdung des sozialen und politischen Zusammenhalts beitragen. Besonders deutlich ist dies bei Volksabstimmungen, bei denen man üblicherweise nur mit »Ja« und »Nein« antworten kann. Der Brexit ist ein gutes Beispiel für die verhängnisvollen Konsequenzen dieser Polarisierung. Mittlerweile gibt es einen Vorschlag zu einer Veränderung des Abstimmungsverfahrens, die diese Polarisierung vermeiden helfen könnte, das sogenannte »Alternative Vote«, wie es z. B. von Experten des University College London für ein zweites Brexit-Referendum vorgeschlagen worden ist.[2] Bei diesem Verfahren werden mehrere Alternativen angeboten, bei Wahlkreiskandidaten ist das ja in der Regel sowieso der Fall; bei einer Umfrage könnte es ein harter Brexit *ohne* Abkommen sein, ein harter Brexit *mit* Abkommen, ein weicher Brexit und schließlich der Verbleib in der EU. Wichtig ist dabei, dass die Bürger sich nicht einfach auf einen einzigen Kandidaten oder eine einzige Option festlegen müssen, vielmehr sollen sie eine Rangfolge zwischen den Kandidaten bzw. Optionen herstellen. Das vermeidet nicht nur die Polarisierung zwischen zwei Lagern. Vielmehr funktioniert das Auszählungsverfahren so, dass meine Stimme auch dann noch berücksichtigt wird, wenn meine erste Option keine Chance hat: Dann wird nämlich meine zweite Stimme berücksichtigt; fällt diese Option auch aus dem Rennen, dann zählt die dritte Stimme etc. Die Polarisierung würde damit auch deshalb abgeschwächt, weil Parteien oder Befürworter einer Volksabstimmung damit ein Motiv hätten, auch diejenigen Wähler anzusprechen, bei denen sie vielleicht nur die zweite oder dritte Option wären. Auch kein Patentrezept, das alle Probleme wegzaubert, aber möglicherweise ein Mittel gegen die Polarisierung.

In den internationalen Beziehungen hat sich in den letzten Jahrzehnten glücklicherweise die Bereitschaft verstärkt, andere Kulturen als gleichberechtigt anzuerkennen, auch wenn sie vieles ganz anders machen als wir. Innerhalb unseres eigenen Landes sind wir da noch nicht so weit. Wer sich an der Speerspitze des kulturellen Fortschritts wähnt, neigt leicht dazu, auf Menschen mit traditionelleren Lebensentwürfen herabzublicken. Und vielleicht ist es umgekehrt genauso. Dass es dann zu Gegenreaktionen der jeweils anderen Seite kommt, ist nicht schwer zu verstehen. Möglicherweise könnte etwas weniger Überlegenheitsgefühl und etwas mehr Verständnis für andere Lebensentwürfe dabei helfen, die kulturellen Brüche etwas abzumildern – ohne dass jeder Berliner Hipster sich dazu verpflichten muss, einmal in der Woche Volksmusik zu hören oder ein Konzert der Amigos zu besuchen.

Ich glaube also, dass wir mehr über die Folgen von sozialer Ausgrenzung nachdenken sollten, die wir als Zugehörige der Mehrheitsgesellschaft nur selten erfahren. Wie also kann man die Folgen von Ausgrenzung verhindern, ohne sich auf die rückwärtsgewandten Ideologien der Rechtspopulisten einzulassen oder einen anderen unakzeptablen Preis zu bezahlen? Die Verringerung der ökonomischen Ungleichheit und der Versuch, halbwegs gleiche Bedingungen an Schulen und in unterschiedlichen Stadtvierteln herzustellen, wurden bereits genannt. Aber man kann wie gesagt auch dafür sorgen, dass die kulturelle Kluft nicht zu groß wird. Dass man bei Stadtfesten und vielleicht auch bei politischen Aktionen nicht immer nur unter sich und Seinesgleichen bleibt. Der Bericht von Bart Somers, von dem Sie im nächsten Abschnitt lesen werden, zeigt, dass man mit solchen Bemühungen nicht völlig auf verlorenem Posten steht.

Ähnliches gilt für die politische Auseinandersetzung. Es führt kein Weg daran vorbei, Rechtsverletzungen und menschenfeindliche Äußerungen von Rechtspopulisten als rechtsverletzend und menschenfeindlich zu bezeichnen – was sonst! Genauso wenig ist besondere Nachsicht bei den Verirrungen der Gauland, Weidel, Höcke, Bachmann oder Kubitschek angebracht. Sie wissen genau, was sie tun, und man muss sie dafür zur Rede stellen. Doch was ist mit den Anhängern rechtspopulistischer Bewegungen, die vielleicht vor kurzem noch eine der klassischen liberalen Parteien gewählt haben? Hier könnte ein weniger konfrontativer Umgang sinnvoll sein, zumal empirische Erkenntnisse sowohl aus der »Realistischen Theorie des Gruppenkonflikts« wie auch aus Untersuchungen an Internetnutzern[1] dafür sprechen, dass ein konfrontativer Umgang mit Vertretern anderer Auffassungen nur zu einer weiteren Verfestigung dieser Auffassungen führt.

Mechelen

All dies klingt ein wenig nach einer Quadratur des Kreises, zudem scheint auch völlig offen zu sein, ob all diese Maßnahmen, wenn sie denn realisierbar wären, den gewünschten Erfolg erzielen würden – ob sie also geeignet wären, den Zulauf zu den Rechtspopulisten tatsächlich einzudämmen. Es wird daher notwendig sein, den Erfolg all dieser Maßnahmen mit empirischen Methoden genau unter die Lupe zu nehmen. Maßnahmen, die nicht helfen, müssen dann eben durch andere Strategien ersetzt werden.

Doch es gibt glücklicherweise Beispiele aus der realen Welt, die jetzt schon zeigen, dass sich die obengenannten Bausteine in der Tat zu einer erfolgversprechenden Strategie kombinieren lassen. Ein solches Beispiel liefert die Stadt Mechelen, eine kleine flämische Stadt mit einem sehr hohen Anteil von Migranten, die bis zur Jahrtausendwende eine ganze Reihe von schwerwiegenden sozialen und ökonomischen Problemen hatte: In den neunziger Jahren war die Kriminalitätsrate extrem hoch, pro Jahr wurden 700 Senioren überfallen – also täglich zwei in einer Stadt von damals 75 000 Einwohnern. 1500 Autos wurden pro Jahr aufgebrochen – jedes fünfte innerhalb einer Legislaturperiode.[2] Dies hatte dramatische Folgen für das Alltagsleben der Bevölkerung: Nirgendwo in Belgien fühlten sich die Bürger so unsicher, zudem galt Mechelen als eine der dreckigsten Städte Belgiens. Die Folgen sind nicht schwer zu erraten: Die um sich greifende Unsicherheit bescherte dem Rechtspopulismus große Erfolge. Mit 30 % der Wählerstimmen wurde der rechtspopulistische »Vlaams Belang« zur größten Partei.[3]

2001 wird dann der liberaldemokratische Politiker Bart Somers zum Bürgermeister von Mechelen gewählt – und er hält diese Position bis heute. Somers führt eine Vielzahl von Maßnahmen ein, mit denen er zwei der obengenannten Ziele verfolgte: Somers wollte den sozialen Zusammenhalt fördern und die Unsicherheit beseitigen. Zusammenhalt hieß, dass sich alle Bürger der Stadt, die aus immerhin 138 Nationen stammten, sich als gleichberechtigt erfahren und begreifen sollten – egal wo sie wohnten, wie viel Geld sie verdienten oder woher sie kamen. Die Maßnahmen waren nicht spektakulär, aber sie wirkten alle in eine Richtung. Dazu gehörte, dass Problemviertel gefördert wurden: Straßen wurden gereinigt, Spielplätze angelegt und die Parks in Schuss gebracht. Somers sorgte also ganz konkret für die Angleichung der Lebensverhältnisse in den unterschiedlichen Vierteln seiner Stadt. Inklusion hieß dabei nicht Gleichmacherei: Die unterschiedlichen Sitten der Bürger werden respektiert. So stellte man sich z. B. bei Ausflügen von Jugendgruppen auf die unterschiedlichen Ernährungsgewohnheiten ein – auf die von Vegetariern ebenso wie auf die von Muslimen, und auf dem Friedhof kann man sich nun – nach langen Diskussionen – nicht mehr nur nach christlichem, sondern auch nach muslimischem Ritus bestatten lassen. Dabei wurde darauf geachtet, dass weiterhin *ein* Regelwerk für alle Religionen gilt und die muslimischen Gräber nicht von denen der Christen in einem separaten Abschnitt getrennt werden – Inklusion auch nach dem Tode.[4]

Entscheidend ist dabei wohl die Einsicht, dass auch Inklusion ein Prozess auf Gegenseitigkeit ist – er betrifft alle gesellschaftlichen Gruppen. Die Alteingesessenen ebenso wie die Zuwanderer:

> Wollen wir eine inklusive Gesellschaft, dann gibt es nur einen Weg: zu akzeptieren, dass wir uns alle, Migranten wie Nichtmigranten, der neuen Realität anpassen und uns in die superdiverse Gesellschaft integrieren müssen. Raus aus unserer Komfortzone, weg von dem Gedanken, dass wir immer recht haben, es gibt keinen anderen humanen Weg.[5]

Das bedeutet aber auch, dass auch die Schwierigkeiten, die die Anpassung an neue Gegebenheiten notwendigerweise mit sich bringt, ebenfalls auf allen Seiten auftreten können.

Somers' zweites Ziel war die Reduzierung der Unsicherheit. Eine wichtige Rolle spielte dabei die Bekämpfung der Kriminalität, um das Sicherheitsgefühl der Bürger wieder zu erhöhen. Dabei ging es keineswegs um Konzessionen an rechtsradikale Sicherheitsfanatiker, sondern um ein Grundbedürfnis aller Bürger – nicht zuletzt derjenigen am unteren Ende der Einkommenshierarchie:

> Wie kann man sich als ein vollwertiger Bürger fühlen, wenn man in einer Gegend aufwächst, in der Drogendealer die Straße beherrschen, in zwielichtigen Läden Hehlerware verkauft wird, in der die Polizei als Feind gilt, Straßenbanden die Norm bestimmen, der Staat und all seine Vertreter als Eindringlinge betrachtet werden und in der dessen Regeln und Normen nicht anerkannt werden?[6]

Neben den bekannten Maßnahmen wie einer Erhöhung der Zahl der Polizisten und weniger erfreulichen Eingriffen wie der Videoüberwachung im öffentlichen Raum, gehörte dazu auch eine Reihe von Maßnahmen, die z. B. bei jugendlichen Straftätern konkret und nachdrücklich an die Eigenverantwortung von Kindern und ihren Eltern appellierten. Im Vordergrund standen dabei keine Strafen, vielmehr setzte man auf Vereinbarungen mit klaren Zielen: Die Jugendlichen selbst mussten den Schaden wiedergutmachen, die Eltern ihre Kinder von der Schule abholen und zu den Elternabenden der Schule kommen – und sie taten es offenbar.[7] Eine wichtige Rolle spielte zudem die Prävention.

Dazu gehörten Gemeinwesenarbeit, Streetwork, Mediation zur Beilegung kleinerer Streitigkeiten und Jugendsozialarbeit.

Selbstverständlich war die Kriminalität nicht die einzige Quelle von Unsicherheit: Die eigene soziale Lage spielte dabei auch eine zentrale Rolle. Die Möglichkeiten von Städten sind in diesem Punkt auch in Belgien begrenzt, aber Somers wurde auch hier aktiv: Über die Angleichung der unterschiedlichen Viertel aneinander hatten wir bereits gesprochen. Somers bemühte sich aber auch z. B. darum, Bewohnern auch der ärmeren Viertel Arbeitsplätze zu schaffen.[8]

Somers ist es mit seinen Maßnahmen – der Inklusion, der Prävention *und* der Kriminalitätsbekämpfung – gelungen, die Kriminalität drastisch zu reduzieren. Die Straßenkriminalität z. B. konnte um 75 % verringert werden.[9] Doch die eigentlichen Konsequenzen reichen weiter: Während in den neunziger Jahren die Bevölkerungszahl sank, weil vor allem bessergestellte Familien das Weite suchten und damit die Probleme noch weiter verstärkten, wächst die Bevölkerungszahl mittlerweile wieder – vor allem durch den Zuzug von Familien. Und auch die Zufriedenheit mit der Stadt, die in den neunziger Jahren so gering war wie nirgends sonst in Belgien, ist zurückgekehrt: Mittlerweile belegt Mechelen auch hier einen Spitzenplatz.[10] Dass die Inklusion funktionierte, lässt sich auch daran ablesen, dass von den 450 Personen, die sich dem IS in Syrien anschlossen, keiner aus Mechelen stammte – trotz des hohen Bevölkerungsanteils von Muslimen.[11]

Doch die entscheidende Zahl aus der Perspektive dieses Buches betrifft die Zahl der Wähler rechtspopulistischer Parteien: Sie ist mittlerweile auf weniger als ein Drittel der Zahl von Anfang der neunziger Jahre gesunken. Statt dreißig Prozent geben nur noch knapp neun Prozent der Wähler ihre Stimme den Rechtspopulisten.

Einige überraschende Parallelen zur Situation in Mechelen zeigt die letzte Oberbürgermeisterwahl in Meißen. Um Missverständnisse zu vermeiden: Es geht um *einige* Parallelen. In vielen anderen Hinsichten ist die Situation in Meißen nämlich *nicht* mit der von Mechelen in den neunziger Jahren vergleichbar: Die Kriminalität ist in Meißen gering und die Stadt ist bestens herausgeputzt, von Dreck und Vernachlässigung keine Spur. Doch auch hier gelang es den Rechtspopulisten bei der letzten Bundestagswahl, mehr als 30 % der Stimmen für sich zu gewinnen. Neben dem bisherigen Amtsinhaber, der der CDU nahestand und bei der letzten Wahl mehr als 80 % der Stimmen geholt hatte, stellte sich ein ehemaliger Bürgerrechtler und Theologe zur Wahl: Frank Richter, der schon 1989 bei einer Konfrontation zwischen DDR-Volkspolizei und Demonstranten erfolgreich vermittelt hatte und später die sächsische Landeszentrale für politische Bildung geleitet hatte, trat an mit Unterstützung von Grünen und SPD.

Obwohl Richter einerseits sehr klare Positionen bei Rechtsverletzungen wie nach den fremdenfeindlichen Ausschreitungen in Freital bezogen hatte, bemühte er sich als Leiter der Landeszentrale immer wieder darum, den Graben zu den Anhängern rechtspopulistischer Bewegungen nicht zu tief werden zu lassen – und zog sich damit den Vorwurf des »Pegidaverstehers« zu. Die inklusiven Strategien von Somers und Richter entsprechen sowohl den Erkenntnissen, die sich aus der Dynamik von Gruppenkonfrontationen wie auch aus neueren Studien über die »Grabenkriege« zwischen unterschiedlichen politischen Strömungen ergeben: Diesen Studien zufolge sollten Wähler rechtspopulistischer Parteien eher durch eine Strategie zu erreichen sein, die Konfrontationen vermeidet.

Richters Wahlerfolge bestätigen diese Annahme. Er gewann im ersten Wahlgang 36,7 % der Stimmen und übertraf damit nicht nur den bisherigen Amtsinhaber. Wichtiger noch, dass es ihm gelang, die AfD auf weniger als die Hälfte der Stimmen zu reduzieren, die sie bei der letzten Bundestagswahl erhalten hatte – offenbar waren rechtspopulistische Wähler zu den klassischen liberalen Parteien zurückgekehrt. Leider konnte Richter nicht in der Praxis zeigen, dass sein Versuch, die Verbindung zu den Wählern der Rechtspopulisten zu halten, gleichzeitig aber eine klare Grenze zu deren Rechtsverletzungen zu ziehen, auf die Dauer fruchtet: Im zweiten Wahlgang unterlag er dem bisherigen Amtsinhaber mit weniger als einhundert Stimmen.

Wie nicht anders zu erwarten, liefern diese beiden Beispiele keinerlei endgültige Beweise: Weder zu den hier vorgelegten Vermutungen über die Entstehung des Rechtspopulismus noch zu den Vorschlägen, wie man ihn bekämpfen kann. Dies gilt umso mehr, als die Situation in Mechelen Anfang des Jahrtausends nur in Teilen mit der heutigen Situation in der Bundesrepublik oder anderen westlichen Ländern vergleichbar ist. Zudem handelt es sich bei dem Buch von Somers nicht um eine unabhängige Studie, sondern um die Selbstdarstellung eines Politikers. Genauso wenig liefern Somers und Richter *den* Zaubertrick zur Bekämpfung dieser Bewegung. Sie zeigen vielmehr, dass es auf eine Vielzahl von pragmatischen unspektakulären Maßnahmen ankommt, deren Wirksamkeit man immer wieder überprüfen muss.

Aber die messbaren Erfolge von Somers' Politik, vor allem aber die Tatsache, dass seine Strategien ebenso wie die von Richter an genau den Punkten ansetzen, die sich aus den oben dargestellten historischen und systematischen Überlegungen ergeben, bestätigen die Annahme, dass der Mangel an Zusammenhalt bzw. das Gefühl ausgeschlossen zu sein, sowie die Verunsicherung und Angst unterprivilegierter Gruppen zentrale Bedeutung für die Entstehung und die Bekämpfung rechtspopulistischer Bewegungen haben. Davon abgesehen: Es geht nicht nur um Wahlergebnisse, sondern auch um eine Verbesserung der Lebensverhältnisse unterprivilegierter Gruppen. Offensichtlich ist dies in Mechelen gelungen.

Ja, moderne Gesellschaften drohen zu scheitern, weil sie offenbar schlecht mit den sozialen und ökonomischen Dynamiken zurande kommen, die sich entwickeln, wenn der äußere Druck fehlt. Aber heißt dies, dass wir die Hände in den Schoß legen, auf den nächsten Krieg warten und uns ansonsten diesen Entwicklungen hilflos ergeben müssten? Ich habe versucht zu zeigen, dass dies nicht der Fall ist. Doch wir benötigen neue Strategien und Ansätze. Ansätze, die den sozialpsychologischen Charakter von Machtstrukturen berücksichtigen. Solche Strategien sind auch deshalb attraktiv, weil sie den Rechtspopulisten den Boden entziehen können, ohne dabei deren inhaltliche Positionen zu übernehmen – so wie es immer wieder geschieht, wenn konservative Parteien versuchen, rechtspopulistische Wähler zurückzugewinnen. Doch auch der konfrontative Ansatz liberaler und linker Gruppen führt letztlich nicht weiter: Rechtspopulisten fühlen sich auch dann gestärkt, wenn man sie frontal angreift.

Noch einmal: Offensichtlich ist Widerspruch dringend geboten, wenn es um die zahlreichen Rechts- und Tabubrüche rechtspopulistischer Anführer geht, egal ob sie Höcke, Bachmann, Le Pen, Trump oder Salvini heißen. Anders sieht es aus bei den Anhängern dieser Bewegungen, die vielfach noch vor wenigen Jahren für eine der klassischen demokratischen Parteien gestimmt haben.

Alles, was wir über die Sozialpsychologie der Macht, aber auch über die konkreten Erfolge von Somers und Richter wissen, zeigt, dass man Erfolge gegen den Rechtspopulismus erzielen kann, wenn man dessen Grundlagen bekämpft. Mit einfachen, pragmatischen Maßnahmen, die das Gefühl vermitteln, dazuzugehören, und Unsicherheiten beseitigen, aber auch, indem man sich auf eine halbwegs sachliche Art und Weise mit Anhängern des Rechtspopulismus auseinandersetzt. Wir hatten gesehen, dass diese Bewegungen auch der Überforderung der sozialen Intelligenz ihrer Anhänger durch die überhandnehmende Komplexität moderner Gesellschaften entspringen. Doch auch die Gegner des Rechtspopulismus tun gut daran, ihre soziale Intelligenz zu steigern. Nicht durch Gehirnjogging, Bewusstseinserweiterung oder ähnliche gleichermaßen exotische und unwirksame Maßnahmen, sondern einfach dadurch, dass sie die wissenschaftlichen Mittel nutzen, die uns eine immer komplexer werdende Gesellschaft bereitstellt, um mit genau dieser Komplexität fertig zu werden.

Es ist richtig: Moderne Gesellschaften können an ihrer Komplexität scheitern. Aber es wäre blamabel, wenn wir nicht schaffen würden, was uns die steinzeitlichen Horden, die Väter und Mütter der Demokratie, aber auch die Initiatoren des modernen Wohlfahrts- und Sozialstaates vorgemacht haben: Dass man mit neuen Strategien und sozialer Intelligenz Machtstrukturen so verbessern kann, dass sie möglichst allen zugutekommen. Wir sollten unsere Chance nutzen.

Nachwort

Es ist nicht ganz ungewöhnlich, dass man die ursprüngliche Idee zu einem Buch im Lauf der Arbeit an einem solchen Projekt verändern muss. In diesem Falle musste ich jedoch nach und nach fast alle meine Erwartungen über Bord werfen. Eigentlich wollte ich zeigen, wie die Stabilität von Demokratien durch Verfahren und Institutionen, aber auch durch sozialpsychologische Mechanismen gesichert wird. Doch je länger ich an dem Projekt arbeitete und je mehr ich recherchierte, desto deutlicher wurde mir, wie stark demokratische Strukturen gerade in unserer Gegenwart gefährdet sind. Die entscheidenden Anstöße ergaben sich zunächst aus wissenschaftlichen Studien, doch auch reale politische Entwicklungen trugen das Ihre dazu bei, dass dieses Buch weit pessimistischer geworden ist, als ich es erwartet und geplant hatte.

Wie immer möchte ich mich bei vielen Freunden und Kollegen bedanken. Bei meinem Lehrer Reinhard Brandt, der mir wieder bei vielen geistesgeschichtlichen Fragen zur Seite gestanden hat, bei Siegfried Weichlein, dem ich wichtige Hinweise zur Zeitgeschichte verdanke, und bei Laura Cram, Ophelia Deroy und Manos Tsakiris, mit denen ich auf der Sommerschule in Aegina eine Reihe von Diskussionen über die sozialpsychologischen Thesen des Buches geführt habe. Auch den Studierenden und Kollegen des Instituts für Philosophie meiner Universität verdanke ich wichtige Hinweise – insbesondere den Teilnehmerinnen und Teilnehmern meines Kolloquiums und eines Seminars über Macht und Ungleichheit im Wintersemester 16/17.

Alexander Roesler, mein Lektor, hat das Buch mit viel Geduld und noch mehr mit wichtigen Hinweisen gefördert, schließlich haben mir Regine Rørstad Torbjørnsen und Adrian Kind mit großer Umsicht bei der Korrektur geholfen.

Widmen möchte ich dieses Buch meiner Frau Beate. Mit ihrer Hilfe, ihrer Kunst der dramatischen Präzisierung und vor allem ihrem positiven Denken hat sie mich immer wieder zur Arbeit an diesem zuweilen ein wenig ausufernden Projekt motiviert.

Anmerkungen

I. Kapitel: Grundlagen

1 Wewetzer 1971 ff.
2 Kobusch und Oeing-Hanhoff 1971 ff.
3 Vgl. hierzu vor allem Pinker 2007; Pinker 2011.
4 Parsons 1963.
5 Haugaard 2009.
6 »Macht und Gewalt sind Gegensätze: wo die eine absolut herrscht, ist die andere nicht vorhanden. Gewalt tritt auf den Plan, wo Macht in Gefahr ist; überläßt man sie den ihr selbst innewohnenden Gesetzen, so ist das Endziel, ihr Ziel und Ende, das Verschwinden von Macht.« Arendt 1975, 58.
7 Gonsalkorale und Williams 2007.
8 Journal of Social and Political Psychology.
9 Weber 1976, 28.
10 Ibid., 821.
11 Hobbes 1839, I, 127.
12 Ockham 1614, 778; vgl. Ockham 1999, 22 (3.1 Dialogus, 1, VII), vgl. Röttgers 1971 ff., 590.
13 Vgl. Lichtblau 1971 ff.; Haugaard 2009.
14 Arendt 1975, 45.
15 Arendt 2016, 253 f.
16 Ibid., 260.
17 »Denn ihr [der Sklaverei; M. P.] ausdrücklicher Zweck war keineswegs individuelle Bereicherung, sondern die Bürger von der Bürde rein wirtschaftlicher Tätigkeiten zu befreien

und ihnen so zu ermöglichen, ein Leben in der Öffentlichkeit zu führen, das von dem Prinzip der Gleichheit [Isonomie] bestimmt war.«

18 Parsons 1963.

II. Kapitel: Sozialpsychologie der Macht

1 Nisbett und Wilson 1977.
2 Faria et al. 2010; ibid.
3 Vgl. hierzu Baumeister und Leary 1995.
4 Amini et al. 1996.
5 Baumeister und Leary 1995.
6 Ibid.
7 Gonsalkorale und Williams 2007.
8 Tajfel et al. 1971.
9 Dunbar 1998.
10 Ibid.
11 Tomasello et al. 2005.
12 Baumeister und Leary 1995.
13 Tajfel et al. 1971.
14 Ibid., 152.
15 Taijfel 1970, 101 f.
16 Baumeister und Leary 1995, 501
17 Gonsalkorale und Williams 2007.
18 Ibid.
19 Couzin et al. 2005.
20 Faria et al. 2010.
21 Faria et al. 2010.
22 Sherif et al. 1961.
23 Wiseman 2013, Kap. 5, V.
24 Sherif et al. 1961, 195.
25 Ibid., 195.
26 Tajfel und Turner 1979; Jackson 1993.

27 Milgram 1968.
28 Asch 1955.
29 Ibid.
30 Aronson et al. 2004, 284.
31 Berns et al. 2005; Trautmann-Lengsfeld und Herrmann 2013.
32 Aronson et al. 2004, 294 f.
33 Van Bavel und Pereira 2018.
34 Vgl. hierzu und zum Folgenden: Boehm und Flack 2010.
35 Ibid., 58.
36 Ibid.
37 Elias [2]1969.
38 Boehm und Flack 2010, 59.
39 Boehm 1993, 234.
40 Ibid.
41 Fehr und Gächter 2002.
42 Boehm 1993, 235.
43 Scheidel 2016, 16.
44 Ibid., 16.
45 Dunbar 1985.
46 Eshed et al. 2010.
47 Pinker 2011, 50.
48 Wilson 2004, 109 ff.; Pinker 2011, 43.
49 Herrmann et al. 2007.
50 Pawlowski et al. 1998.
51 Boehm 1993.
52 Fehr und Gächter 2002.
53 Ibid.
54 Jensen et al. 2007a.
55 Jensen et al. 2007b.

III. Kapitel: Ökonomische und kulturelle Einflüsse

1 Scheidel 2016, 16.
2 Vgl. zum Folgenden Uerpmann 2007.
3 Pinker 2011, 40; Uerpmann 2007.
4 Scheidel 2016, 20.
5 Boehm 1993, 236. Boehm sieht hier eine Wechselbeziehung: Die Abwesenheit starker Hierarchien hält die Gruppen klein, weil sie die Abspaltung von Teilgruppen erleichtert. In kleinen Gruppen lassen sich dann leichter egalitäre Verhältnisse durchsetzen.
6 Dunbar 1993.
7 Boehm 1993.
8 Eshed et al. 2010.
9 Ibid.
10 Dunbar 1985.
11 Wilson 2004.
12 Pinker 2011, 50.
13 So fordert Rousseau im GESELLSCHAFTSVERTRAG, »daß kein Bürger derart vermögend sei, sich einen anderen kaufen zu können, und keiner so arm, daß er gezwungen wäre, sich zu verkaufen.« Rousseau 1977, 56sq. Zum Problem der Ungleichheit allgemein vgl. Rousseau 1988.
14 Lipset 1959, 75.
15 Jung und Sunde 2014.
16 Rogowski und MacRae 2008.
17 Ibid., 1.

IV. Kapitel: Ökonomische und psychologische Faktoren in historischen Fallstudien

1 Ibid.
2 Ober 2016, 201.

3 Vergleiche hierzu ibid., 216 ff.; Scheidel 2016, 88 ff.
4 Welwei 1999, 152.
5 Herodot z.n. Scheidel 2016, 89.
6 Vgl. Ober 2016, 234.
7 Welwei 1999, 50.
8 Scheidel 2016, 89.
9 Welwei 1999, 50.
10 Ibid., 20 f.
11 Ober 2016, 225.
12 Ibid., 226.
13 Scheidel 2016, 48.
14 Ober 2016, 155, vgl. 25.
15 Rogowski und MacRae 2008.
16 Scheidel 2016, 120.
17 Ibid., 35.
18 Rogowski und MacRae 2008.
19 Scheidel 2016, 36.
20 Ibid., 36.
21 Ibid., 31.
22 Ibid., 120.
23 Vgl. hierzu Rogowski und MacRae 2008.
24 Scheidel 2016, 43.
25 Ibid., 43.
26 Rogowski und MacRae 2008, 13–14.
27 Brunner 1887.
28 White 1962.
29 Morillo 1999. Im erklärten Gegensatz zu Brunner und White misst Morillo der Entwicklung des Steigbügels keine Bedeutung zu – die Dominanz der Reiterheere im »Zeitalter der Kavallerie« sei ausschließlich auf soziale Faktoren zurückzuführen. Die zentrale Rolle spiele dabei die Abwesenheit einer funktionierenden zentralstaatlichen Verwaltung, die das notwendige Training der Fußtruppen hätte sicherstellen können. Für die Reiter sei dagegen ein individuelles Training

ausreichend gewesen, das die Oberschichten selbst hätten bewerkstelligen können. Sofern man davon akzeptiert, dass soziale Entwicklungen in der Regel mehrere Ursachen haben können, ist nicht zu sehen, dass die eine These die andere ausschließt: Es ist nicht zu sehen, warum die sozialen Faktoren und die Steigerung der Kampfkraft durch die Einführung des Steigbügels bei der Einführung von Ritterheeren zusammengewirkt haben sollten.

30 Boccaccio, Einleitung.
31 Bulst 1979, 61.
32 Ibid., 61.
33 Wikipedia, Artikel Schwarzer Tod.
34 Bulst 1979, 61.
35 Ibid., 60.
36 Ibid., 62.
37 Boccaccio, Einleitung.
38 Bulst 1979, 55 f.
39 Ibid., 56.
40 Scheidel 2016, 44.
41 Bulst 1979, 63; Scheidel 2016, 135.
42 Vgl. hierzu Scheidel 2016, 44, 149 ff.
43 Ibid., 48.
44 Ibid., 49.
45 Ibid., 49.
46 Clark 2007, 380.
47 Ibid., 383.
48 Scheidel 2016, 155.
49 Ibid., 155.
50 Ibid., 159.
51 Ibid., 159.

V. Kapitel: Das Zeitalter der Weltkriege und Revolutionen

1 Vgl. Münkler 2013, Kap. 1.
2 Zahlen nach Scheidel 2016, 50.
3 Esping-Andersen und Myles 2009, 643 f.
4 Kavanagh 1987, 30.
5 History of Clement Attlee 2018. Attlee konnte sich allerdings auf Vorarbeiten des Cabinet Committee on Reconstruction stützen, das die Vorgängerregierung unter Churchill bereits 1943 eingesetzt hatte. Das Komitee bestand aus Vertretern von Konservativen und Labour, darunter auch Attlee selbst. Es hatte sich bereits auf eine große Zahl der Maßnahmen geeinigt, die Attlee dann in die Tat umsetzte. Vgl. Kavanagh 1987, 31.
6 Kuhnle und Hort 2004, 17.
7 Kavanagh 2011; Kavanagh 1987, 34 ff.
8 Lipset 1959, 100.
9 Kavanagh 1987, 34 ff.
10 Fuhrmann 2017, 85.
11 Ibid., 98.
12 Ibid.
13 Ibid., 168.
14 Ibid.
15 Adenauer z.n. Schmidt 2005, 171.
16 Kuhnle und Hort 2004.
17 Esping-Andersen und Korpi 1987, 47, z.n. Ibid., 8.
18 Schmid 2002, 180; Touwen 2016.
19 Schmid 2002, 140.
20 Saint-Pierre 1922.
21 Kant 1902 ff., Bd. VIII, 24.
22 Ibid., Bd. VIII, 343 ff.
23 Atkinson 2015, Kap. II.
24 Sherif et al. 1961; Jackson 1993.

25 Jackson 1993; Baumeister und Vohs 2007, Artikel Realistic Group Conflict Theory.

26 Jackson 1993; Sherif et al. 1961, 21.

27 Sherif et al. 1961, 119.

28 Ibid., 10.

29 Ibid., 124.

30 Baumeister und Vohs 2007, Artikel Realistic Group Conflict Theory.

31 Vgl. Jackson 1993, der sie als die am besten bestätigte Theorie des Gruppenkonfliktes bezeichnet.

32 Moskalenko et al. 2006.

33 Patrikios und Cram 2016.

34 Renkema et al. 2008.

35 Thompson und Rapkin 1981.

36 Beal et al. 2003.

37 Kay et al. 2010.

38 Sherif et al. 1961, 191 ff.

39 In Preisen von 2008 sank der Preis für ein Barrel Öl von $104 1980 auf $45 1983 und $10 1986. [Zahlen nach Wikipedia Oil glut]

40 Brands 2016, 251–253.

41 Ibid., 251.

42 Ronald Reagan in his own words 2004.

43 Moore 2013, Bd. I, 555.

44 Ibid., Bd. II, 231 ff.

45 Ibid., Bd. II, 237 ff.

46 Thatcher 1987.

47 Coman 2013.

48 Travis 2012.

49 Coman 2013

50 Rates of income tax 1990–91 to 2018–19, gov.uk.

51 Elliott 2013.

52 Ball 2013.

53 Dean 2013.

54 Vgl. Parkinson et al. 2006.

55 Zahlen nach https://tradingeconomics.com/united-kingdom/gdp-growth-annual; abgerufen 15. 8. 2008; vgl. auch Ball 2013, der für Thatcher (2,3 %) und insbesondere Callaghan etwas niedrigere Zahlen nennt, so dass Thatcher geringfügig über Callaghan, aber nach wie vor unter Blair liegt.

56 »Reagan Abandons Pledge to Balance Budget by 1984«; Washington Post, 7. November 1981.

57 Brands 2016, 719.

58 Benenson 1984, 203.

59 Ibid., 189.

60 Rogowski und MacRae 2008, 31.

VI. Kapitel: Modernisierung und Rechtspopulismus in der Gegenwart

1 Priester 2012b; Priester 2012a.

2 Schmidt und Haberman 2018.

3 Lux 2018; Tutić und von Hermanni 2018; Rippl und Seipel 2018.

4 Elias ^{2}1969.

5 Beck 1986; Beck und Beck-Gernsheim 1994b; Beck und Beck-Gernsheim 1994a; Voß und Pongratz 1997; Pauen und Welzer 2015.

6 Pico della Mirandola 1990.

7 Pauen und Welzer 2015.

8 Pauen 1997.

9 Stirner 1972.

10 Bloch 1918, 358.

11 Keupp 1994.

12 Sennett 1998.

13 Osztovics et al. 2018.

14 Ibid., 8.

15 The Partisan Divide on Political Values Grows Even Wider. Sharp shifts among Democrats on aid to needy, race, immigration 2017.
16 Doherty et al. 2017.
17 Kwasniewski 2017; Azarian 2017.
18 Sunstein 2017.
19 Asch 1955.
20 Trautmann-Lengsfeld und Herrmann 2013; Berns et al. 2005.
21 Schaffner & Luks 2017.
22 Van Bavel und Pereira 2018.
23 Karlsen et al. 2017.
24 Veränderungen nach Atkinson 2015, 81; absolute Werte nach Human Development Report 2013.
25 Atkinson 2015, 53.
26 Alle Daten nach Human Development Report 2013.
27 Daten nach https://www.census.gov/prod/2011pubs/p60-239.pdf.
28 Oxfam Studie: Acht Superreiche besitzen angeblich so viel wie die halbe Menschheit 2017.
29 Ibid.
30 Mishel und Davis 2015.
31 Ibid.
32 Ibid.
33 Ibid., [illegible]
34 Ibid., 2.
35 Atkinson 2015, 81.
36 Schmidt 2015.
37 Horn et al. 2017, 4.
38 Ibid., 6.
39 Ibid., 8.
40 Ibid., 9.
41 Helbig und Jähnen 2018.
42 Ibid., 97, 99.
43 Ibid., 103.

44 Ibid., 95.
45 Ibid., 90 ff.
46 Freeman 2009.
47 Ibid., 577 f.
48 Ibid., 578.
49 Ibid., 579, 591.
50 Ibid., 580.
51 Lengfeld 2017, 213.
52 Ibid., 213.
53 Ibid., 213.
54 Kuhnle und Hort 2004.
55 Schwab 2017, ix.
56 Horn et al. 2017, 3.
57 Höpp 2018; vgl. Leigh et al. 2009.
58 Roemer 2009.
59 Reardon 2011; vgl. Abb. 5.1 und 5.2.
60 Morawetz et al. 1977.
61 Van Praag und Ferrer-I-Carbonell 2009, 373 f.
62 Zahlen aus dem Wikipedia-Artikel »Flick-Affäre« https://de.wikipedia.org/wiki/Flick-Affäre, abgerufen am 1. XII. 18; vgl. Spiegel 52/1981; Spiegel 48/1983.
63 Tabuchi 2018.
64 Green und Saul 2018.
65 Gelles 2018.
66 Spiegel 48/2018.
67 Woodward 2018, 2.
68 Lengfeld 2017, 213.
69 Grundsatzprogramm für Deutschland 2016, 133; vgl. Lengfeld 2017, 214.
70 Grundsatzprogramm für Deutschland 2016, 132.
71 Lengfeld 2017; Inglehart und Norris 2016.
72 Cohn 2016.
73 Barr 2016.
74 Tutić und von Hermanni 2018, 283.

75 Barr 2016.

76 Lux 2018, 261.

77 Kwasniewski 2017.

78 Vgl. Lengfeld 2018, 303.

79 Kwasniewski 2017.

80 Pettigrew 2017; MacWilliams 2016.

81 Dodd et al. 2012.

82 Gruter 1986.

83 Heitmeyer 1989, 557.

84 MacWilliams 2016; Pettigrew 2017.

85 MacWilliams 2016.

86 Adorno 1950.

87 »The major concern was with the *potentially fascistic* individual, one whose structure is such as to render him particularly susceptible to antidemocratic propaganda.« Adorno 1973, IX.1, 143 ff.

88 Ibid., IX. 1, 193.

89 Stenner 2005, 2 f., 20 ff.

90 Ibid.

91 MacWilliams 2016.

92 Ibid.

93 Ich gehe hier nicht eigens auf die Situation in den Gesellschaften des Warschauer Paktes ein, die durch das autoritäre System, aber auch durch die Verzerrungen aufgrund des Systemwechsels nur schwer vergleichbar ist mit der Dynamik in den westlichen Gesellschaften.

94 Die folgenden Untersuchungen nach Kay et al. 2010.

95 Rousseau 1977.

96 Wilson 2004; Dunbar 1985.

Fazit – Was kann man tun?

1 https://philosophybites.com/2018/07/robert-b-talisse-on-overdoing-democracy.html.

2 Sargeant et al. 2018.

Nachwort

1 Karlsen et al. 2017.

2 Somers 2018, Kindle 686.

3 Ibid., Kindle 172–173.

4 Ibid., Kindle 1430.

5 Ibid., Kindle 1292.

6 Ibid., Kindle 679.

7 Ibid., Kindle 734.

8 Ibid., Kindle 780.

9 Ibid., Kindle 695, 640.

10 Ibid., Kindle 695.

11 Ibid., Kindle 540.

Literatur

Adorno, Theodor W. 1950. *The Authoritarian personality*. 1st. Aufl., *Studies in prejudice*. New York: Harper.

–, 1973. *Gesammelte Schriften*. Hrsg. v. Rolf Tiedemann. Frankfurt / M.: Suhrkamp.

Amini, Fariborz, Thomas Lewis, Richard Lannon, Alan Louie, Gordon Baumbacher, Teresa McGuiness und Elizabeth Zirker Schiff. 1996. »Affect, Attachment, Memory: Contributions Toward Psychobiologic Integration.« *Psychiatry* 59: S. 213–239.

Arendt, Hannah. 1975. *Macht und Gewalt*. 3. Aufl. München: Piper.

–, 2016. *Vita activa. Oder vom tätigen Leben*. 18. Aufl. München Berlin, Zürich: Piper.

Aronson, Elliot, Timothy D. Wilson und Robin M. Akert. 2004. *Sozialpsychologie*. 4. Aufl. München, Boston: Pearson.

Asch, S. E. 1955. »Opinions and social pressure.« *Scientific American* 193 (5): S. 31–35.

Atkinson, A. B. 2015. *Inequality: what can be done?* Cambridge, Massachusetts: Harvard University Press.

Azarian, Bob. 2017. An Analysis of Trump Supporters Has Identified 5 Key Traits. A new report sheds light on the psychological basis for Trump's support. In *Psychology Today*.

Ball, James. 2013. The Thatcher effect: what changed and what stayed the same. *The Guardian*, 12. 4. 2013.

Barr, Caellainn. 2016. The areas and demographics where the Brexit vote was won. *The Guardian*, 24. 6. 2016.

Baumeister, R. F. und M. R. Leary. 1995. »The need to belong: desire for interpersonal attachments as a fundamental human motivation.« *Psychol Bull* 117 (3): S. 497–529.

Baumeister, Roy F. und Kathleen D. Vohs. 2007. *Encyclopedia of social psychology*. 2 Bde. Thousand Oaks, Calif.: Sage Publications.

Beal, Daniel J., Robin R. Cohen, Michael J. Burke und Christy L. McLendon. 2003. »Cohesion and performance in groups: A meta-analytic clarification of construct relation.« *Journal of Applied Psychology* 88: S. 989–1004.

Beck, Ulrich. 1986. *Risikogesellschaft. Auf dem Weg in eine andere Moderne*. Frankfurt: Suhrkamp.

Beck, Ulrich und Elisabeth Beck-Gernsheim. 1994a. »Individualisierung in modernen Gesellschaften – Perspektiven und Kontroversen einer subjektorientierten Soziologie.« In: *Riskante Freiheiten*, hrsg. v. U. Beck und E. Beck-Gernsheim. Frankfurt: Suhrkamp, S. 10–39.

Beck, Ulrich und Elisabeth Beck-Gernsheim (Hrsg.). 1994b. *Riskante Freiheiten. Individualisierung in modernen Gesellschaften*. Frankfurt: Suhrkamp.

Benenson, Robert. 1984. »Social Welfare Under Reagan.« In: *Editorial Research Reports 1984*. Washington, D. C., United States: CQ Press, S. 189–208.

Berns, Gregory S., Jonathan Chappelow, Caroline F. Zink, Giuseppe Pagnoni, Megan E. Martin-Kurski und Jim Richards. 2005. »Neurobiological Correlates of Social Conformity and Independence During Mental Rotation.« *Biological Psychiatry* 58: S. 245–253.

Bloch, Ernst. 1918. *Geist der Utopie*. München und Leipzig: Duncker & Humblot.

Boccaccio, Giovanni. *Das Dekamerone*.

Boehm, Christopher. 1993. »Egalitarian Behavior and Reverse Dominance Hierarchy.« *Current Anthropology* 34 (3): S. 227–254.

Boehm, Christopher und Jessica C. Flack. 2010. »The Emergence of Simple and Complex Power Structures through Social Niche Construction.« In: *The Social Psychology of Power*, hrsg. v. A. Guinote und T. K. Vescio. New York: Guilford Press.

Brands, H. W. 2016. *Reagan: the life*. First Anchor Books edition. New York: Anchor Books.

Brunner, Heinrich. 1887. »Der Reiterdienst und die Anfänge des Lehnwesens.« *Zeitschrift der Savigny-Stiftung für Rechtsgeschichte, Germanistische Abteilung* 8 (21): S. 1–37.

Bulst, Neithard. 1979. »Der Schwarze Tod: demographische, wirtschafts- und kulturgeschichtliche Aspekte der Pestkatastrophe von 1347–1352: Bilanz der neueren Forschung.« *Saeculum: Jahrbuch für Universalgeschichte* 30: S. 45–67.

Clark, Christopher. 2007. *Preußen. Aufstieg und Niedergang. 1600–1947.* München: Pantheon.

Cohn, Nate. 2016. Why Trump Won: Working-Class Whites. *New York Times*, 09. 11. 2016.

Coman, Julian. 2013. Margaret Thatcher: 20 ways that she changed Britain. *The Guardian*, 14. 4. 2013.

Couzin, I. D., J. Krause, N. R. Franks und S. A. Levin. 2005. »Effec tive leadership and decision-making in animal groups on the move.« *Nature* 433 (7025): S. 513–516.

Dean, Malcolm. 2013. Margaret Thatcher's policies hit the poor hardest and it's happening again. *The Guardian*, 9. 4. 2013.

Dodd, M. D., A. Balzer, C. M. Jacobs, M. W. Gruszczynski, K. B. Smith und J. R. Hibbing. 2012. »The political left rolls with the good and the political right confronts the bad: connecting physiology and cognition to preferences.« *Philos Trans R Soc Lond B Biol Sci* 367 (1589): S. 640–649.

Doherty, Carroll, Jocelyn Kiley und Bridget Johnson. 2017. The Partisan Divide on Political Values Grows Even Wider: Pew Research Center.

Dunbar, Robin I. M. 1985. »The sociobiology of war.« *Medicine and War* 1 (3): S. 201–208.

Dunbar, Robin I. M. 1993. »Co-Evolution of Neocortex Size, Group Size and Language in Humans.« *Behavioral and Brain Sciences* 16 (4): S. 681–735.

–, 1998. »The Social Brain Hypothesis.« *Evolutionary Anthropology* 6 (5): S. 178–190.

Elias, Norbert. ²1969. *Über den Prozeß der Zivilisation. Soziogenetische und psychogenetische Untersuchungen.* 2 Bde. Bern.

Elliott, Larry. 2013. Did Margaret Thatcher transform Britain's economy for better or worse? *The Guardian*, 8.4.2013.

Eshed, Vered, Avi Gopher, Ron Pinhasi und Israel Hershkovitz. 2010. »Paleopathology and the Origin of Agriculture in the Levant.« *American Journal of Physical Anthropology* 143: S. 121–133.

Esping-Andersen, Gösta und John Myles. 2009. »Economic Inequality and the Welfare State.« In: *The Oxford handbook of economic inequality*, hrsg. v. W. Salverda, B. Nolan und T. M. Smeeding. Oxford; New York: Oxford University Press, S. 639–664.

Faria, Jolyon J., John R. G. Dyer, Romain O. Clément, Iain D. Couzin, Natalie Holt, Ashley J. W. Ward, Dean Waters und Jens Krause. 2010. »A novel method for investigating the collective behaviour of fish: introducing ›Robofish‹.« *Behavioral Ecology and Sociobiology* 64: S. 1211–1218.

Faria, Jolyon J., John R. G. Dyer, Colin R. Tosh und Jens Krause. 2010. »Leadership and social information use in human crowds.« *Animal Behaviour* 79: S. 895–901.

Fehr, Ernst und S. Gächter. 2002. »Altruistic punishment in humans.« *Nature* 415 (6868): S. 137–140.

Freeman, Richard B. 2009. »Globalization and Inequality.« In: *The Oxford handbook of economic inequality*, hrsg. v. W. Salverda, B. Nolan und T. M. Smeeding. Oxford; New York: Oxford University Press, S. 3–22.

Fuhrmann, Uwe. 2017. *Die Entstehung der »Sozialen Marktwirtschaft« 1948/49. Eine historische Dispositivanalyse.* Konstanz: UVK.

Gelles, David. 2018. Billionaires Can Seem Like Saviors to Media Companies, but They Come With Risks. *New York Times*, 19. 09. 2018.

Gonsalkorale, Karen und Kipling D. Williams. 2007. »The KKK won't let me play: Ostracism even by a despised outgroup hurts.« *European Journal of Social Psychology* 37: S. 1176–1186.

Green, Erica L. und Stephanie Saul. 2018. What Charles Koch and Other Donors to George Mason University Got for Their Money. *New York Times*, 05. 05. 2018.

Grundsatzprogramm für Deutschland. 2016. Berlin: AfD.

Gruter, Margaret. 1986. »Ostracism on trial: The limits of individual rights.« *Ethology and Sociobiology* 7 (3–4): S. 271–279.

Haugaard, Mark. 2009. »Power and Hegemony.« In: *The SAGE handbook of power*, hrsg. v. S. Clegg und M. Haugaard. London; Thousand Oaks, Calif.: SAGE, S. 239–255.

Heitmeyer, Wilhelm. 1989. »Jugend auf dem Weg nach rechts?« *Gewerkschaftliche Monatshefte*, S. 549–560.

Helbig, Marcel und Stefanie Jähnen. 2018. Wie brüchig ist die soziale Architektur unserer Städte? Trends und Analysen der Segregation in 74 deutschen Städten. Berlin: Wissenschaftszentrum Berlin für Sozialforschung.

Herrmann, E., J. Call, M. V. Hernandez-Lloreda, B. Hare und M. Tomasello. 2007. »Humans have evolved specialized skills of social cognition: the cultural intelligence hypothesis.« *Science* 317 (5843): S. 1360–1366.

History of Clement Attlee. 2018 [cited 06. 08. 2018].

Hobbes, Thomas. 1839. *The English works of Thomas Hobbes of Malmesbury*. 11 Bde. London: J. Bohn.

Höpp, Hans W. 2018. Ungleichheit ist ungesund. *Frankfurter Allgemeine Zeitung*, 14. 5. 2018.

Horn, Gustav A., Jan Behringer, Sebastian Gechert, Katja Rietzler und Ulrike Stein. 2017. »Was tun gegen die Ungleichheit? Wirtschaftspolitische Vorschläge für eine reduzierte Ungleichheit.« *IMK Report* 129.

Human Development Report. 2013. United Nations.

Inglehart, Ronald F. und Pippa Norris. 2016. Trump, Brexit, and the Rise of Populism: Economic Have-Nots and Cultural Backlash. Faculty Research Working Paper Series: Harvard Kennedy School.

Jackson, Jay W. 1993. »Realistic group conflict theory: A review and evaluation of the theoretical and empirical literature.« *The Psychological Record* 43 (3): S. 395–413.

Jensen, K., J. Call und M. Tomasello. 2007a. »Chimpanzees are rational maximizers in an ultimatum game.« *Science* 318 (5847): S. 107–109.

Jensen, Keith, Josep Call und Michael Tomasello. 2007b. »Chimpanzees are vengeful but not spiteful.« *Proceedings of the National Academy of Sciences* 104 (32): S. 13046–13050.

Jung, Florian und Uwe Sunde. 2014. »Income, inequality, and the stability of democracy – Another look at the Lipset hypothesis.« *European Journal of Political Economy* 35: S. 52–74.

Kant, Immanuel. 1902 ff. *Gesammelte Schriften*. Hrsg. v. d. Königlich Preußischen Akademie der Wissenschaften (Akademie Ausgabe). Berlin.

Karlsen, Rune, Kari Steen-Johnsen, Dag Wollebæk und Bernard Enjolras. 2017. »Echo chamber and trench warfare dynamics in online debates.« *European Journal of Communication* 32 (3): S. 257–273.

Kavanagh, Dennis. 1987. *Thatcherism and British Politics. The End of Consensus*. Oxford: Oxford University Press.

–, 2018. *Thatcherism and the End of the Post-War Consensus*. BBC 2011 [cited 10.8.2018].

Kay, Aaron C., Jillian Chalmers Banfield und Kristin Laurin. 2010. »The System Justification Motive and the Maintenance of Social Power.« In: *The Social Psychology of Power*, hrsg. v. A. Guinote und T.K. Vescio. New York: Guilford Press.

Keupp, Heiner. 1994. »Ambivalenzen postmoderner Identität.« In: *Riskante Freiheiten. Individualisierung in modernen Gesell-*

schaften, hrsg. v. U. Beck und E. Beck-Gernsheim. Frankfurt: Suhrkamp, S. 336–350.

Kobusch, Theo und Ludger Oeing-Hanhoff. 1971 ff. »Macht I.« In: *Historisches Wörterbuch der Philosophie*, hrsg. v. J. Ritter und K. Gründer. Basel: Schwabe, S. 585–588.

Kuhnle, Stein und Sven E. O. Hort. 2004. The Developmental Welfare State in Scandinavia. Lessons for the Developing World, edited by U. N. R. I. f. S. Development.

Kwasniewski, Nicolai. 2017. Wie Gehalt, Beruf und Wohnort die Wahlentscheidung prägen. In *Spiegel Online*.

Leigh, Andrew, Christopher Jencks und Timothy M. Smeeding. 2009. »Health and Economic Inequality.« In: *The Oxford handbook of economic inequality*, hrsg. v. W. Salverda, B. Nolan und T. M. Smeeding. Oxford; New York: Oxford University Press, S. 384–405.

Lengfeld, Holger. 2018. »Der »Kleine Mann« und die AfD: Was steckt dahinter?« *KZfSS Kölner Zeitschrift für Soziologie und Sozialpsychologie* 70 (2): S. 295–310.

Lengfeld, Holger. 2017. »Die »Alternative für Deutschland«: eine Partei für Modernisierungsverlierer?« *KZfSS Kölner Zeitschrift für Soziologie und Sozialpsychologie* 69 (2): S. 209–232.

Lichtblau, K. 1971 ff. »Macht-Theorien vom deutschen Idealismus bis zur Gegenwart.« In: *Historisches Wörterbuch der Philosophie*, hrsg. v. J. Ritter und K. Gründer. Basel: Schwabe, S. 604–617.

Lipset, Seymour Martin. 1959. »Some Social Requisites of Democracy: Economic Development and Political Legitimacy.« *The American Political Science Review* 53 (1): S. 69–105.

Lux, Thomas. 2018. »Die AfD und die unteren Statuslagen. Eine Forschungsnotiz zu Holger Lengfelds Studie Die »Alternative für Deutschland«: eine Partei für Modernisierungsverlierer?« *KZfSS Kölner Zeitschrift für Soziologie und Sozialpsychologie* 70 (2): S. 255–273.

MacWilliams, M. 2016. The one weird trait that predicts whether you're a Trump supporter. In *Politico*.

Milgram, S. 1968. »Some conditions of obedience and disobedience to authority.« *Int J Psychiatry* 6 (4): S. 259–276.

Mishel, Lawrence und Alyssa Davis. 2015. »Top CEOs Make 300 Times More Than Typical Workers. Pay Growth Surpasses Stock Gains and Wage Growth of Top 0.1 Percent.« *Issue Brief. Economic Policy Institute* 399.

Moore, Charles. 2013. *Margaret Thatcher: the authorized biography*. First edition. Aufl. New York: Alfred A. Knopf.

Morawetz, D. (1977). »Income Distribution and Self-Rated Happiness: Some Empirical Evidence.« Econo-mic Journal 87(347): 511–522.

Morillo, Stephen. 1999. »The ›Age of Cavalry« Revisited.‹ In: *The circle of war in the Middle Ages: essays on medieval military and naval history*, hrsg. v. D. J. Kagay und L. J. A. Villalon. Woodbridge: Boydell Press.

Moskalenko, Sophia, Clark McCauley und Paul Rozin. 2006. »Group Identification under Conditions of Threat: College Students' Attachment to Country, Family, Ethnicity, Religion, and University Before and After September 11, 2001.« *Political Psychology* 27 (1): S. 77–97.

Münkler, Herfried. 2013. *Der Grosse Krieg: die Welt 1914 bis 1918*. 2. Auflage. Berlin: Rowohlt.

Nisbett, Richard E. und Timothy DeCamp Wilson. 1977. »Telling More Than We Can Know: Verbal Reports on Mental Processes.« *Psychological Review* 84: S. 231–259.

Ober, Josiah. 2016. *Das antike Griechenland. Eine neue Geschichte*. Stuttgart: Klett Cotta.

Ockham, Wilhelm von. 1614. »Dialogus.« In: *Monarchia S. Romani Imperii*, hrsg. v. M. Goldast. Frankfurt: Biermann.

–, 1999. Dialogus 3.1, 1. In *William of Ockham: Dialogus. Latin Text and English Translation*, edited by J. Scott, J. Kilcullen, G. Knysh, V. Leppin, J. Ballweg, K. Ubl und S. Heinen: British Academy.

Osztovics, Walter, Andreas Kovar und Bettina Fernsebner-Kokert. 2018. *Arena Analyse 2018. Wir und die anderen.* Wien: Edition Kovar & Partners.

Oxfam Studie: Acht Superreiche besitzen angeblich so viel wie die halbe Menschheit. 2017. *Spiegel Online*, 16. 1. 2017.

Parkinson, Michael, Tony Champion, Richard Evans, James Simmie, Ivan Turok, Martin Crookston, Llewelyn Davies Yeang, Bruce Katz, Alison Park, Alan Berube, Mike Coombes und Danny Dorling. 2006. *State of the English Cities.* 2 Bde. Bd. 1. London: The Office of the Deputy Prime Minister.

Parsons, Talcott. 1963. »On the Concept of Political Power.« *Proceedings of the American Philosophical Society* 107 (3): S. 232–262.

The Partisan Divide on Political Values Grows Even Wider. Sharp shifts among Democrats on aid to needy, race, immigration. 2017. Pew Research Center.

Patrikios, Stratos und Laura Cram. 2016. »Better the devil you know: Threat effects and attachment to the European Union.« *Comparative European Politics* 14: S. 717 ff.

Pauen, Michael. 1997. *Pessimismus: Geschichtsphilosophie, Metaphysik und Moderne von Nietzsche bis Spengler.* Berlin: Akademie Verlag.

Pauen, Michael und Harald Welzer. 2015. *Autonomie. Eine Verteidigung.* Frankfurt / M.: S. Fischer.

Pawlowski, B., C. B. Lowen und Robin I. M. Dunbar. 1998. »Neocortex Size, Social Skills und Mating Success in Primates.« *Behaviour* 135: S. 357–368.

Pettigrew, Thomas F. 2017. »Social Psychological Perspectives on Trump Supporters.« *Journal of Social and Political Psychology* 5 (1): S. 107–116.

Pico della Mirandola, Giovanni. 1990. *Über die Würde des Menschen.* Übers. v. Norbert Baumgarten, hrsg. u. eingel. v. August Buck. Hamburg.

Pinker, Steven. 2007. *A History of Violence.*

–, 2011. *The better angels of our nature: why violence has declined.* New York: Viking.

Priester, Karin. 2012a. *Rechter und linker Populismus: Annäherung an ein Chamäleon*. Frankfurt: Campus Verlag.

–, 2012b. »Wesensmerkmale des Populismus.« *Aus Politik und Zeitgeschichte* 5–6.

Reardon, Sean F. 2011. »The Widening Academic Achievement Gap Between the Rich and the Poor: New Evidence and Possible Explanations« In: *Whither Opportunity? Rising Inequality, Schools, and Children's Life Chances* Russell Sage Foundation 2011.

Renkema, Lennart J., Diederik A. Stapel und Nico W. Van Yperen. 2008. »Go with the flow: Conforming to others in the face of existential threat.« *European Journal of Social Psychology* 38: S. 747–756.

Rippl, Susanne und Christian Seipel. 2018. »Modernisierungsverlierer, Cultural Backlash, Postdemokratie.« *KZfSS Kölner Zeitschrift für Soziologie und Sozialpsychologie* 70 (2): S. 237–254.

Roemer, John. 2009. »Prospects for Achieving Equality in Market Economies.« In: *The Oxford handbook of economic inequality*, hrsg. v. W. Salverda, B. Nolan und T. M. Smeeding. Oxford; New York: Oxford University Press, S. 693–708.

Rogowski, Ronald und Duncan C. MacRae. 2008. »Inequality and institutions: what theory, history, and (some) data tell us.« In: *Democracy, Inequality and Representation*, hrsg. v. P. Beramendi und C. Anderson. New York: Russel Sage Foundation, S. 354–387.

Ronald Reagan in his own words. 2018. BBC News 2004 [cited 28.08.2018].

Röttgers, Kurt. 1971 ff. »Macht I.« In: *Historisches Wörterbuch der Philosophie*, hrsg. v. J. Ritter und K. Gründer. Basel: Schwabe, S. 588–604.

Rousseau, Jean-Jacques. 1977. *Vom Gesellschaftsvertrag oder Grundsätze des Staatsrechts*. Zus. m. Eva Pietzcker hrsg. u. übers. v. Hans Brockard. Stuttgart: Reclam.

–, 1988. »Abhandlung über den Ursprung und die Grundlagen der Ungleichheit unter den Menschen.« In: *Schriften*, hrsg. v. H. Ritter. Frankfurt: Fischer, S. 165 ff.

Saint-Pierre, Abbé Castel de. 1922. *Der Traktat vom ewigen Frieden 1713*. Herausgegeben und mit einer Einleitung versehen von Wolfgang Michael. Berlin: Hobbing.

Sargeant, Jess, Alan Renwick und Meg Russel. 2018. The Mechanics of a Further Referendum on Brexit. London: The Constitution Unit, University College London.

Scheidel, Walter. 2016. *The great leveler: violence and the history of inequality from the stone age to the twenty-first century, The princeton economic history of the western world*. Princeton, NJ: Princeton University Press.

Schmid, Josef. 2002. *Wohlfahrtsstaaten im Vergleich. Soziale Sicherung in Europa: Organisation, Finanzierung, Leistungen und Probleme*. 2. Aufl. Opladen: Leske und Budrich.

Schmidt, Kristin. 2015. Top-Manager verdienen das 54-fache ihrer Angestellten. *Wirtschaftswoche*, 22. 07. 2015.

Schmidt, Michael S. und Maggie Haberman. 2018. Trump wanted to order Justice Dpt. to prosecute Comey and Clinton. *New York Times*, 20. 11. 2018.

Schwab, Klaus. 2017. The Global Competitiveness Report 2017–2018. Geneva: World Economic Forum.

Sennett, Richard. 1998. *The Corrosion of Character. The Personal Consequences of Work in the New Capitalism*. New York: W. W. Norton.

Sherif, Muzafer, O. J. Harvey, B. Jack White, William R. Hood und Carolyn W. Sherif. 1961. *Intergroup Conflict and Cooperation: The Robbers Cave Experiment*. Hrsg. v. C. D. Green, *Classics in the History of Psychology*. Norman, OK: University Book Exchange.

Somers, Bart. 2018. *Zusammen leben. Meine Rezepte gegen Kriminalität und Terror*. Aus dem Niederländischen von Gerd Busse. München: Beck.

Spiegel. 48/1983. »Der Schein der weißen Westen.«

–, 48/2018. »Goldene Zeiten.«

–, 52/1981. »Tätige Reue.«

Stenner, Karen. 2005. *The authoritarian dynamic, Cambridge studies in public opinion and political psychology*. New York: Cambridge University Press.

Stirner, Max. 1972. *Der Einzige und sein Eigentum*. Mit einem Nachwort hrsg. v. Ahlrich Meyer. Stuttgart.

Sunstein, Cass R. 2017. *Republic: divided democracy in the age of social media*. Princeton; Oxford: Princeton University Press.

Tabuchi, Hiroko. 2018. How the Koch Brothers Are Killing Public Transit Projects Around the Country. *New York Times*, 19.06.2018.

Taijfel, H. 1970. »Experiments in intergroup discrimination.« *Sci Am* 223 (5): S. 96–102.

Tajfel, Henri, M. G. Billig, R. P. Bundy und Claude Flament. 1971. »Social categorization and intergroup behavior.« *European Journal of social psychology* 1 (2): S. 149–178.

Tajfel, Henri und John Turner. 1979. »An Integrative Theory of Intergroup Conflict.« In: *The Social Psychology of Intergroup Relations*, hrsg. v. W. G. Austin und S. Worchel. Monterey CA: Brooks-Cole, S. 33–47.

Thatcher, Margaret. 1987. Interview for Woman's Own, edited by D. Keay. Woman's Own.

Thompson, William R. und David P. Rapkin. 1981. »Collaboration, Consensus, and Détente.« *Journal of Conflict Resolution* 25 (4): S. 615–637.

Tomasello, Michael, Malinda Carpenter, Josep Call, Tanya Behne und Henrike Moll. 2005. »Understanding and sharing intentions: The origins of cultural cognition.« *The Behavioral and Brain Sciences* 28: S. 675–735.

Touwen, Jeroen. 2016. Rise of the Dutch Coordinated Welfare State. Vortragsmanuskript, Shocks and Reconstructions: Histories of Long-Term Inequalities, 25. 10. 2016, Tampere.

Trautmann-Lengsfeld, S. A. und C. S. Herrmann. 2013. »EEG reveals an early influence of social conformity on visual processing in group pressure situations.« *Soc Neurosci* 8 (1): S. 75 – 89.

Travis, Alan. 2012. Margaret Thatcher's role in plan to dismantle welfare state revealed. *The Guardian*, 28. 12. 2012.

Tutić, Andreas und Hagen von Hermanni. 2018. »Sozioökonomischer Status, Deprivation und die Affinität zur AfD – Eine Forschungsnotiz.« *KZfSS Kölner Zeitschrift für Soziologie und Sozialpsychologie* 70 (2): S. 275 – 294.

Uerpmann, Hans-Peter. 2007. »Von Wildbeutern zu Ackerbauern – Die Neolithische Revolution der menschlichen Subsistenz.« *Mitteilungen der Gesellschaft für Urgeschichte* 16: S. 55 – 74.

Van Bavel, J. J. und A. Pereira. 2018. »The Partisan Brain: An Identity-Based Model of Political Belief.« *Trends Cogn Sci* 22 (3): S. 213 – 224.

Van Praag, Bernard und Ada Ferrer-I-Carbonell. 2009. »Economic Inequality and Happiness.« In: *The Oxford handbook of economic inequality*, hrsg. v. W. Salverda, B. Nolan und T. M. Smeeding. Oxford; New York: Oxford University Press, S. 364 – 383.

Voß, G. Günther und Hans J. Pongratz (Hrsg.). 1997. *Subjektorientierte Soziologie. Karl Martin Bolte zum siebzigsten Geburtstag.* Opladen: Leske u. Budrich.

Weber, Max. 1976. *Wirtschaft und Gesellschaft. Grundriß der verstehenden Soziologie. Bd. I.* Tübingen.

Welwei, Karl-Wilhelm. 1999. *Das klassische Athen: Demokratie und Machtpolitik im 5. und 4. Jahrhundert.* Darmstadt: Primus Verlag.

Wewetzer, K. H. 1971 ff. »Intelligenz VI.« In: *Historisches Wörterbuch der Philosophie*, hrsg. v. J. Ritter und K. Gründer. Basel: Schwabe.

White, Lynn. 1962. *Medieval Technology and Social Change.* Oxford: Oxford University Press.

Wilson, Edward O. 2004. *On human nature*. 25th anniversary. Aufl. Cambridge, Mass.: Harvard University Press.

Wiseman, Richard. 2013. *Machen, nicht denken. Die radikal einfache Idee, die Ihr Leben verändert*. Frankfurt: Fischer.

Woodward, Bob. 2018. *Fear. Donald Trump in the White House*. New York, London, Toronto: Simon and Schuster.

Michael Pauen
Harald Welzer
Autonomie
Eine Verteidigung
336 Seiten. Gebunden

Autonomie gilt als zentrale Eigenschaft des Menschen. Doch sie gerät von vielen Seiten unter Beschuss: Die Neurowissenschaft erklärt, der Wille sei nicht frei, die Experimente der Sozialpsychologie zeigen ebenso wie Shitstorms im Internet, wie mächtig der Anpassungsdruck ist. Die Auswirkungen sind beträchtlich, wenn unsere Autonomie in Gefahr ist. Harald Welzer und Michael Pauen analysieren die Situation auf Grundlage eigener Experimente und Forschungen, um Möglichkeiten der Gegenwehr sichtbar zu machen: Wie können Gemeinschaften so gestaltet werden, dass Konformitätszwänge gering bleiben? Gleichzeitig zeigen sie, dass es wirksame Gegenstrategien nur auf der sozialen Ebene geben kann – solange wichtige Freiheitsspielräume noch bestehen. Die Zeit drängt.

»Fast jeden Satz in diesem Buch
möchte man unterschreiben.«
Jörg Baberowski, Frankfurter Allgemeine Zeitung

»[Die Streitschrift] lohnt die Lektüre vor allem, weil sie aufzeigt, wie die Idee der Selbstbestimmung historisch gesehen erkämpft und immer wieder neu verteidigt werden musste.«
Barbara Bleisch, Schweizer Radio und Fernsehen

fi 1-002250 / 1